マレーシアの中小企業

―金融支援と政策評価の新展望―

中川　利香 著

共同文化社

はしがき

経済における中小企業の役割は様々な観点から語られることが多い。例えば、生産要素の供給という観点からは、中小企業はとくに製造業では大企業の下請けとして部品供給の源泉となる。経済全体における事業所数および従業員数の観点からは、大企業に比べて中小企業のシェアの高さから雇用の受け皿となる点が指摘される。経済活動の活性化という観点からは、市場になるべく多くの売り手が存在することで競争が促される。しかし、中小企業は規模の小ささゆえに市場で不利な条件に直面することがあり、効率的な資源配分が実現しない市場の失敗を招くことがある。そのため、市場の失敗を是正する政府の役割が正当化される。

筆者は、ほぼ毎年マレーシアで現地調査を実施してきたが、その過程で他のアジアやアフリカの国々を訪問する機会にも恵まれた。それらの国では、(1) 貿易をけん引する大規模な多国籍企業と、国内市場をメインとする小規模・零細企業が多く、(2) 国を代表するような中～大規模の地場企業が少ないという気づきを得た。これは、後に世界銀行が指摘した、多くの開発途上国において植民地支配から独立する際に国有化した大企業と多数の小規模・零細企業（インフォーマル部門を含む）が存在し、中規模企業が極めて少ない“missing middle”の問題と重なる。

活力ある経済を形成するには、地場中小企業を育成し、ビジネス拡大を通じて国を代表するような中～大規模企業に育っていくことが望まれる。しかし、どの企業も操業開始時点では規模が小さく、当該企業が成長の過程で規模を拡大させていくのが一般的である。この好循環を生み出すためにも、小規模・零細企業の成長に対して金融面でどのような支援の在り方が求められるのか、という問題意識を抱いた。

マレーシアではイギリスから独立を果たした当初から中小企業育成が重要な政策課題であり、経済の発展状況に応じて (1) 貧困削減・民族間の所得格差縮小、(2) 工業化における裾野産業育成、(3) 経済発展のけん引役というように段階的に中小企業の役割が拡大してきた。(1) は中小企業育成を通じた農村部の近代化という文脈の中で、ブミプトラ（マレー人・先住民族）の所得水準の引き上げを目指した時期である（1950 年代～）。これは、中小企業育成によりブミプトラの雇用を創出し、所得獲得の機会を拡大して民族間の所得格差を縮小しようとするものである。(2) は1980年代後半～1990年代にかけて、マレーシアの工業化を支える裾野産業育成として中小企業育成に注力した時期である。(3) は2000年以降の時期にあたり、中小企業は全ての産業において経済発展のけん引役であるとし、国家開発計画の重点項目として中小企業育成が進められている。

このように、マレーシアでは中小企業育成の支援が手厚く展開されているが、その効果を定量的に分析した研究は、筆者が知る限り極めて少ない。マレーシアの中小企業研究はいくつか発表されているが、それらは訪問調査やアンケート調査によって中小企業が抱える問題を考察したものであり、研究としては独創性があるものの対象が限定されている。また、計量分析はサンプルサイズが小さいため、分析結果の普遍性に課題が残る。本書はこれら既存文献の課題に挑戦すべく、近年、多くの手法が開発されている政策評価の手法を用いて、公開されているデータによって定量的に政策の効果を分析しようとするものである。

本書は、マレーシアの中小企業育成政策を金融支援の面から評価を行うことを目的とし、大きく13章に分けて記述している。第1章は、中小企業支援政策の必要性と課題として一般的な議論をまとめている。第2章は、政策評価の概念と手法に関する先行研究を整理した。第3章は、1990年以降のマレーシアにおける中小企業育成政策を述べた。第4章は、中小企業育成の要となっているSMEマスタープランの内容を紹介している。第5章は、センサスから中小企業の特徴を明らかにした。第6章は、マレーシアの中小企業の資金調達にかかる諸制度や現状を考察した。第7章は、中央銀行が商業銀行やファイナンスカンパニーに対して行ってきた優先部門貸出の指導の変遷をまとめた。第8章は、中央銀行の指導という制約の中で銀行部門がどのように中小企業に貸出を行っていたのか、その動向を明らかにした。第9章～第11章は、第12章で展開される実証分析の基礎情報をまとめた章である。まず、第9章は、政府による開発金融機関の改革とその後の貸出動向の特徴を明らかにした。第10章では、どのような中小企業が政府の金融支援にアクセスしていたのかを明らかにした。第11章は、政府の中小企業向け直接貸出の効果に関する実証分析について先行研究をまとめた。ここでは、政策評価の手法の選択の仕方、各手法の長所・短所についても述べている。第12章は、開発金融機関に焦点をあて、計量経済学の手法を用いて中小企業向け金融支援の雇用創出効果を分析した。複数ある政策評価の手法のうち諸条件や制約を考慮し、操作変数法による分析を行ったところ、開発金融機関をつうじた政府の金融支援は中小企業の雇用を生み出していないことが明らかになった。第13章は、本書の研究の過程で発生した新型コロナウイルス（COVID-19）の中小企業への影響を明らかにした。本書の各章は、筆者が学会の学術誌や大学の論集に発表した拙論に加筆修正したものがもとになっている。初出は本書の巻末を参照されたい。

筆者は、開発途上国において地場中小企業が育っていくことは、自立した経済発展の観点から必要不可欠であると考えている。本書の内容がマレーシアおよび後発開発途上国の経済発展に対して何等かの知見を示すことができれば幸いである。

2023年8月
アメリカ合衆国　アリゾナ州　トゥーソンにて

中川　利香

目　次

第1章

中小企業支援政策の必要性と課題

1 はじめに

企業規模の差異から発生する問題は多種多様であり、その解決方法や政府の役割などについて長きにわたって論じられてきた。規模の経済が働きにくい中小企業の問題として、業務の効率化や生産性の向上が経営上きわめて重要な問題となることが指摘されている。また、IT 化の進展により情報化対策の遅れという問題も抱えている。資金調達面では、大企業に比べるとその手段に限界があることも問題となろう。さらに、経済のグローバル化は中小企業の海外進出にも影響を及ぼしている。その過程においても、さまざまな問題に直面することが推測される。このような中小企業が直面する問題はしばしば市場の失敗とされ、政府の介入が正当化されてきた。中小企業が抱えている問題が大企業よりも深刻である場合、政府は中小企業を対象にした解決策を講じることが求められる。しかしその一方で、中小企業に対する政策は、その効果に対する疑問や市場の競争を歪めるものであるとして批判も寄せられてきた。一般にひとつの政策目的を達成しようとすると、他の政策目標の達成が困難になるトレードオフが発生する場合がある。中小企業に対する政策支援もトレードオフが発生している可能性は十分にあると考えられる。このように、中小企業をとりまく問題については多様であり、さまざまな視点から解決方法を検討することが必要である。中小企業数の割合が高い経済では、政府の対策によって経済の活性化も期待できよう。

以上のような問題意識を踏まえ、本章は次の 3 点を明らかにすることを目的とする。第 1 に中小企業はどのような問題に直面するのか、第 2 に中小企業に対しどのような政策支援が行われてきたのか、第 3 に中小企業に対する政策の課題は何かである。本章はとくに中小企業の問題に関する研究の蓄積が多い日本の事例を中心に既存文献を整理する。

本章の構成は次のとおりである。2 では経済における中小企業の役割について整理する。3では中小企業が直面する問題について、近代化と低生産性の問題、情報化の進展に関する問題、経済のグローバル化に起因する問題、規模から発生する問題について論じる。4では中小企業に対する政策支援の内容や実施機関についてまとめる。また、中小企業に対する政策の肯定的見解と批判的見解を述べる。最後に、中小企業に対する政策課題をまとめ、結論とする。

2 経済における中小企業の役割

中小企業[1)]の役割は、その時々の経済状況によって変化する。中小企業庁[2)]［1973］は、中小企業基本法が制定されてからの10年間で中小企業が日本経済に果たした役割を総括し、次の3つの特徴をあげている。第1に経済の活力の源泉としての役割である。昭和30年代後半から40年代は、売り上げシェアを大きく伸ばして中規模企業へと成長した企業もあった。また、中小企業の創意工夫を大企業が改良し、大量生産を可能にした。このことは、大量生産・大量消費型経済へと変貌させるきっかけとなった。第2に経済の基盤としての役割である。とくに重化学工業化において部品生産や製品加工で下請け中小企業の役割は大きかったと指摘する。第3に地域経済および国民生活を支える役割である。これは主に商業分野（流通や小売）が国民に生活物資やサービスを供給してきたことを意味している。

経済のグローバル化が進むと、中小企業は貿易面においても一定の役割を果たすようになった。中小企業も輸出の担い手として重要な存在となり、外貨獲得に貢献した。中小企業庁［1976］によると、1961年の日本の輸出に占める中小企業の製品の割合は、55.2%であったとされる。このうち、繊維、衣服、雑貨、食料品、製材・木製品、金属製品の中小企業の割合が高かったようである[3)]。また、機械工業製品の輸出でも部品の供給や製品の加工で大企業を支えてきた。1964年には日本の輸出に占める中小企業の製品の割合が50%を下回ったが、軽工業品の輸出において中小企業が果たした役割は大きかったと指摘されている。

中小企業基本法に示されている中小企業の役割は、①新たな産業の創出、②就業機会の増大、③市場における競争促進、④地域経済の活性化、の4つであるとされている（3条）。①の新産業の創出については、1970年ごろから増加してきたベンチャービジネスの存在をあげることができるだろう。ベンチャービジネスが参入したのは、ハイテク分野やIT分野が多かった。日本でベンチャービジネスが活況を呈するようになったのは、高度経済成長を遂げる過程で重化学工業部門が成熟期を迎えたことや、既存の企業がリスクを積極的にとらなくなったことが指摘されている（清成［2009], pp. 272-273)。②の就業機会の増大については、一般的に大企業よりも中小企業の就業者数が多い点が関係している。例えば日本の場合、中小企業庁［2008］が発表した統計によると、2006年の中小企業の従業者数の割合は77.8%となっている（中小企業庁［2008], p. 326)[4)]。Asian Development Bank［2009］においても、アジア諸国における企業規模別の雇用が全体に占める割合は中小企業の方が大きいことが報告されている[5)]。③の市場における競争促進に関しては、企業数の多さと関係している。日本全体の企業数に占める中小企業の割合は99.1%である[6)]。企業数が多ければ競争相手も多く、それが市場の競争促進につながる。④の地域経済の活性化は、ある地域に中小企業が集積することによってその地域の雇用が生まれ、市場競争が促進され、地域経済の活性化につながると考えられている。

3 中小企業が直面する問題

前節では、経済において中小企業が一定の役割を果たしていることが明らかになった。しかし、規模が相対的に小さいという理由で市場での競争に不利な立場に置かれたり、中小企業が成長の過程でさまざまな制約に直面する場合もある。本節では中小企業が直面する問題についてまとめる[7)]。

3-1 近代化の遅れと低生産性の問題

中小企業は大企業に比べて生産性改善のスピードが緩やかであり、とりわけ中小企業においては資本生産性の低さが目立つ。日本において近代化の遅れは、資本装備率の低さが関係していると指摘されている（中小企業庁［1970］)[8)]。その主な要因として、設備の近代化の遅れが考えられよう。とくに労働市場が逼迫して労働力が不足している場合、設備の近代化によって生産性を向上させることが必要である。しかし、中小企業の多くは信用力の低さや担保不足などが原因で外部資金を調達することが難しく、設備投資に必要な資本を確保することができない場合がある。

3-2 情報化の進展に関する問題

情報技術（IT）の進展は、企業の生産性向上に大いに貢献する。しかし、企業にコンピュータなどのIT機器を導入することは設備投資が必要なため、中小企業であるほどIT化に消極的になる傾向がある。また、一般的に人材が不足しているといわれる中小企業では、ITに詳しい人材も少ない。ITの導入により業務の簡素化、迅速化が進み、生産性の向上が見込まれることが明らかであったとしても、中小企業ではIT化が遅れてしまうことになるのである。

情報化は企業規模にかかわらず、ビジネスのあり方にも変化をもたらしている。土屋［1989］が指摘している通り、企業は消費者のニーズを的確に把握して製品を提供する必要性が高まった。製品のライフサイクルは短縮し、大量生産から多品種少量生産の時代に変貌した。その過程で、消費者のニーズ把握のみならず、流通や在庫管理、研究開発（R & D）などあらゆる場面でITの役割が大きくなっているのである。つまり、企業には情報化の促進がビジネス上必要不可欠であるといえる。しかし、ITの導入が遅れると市場の変化に対応できなかったり、技術開発が遅れてしまうことになる。中小企業がITをうまく活かすことができれば、技術開発や製品開発等を先導することができるかもしれない。しかし、現実には情報化促進の投資を行うことが難しい中小企業が多い[9)]。

3-3 経済のグローバル化に起因する問題

経済のグローバル化が進展することにより貿易が活発に行われるようになることは、中小企業にも影響を及ぼす。ここで中小企業が直面する主な問題は、製品の価格競争であろう。特に、途上国の安価な軽工業品は中小企業の製品と競合することになり、中小企業の利益を圧迫することになる。一方、国内市場志向型の中小企業も国内向け製品の原材料の調達において影響を受ける場合がある。原材料を輸出に回されてしまうと国内での供給が減少し、国内市場における超過需要が発生することで原材料価格が上昇する。これは企業にとって調達コストが上昇することを意味しており、相対的に中小企業の経営に与える影響は大きいといえる（Tambunnan［2007］）。

また、経済のグローバル化が進展するにつれて中小企業も海外に進出するようになると、新たな問題が発生する。例えば、①良いパートナーが見つからない、

②資金調達が難しい、③投資国の政情不安、④情報不足、などがあげられている（中小企業庁［1977］）。これらは大企業であっても直面する問題といえるかもしれない。しかし、中小企業の場合は大企業よりも人材が不足傾向にあるといわれるため、外国の商習慣、政治・経済状況、労働事情、法律などに詳しい人材はもとより、それらの情報収集を行う人材も乏しいといえよう。

3-4 規模から発生する問題

以上に述べた問題の多くは、中小企業という規模から発生する問題と大きく関係している。中小企業の中には比較優位を見出して大企業と対等に競争する力を備えているものもあるが、市場における売り手と買い手の構成によっては中小企業に不利な条件で大企業との取引を迫られる（**表1-1**）。通常、市場は新規参入と退出が自由であるから、市場に参入する中小企業が増えると競争が激化する。過当競争が行き過ぎると利益も小さくなり、経営に悪影響を及ぼす。大企業による買い手独占の場合、問題はさらに深刻になる。生産物市場において大企業が提供する財の生産に関し、中小企業が部品などの供給を行う協力関係にある場合[10)]、中小企業が直面する問題のひとつとして清成［1997］は次のように述べている。

> 「中小企業製品を大企業に売るという場合にしばしば問題が生じている。売り手である中小企業が多数で競争が激しく、他方買い手の大企業が市場を独占していれば当然に価格形成は大企業に有利になる。大企業は、そうした有利な地位を利用して、価格面以外にも中小企業にさまざまな条件を出してくるであろう。大企業と、部品・半製品を供給する下請中小企業との間に、しばしばこうした問題が生じている」（清成［1997］, p. 216）。

このほか、労働市場における問題もある。これは、中小企業の労働条件と労働者（特に若手）の意識が関係している。一般に、労働者は賃金面、福利厚生面、労働時間や休日などの労働条件が大企業よりも中小企業の方が悪いと認識している場合が多いようである。規模が小さいゆえに景気の影響も受けやすく、安定性にも不安があると受け止められている。そのため、特に若手は中小企業を敬遠する傾向がある。したがって、中小企業は優秀な若手労働力を確保しにくい。同時に、中小企業では大企業に比べて人材が流動的で、技能や知識が企業に蓄積しにくいという問題もあるだろう。既に述べたように IT に詳しい人材の確保の難しさも関係している。

さらに、金融市場での問題もある。一般に、中小企業は大企業と比べて銀行との取引金額が小規模であり、担保も少ない。よって、銀行は中小企業に積極的に融資を提供しようとしない傾向がある。中小企業が外部資金を資本市場から調達しようするのは、更に難しいことである。資金調達の困難から設備投資に積極的になれず、近代化や IT の導入が遅れてしまうのである。

最後に、原材料の調達に関する問題である。中小企業は大企業よりも取引量が小さいことから、製品が大量生産によるものであるほど原材料の調達コストが割高にならざるを得ない。

表 1-1. 中小企業が直面する問題（市場別）

	問題	理由
生産物市場	不当な条件での競争	大企業が優越的な地位を利用
労働市場	良質な労働者の雇用が難しい	大企業による大量雇用
金融市場	銀行借り入れが難しい	小額取引、過小担保、企業リスク
原材料市場	原材料調達が割高になりやすい	取引量が小さい

（出所）清成［2009］, pp. 11-13 より筆者作成。

以上に述べた問題のほかに、中小企業は景気変動の影響を受けやすいという点もあげられる。経済が悪化すると、財・サービスが売れなくなるために需要が減少する。企業は製品を製造しても超過供給の状態となるため、供給を減少させるだろう。そうすれば、中小企業が多い下請け企業に対する注文は減少する。大企業の場合は経営が少々悪化しても、それを乗り切るだけの財力と信用力があるかもしれないが、中小企業の場合はそうはいかない。そのため、景気悪化の影響は大企業よりも大きいと推測される。

4 主な中小企業政策とその賛否

4-1 主な中小企業政策の分類・目的・実施機関

中小企業が直面する問題を集約すると、①市場における不利な条件での競争、②資金調達手段の制約による設備投資の遅れ、③人材面の制約、と大きく 3 つに分けることができるだろう。これらは市場に任せておいても解決することはできない、いわゆる市場の失敗に起因するものが多い。それを是正するには政府の対応が必要になるだろう。本節では、中小企業に発生する問題を解決する政策をまとめて「中小企業政策」と称し、日本の事例を中心に中小企業政策についてまとめてみよう。

国レベルでの代表的な施策は、**表 1-2** に示したとおりである。海外展開に関する情報提供および相談（13 件）が最も多いことは、近年、中小企業も海外でのビジネスを展開する必要性が高まっていることを反映しているといえよう。他社との連携や新規取り組み、商店街・市街地活性化および物流効率化、販路開拓、経営効率化なども多い。

中小企業政策は、**表 1-3** にあるように国レベルの施策のみならず都道府県レベルでも行われている。特に 4 機関が金融支援を行っていることから、中小企業の資金制約の緩和が重要であることを理解することができる。また、**表 1-3** に示した支援策は国レベルのみならず**表 1-2** で示した内容と類似した策が地方レベルでも行われていることがわかる[11]。

表 1-2. 中小企業庁による支援施策（2010 年度）（単位：件）

目的＼内容	融資 リース 保証	補助金 税制 出資	情報提供 相談	セミナー 研修 イベント	法律等に 基づく 支援
事前相談	1	1	7	0	0
創業	9	6	3	3	3
販路開拓	2	5	12	7	0
他事業者連携・新たな取組	3	8	7	8	5
経営効率化	11	7	4	5	2
新規分野進出	2	7	2	4	1
人材育成・新規雇用	0	8	5	5	0
技術開発	3	8	6	1	5
特許権活用	0	2	8	2	2
設備導入	6	6	1	0	0
下請取引あっせん・官公庁受注	1	0	5	1	3
事業継承	2	4	2	1	2
IT 活用	2	1	3	1	0
個人保証・担保に依存しない資金調達	6	0	0	0	0
企業再生	6	2	2	0	0
緊急時支援	8	1	2	0	4
海外展開	2	1	13	7	0
商店街・市街地活性化・物流効率化	5	8	7	4	4

（注）単一の施策が複数の目的を満たす場合もあるため、本表の合計と施策の数は一致しない。
（出所）中小企業庁［2010］, pp. 4-8 より筆者作成。

表 1-3. 中小企業施策実施機関

分類	機関名
行政機関	経済産業局
	都道府県中小企業担当課
総合支援	独立行政法人中小企業基盤整備機構
経営相談等	都道府県等中小企業支援センター
小規模支援	日本商工会議所
	全国商工連合会
連携支援	全国中小企業団体中央会
商店街支援	全国商店街振興組合連合会
金融支援	全国信用保証協会連合会
	株式会社日本政策金融公庫
	沖縄振興開発金融公庫
	株式会社商工組合中央金庫
取引支援	全国中小企業取引振興協会
	下請かけこみ寺

(出所) 中小企業庁 [2010], p. 216 より抜粋、引用。

4-2 中小企業政策に対する見解

Asian Development Bank [2009] は中小企業の特徴として労働集約的である点に着目し、雇用創出の役割および競争や起業促進の観点から、中小企業政策を行う合理的理由があると説明する[12)]。そして、大企業よりも中小企業の生産性が高い場合は、中小企業の制約を緩和する策をとるべきであるとする。すなわち、中小企業を単なる弱者ととらえて保護するだけでなく、規制緩和によって競争を通した活性化および強化が必要と主張する。

Castillo, et. al. [2010] は、中小企業政策の正当性は市場の失敗に対処することにあると述べている。特に、金融市場における市場の失敗に対処することが重要であるとしている。また、中小企業の競争促進や雇用創出を促進することにあるとも指摘している。一方で、Castillo, et al. [2010] は、中小企業政策に対する懐疑的な見解を提示している。企業規模の大きさで政策を分けることの問題について①効率性、②雇用、③補助金の功罪の 3 つの観点から興味深い指摘を行った。規模の経済が働く産業においては、企業規模が大きい方が効率的で安定的で質の高い仕事を創出するという。また、中小企業の雇用創出の役割を認めてはいるものの、その総数は大企業の雇用人数の方が多い場合は中小企業の雇用創出効果を過大評価すべきではないとしている。そして、中小企業政策という名の下で政府から中小企業に補助金を提供することは、市場を歪め、経済全体を非効率にすると指摘する。これらの点より、企業規模に関係なく全ての企業の効率性を改善させる政策が必要であり、中小企業だけを取り上げて政策を実施することは望ましくないというのである。

Audretsch［2002］および Beck et al.［2008］は、中小企業における雇用の創出と崩壊の両面に着目する必要性を主張している。企業を新規に設立する際、多くの場合はその規模は小さい。したがって、新設の中小企業が増加することによって確かに雇用は創出される。ところが、中小企業の経営は大企業よりも相対的に不安定なことから倒産することが多く、雇用を崩壊させることも多いと指摘する。Asian Development Bank［2009］による韓国とフィリピンの企業規模別の雇用分析では、1990年代末から2000年代半ばにおいて韓国では中小企業が雇用を創出したが、フィリピンでは中小企業が雇用を創出しなかったことが明らかになった。この分析では、中小企業が必ずしも雇用を生み出すとは限らないことがわかる。

三輪［2001］は、市場の失敗の典型である金融面での支援策について、中小企業金融が対象企業の設備投資額にほとんど影響しないこと、中小企業向けの貸し渋り対策として有効ではないこと、中小企業に対する実質的な補助金は政策効果が小さいことを指摘した。

以上のように中小企業政策に懐疑的な立場からは、中小企業だけを抽出して政策措置を講じることの合理的理由がみつからないということになる。中小企業政策に懐疑的な意見は、過去の中小企業に対する政策支援に対する効果を計測することの必要性を指摘しているといえる。これは政策評価の重要性を意味する。

5 中小企業政策の課題

中小企業政策の課題として、第1に、政策の評価方法が確立されていないという点があげられる。国民から徴収した税金を投入した政策を評価することは必要だが、政策の実施前と実施後を比較することが不可能に近い。最も望ましい政策評価の方法は、類似した中小企業のサンプルを2つのグループに分け、一方は政策を実施するグループ、他方は実施しないグループとして観察することである。しかし、それは中小企業の同意を得ることが難しい。また、中小企業政策を実施して当該企業の業績などが改善したとしても、政策以外の要因が働いた可能性を排除できない。政策の直接的・間接的影響に矛盾が生じる場合は評価がさらに難しくなる。例えば、中小企業の競争力促進という目標を掲げた政策を行うとしよう。価格面の競争力を追及しようとしてコスト削減を進めた場合、その影響は従業員の賃金カットや雇用削減というところに現れるかもしれない。すると、中小企業の競争力が向上したとしても、従業員の生活や雇用が不安定になってしまう。このように、政策目標の達成度合いを評価する場合、その副作用をどのように最小限に抑制するか、また副作用についてどのように評価するかという問題が発生する。

第2に、中小企業問題を扱う省庁が統一されていない点である。一般的に省庁の管轄は業種別に分類されていることが多く、省庁間の連携もあまり積極的でないことが多い。例えば、製造業の資金繰りに関するファンドを担当省庁が設置し、一方で中小企業金融を担う政府系専門金融機関も類似したプログラムを提供している場合がある。このような業務の重複は政府部門の非効率を生むばかりでなく、迅速かつ的確に中小企業のニーズを把握することも難しい。また、サービスの利用者である中小企業にとっても、どこに相談すればよいか分かりにくい。近年では窓口を一元化するワン・ストップ・サービスを提供している国もある。サービスを利用する側にとっての利便性を高める工夫が必要だろう。

第3に、政府の失敗に対する対処である。本章では、中小企業に対する政策的な支援が必要な分野があることを明らかにしてきた。しかし、現実には政府が成長の見込まれる中小企業と市場から淘汰されるべき中小企業を正確に見分けることは難しい。税金を用いて後者を温存させることは、国民にとって不利益が生じるために望ましくない。

また、中小企業が直面する問題は産業、時代、規模によって異なることから、それを正確に見極める必要がある。そして、問題の内容に応じた政策手段を選択しなければならない。さらに、政策の執行機関は国と地方自治体のどちらが行うことが望ましいのかも検討する必要があるだろう。

6 むすび

本章では、中小企業に対する支援政策の必要性と課題について論じてきた。中小企業が経済において果たす役割は大きく、本章では次の3点を指摘した。第1に経済を支える役割である。非1次産業における中小企業の割合が高いほど、中小企業の動向が経済の活性化に影響を与えることが考えられる。第 2 に貿易における役割である。日本の場合、1961 年にはすでに輸出製品に占める中小企業の製品の割合が過半を超えていた。これは別の見方をすると、国際収支の改善にも一定の役割を果たしたといえる。第 3 に就業機会の拡大である。雇用創出を通して国民生活を支える役割も果たした。

このような役割を果たしてきた中小企業であるが、規模が相対的に小さいという理由でさまざまな問題に直面することも明らかになった。例えば、近代化の遅れである。これは資金調達力にも関係する問題であるが、生産性向上のために新規設備を導入しようとしても資金調達の問題に直面する。また、これは情報化の急速な進展がビジネスのあり方に変化をもたらしたにもかかわらず、IT への投資の遅れにも影響する。さらに、経済のグローバル化は、競争相手が外国企業にもおよぶため競争の激化によって中小企業の利益を圧迫する。中小企業の海外進出にあたっても、人材不足、情報収集能力などの点で苦労することが多い。

日本ではこのような問題に対して国レベルと都道府県レベルでさまざまな支援策が行われてきた。ところが、中小企業支援策に対しては賛否両論ある。意見が分かれる理由のひとつとして、政策評価が適切に行われていないという点が考えられるだろう。中小企業支援策の政策評価の手法が確立されていないばかりでなく、政策目標にはトレードオフが発生することもあるため、評価は極めて難しい。また、中小企業問題を扱う省庁が統一されていないことも実務コストがかさむ要因となろう。そして、政府の失敗への対処の問題もあげられる。本来は市場から淘汰されるべき中小企業が政府によって延命されるのは、経済にとって望ましいとはいえない。そもそも、政府が市場から淘汰されるべき企業と、そうでない企業を見分けることができるのかという根本的な問題が残る。

日本の場合、中小企業が経済に大きな割合を占めることから、政策的支援が多く整備されてきた。しかし本章ですでに指摘したとおり、政策の成果に関する評価は十分ではない。政策評価が不十分な状況で的確なことを述べるのは極めて難しいが、今後は中小企業を保護の対象として支援するだけでなく、競争に耐えうる中小企業にするための規制緩和も必要かもしれない。では、民間企業が育っていない開発途上国における中小企業政策は、どのような政策をどのタイミングで行ったらよいのだろうか。筆者の最終的な関心はそこにある。開発途上国の場合は日本が行った政策だけでは不十分であるといえるかもしれない。企業をゼロから立ち上げる、あるいは起業家を育成するという視点も求められると考えらよう。

〔注〕

1) 中小企業の問題を論じるにあたっては、中小企業の定義をする必要がある。しかし、それは国や産業によって異なる点に注意する必要がある。日本の場合、中小企業の定義は1999年に改定された中小企業基本法2条に定められており、主たる事業が卸売業の場合は資本金1億円以下または従業員数100人以下とされている。また、サービス業は資本金5000万円以下または従業員数100人以下、小売業は資本金5000万円以下または従業員数50人以下、その他（製造業、建設業、運輸業など）は資本金3億円以下または従業員数300人以下としている。当該法律においては製造業とその他の業種は従業員20人以下、商業（卸売、小売）は5人以下の事業者をとくに小規模企業者と定めている。なお、佐藤［1989］によれば、日本において大企業と中小企業と区分するようになったのは明治時代であるという。当時は工業部門においてこの分類が用いられていたが、昭和2年の金融恐慌以後は他部門も含めるようになった。

2) 中小企業庁は1948年に中小企業庁設置法に基づいて設立された。1963年になると、中小企業基本法が制定され、日本の中小企業の定義や位置づけが法的に示された。中小企業庁のモデルは、アメリカの復興金融公社（Reconstruction Finance Corporation：RFC）であるとされている（清成［2009], p. 3)。RFCは世界恐慌時の銀行の不良債権処理を担う機関として設立されたが、中小企業に対する貸出も行なっていた。アメリカでは第二次世界大戦中の軍需産業における中小企業の役割が評価されたことから、戦後も中小企業の役割を重視する傾向があったようである。RFCは戦後の中小企業政策の中核を担う機関となった（清成［2009], p. 2)。

3) 中小企業は原材料を輸入に依存せずに生産する傾向があるため、中小企業による輸出増加が国際収支の改善に効果的であったと述べている（中小企業庁［1976], https://warp.da.ndl.go.jp/info:ndljp/pid/11551249/www.chusho.meti.go.jp/pamflet/hakusyo/kako_hakusho.html より2023年2月3日ダウンロード)。

4) 「3表　産業別規模別従業員者数（民営)」の非1次産業計による。この表における中小事業所の定義は、表の注に記載がある（中小企業庁ウェブサイト、https://warp.da.ndl.go.jp/info:ndljp/pid/11551249/www.chusho.meti.go.jp/pamflet/hakusyo/h20/20TyuushohPDF20080418/13011011.pdf、2023年2月3日ダウンロード)。
「1. 中小企業法改正後の定義に基づき、総従業員数300人以下（卸売業、サービス業は100人以下、小売業、飲食店は50人以下）の事業所を中小事業所とする。
2. 総従業者数20人以下（卸売業、小売業、飲食店、サービス業は5人以下）の事業所を小規模事業所とする。」（中小企業庁［2008], p. 326)

5) Asian Development Bank［2009］は企業規模別の従業員数の割合を推計している。それによると、中小企業の従業員数の割合は、インド89.5%、フィリピン77.1%、インドネシア71.0%、韓国70.4%、タイ58.4%、台湾60.2%、マレーシア47.2%、中国48.1%という結果が示された。なお、この推計は国際比較のために行われたため、中小企業の定義を統一していることに留意する必要がある。

6) 「1表　産業別規模別事業所・企業数（民営)」の非1次産業計による。中小事業所の定義は注4に同じ。

7) 戦後の日本の中小企業問題の変遷は、渡辺・小川・黒瀬・向山［2001］が詳しい。

8) 資本装備率とは、従業員1人あたりの設備資産など（有形固定資産額）である。この数値が大きいほど、多くの設備資産が投入されていることを意味する。中小企業庁［1970］では、当時の日本で資本装備率が低い理由として利益率の低さなどが関係していると指摘している。

9) その場合、土屋［1989］は他企業との提携や、異業種交流による情報交換などを組み合わせながら、共同で新事業を開発することも必要であると述べている（土屋［1989］, pp. 111-112）。
10) 三輪［1989］は、この状態を「隷属性」と表現している。
11) 機能が重複している仕組みが好ましいのか否かは、効率性や機動性の観点から検討する必要がある。
12) 外国語文献の邦語訳は筆者によるものである。以下に続く章でも同様とする。

第2章

政策評価の概念および手法
―中小企業政策の評価を念頭において―

1 はじめに

政府によって実施されるさまざまな政策の原資は国民の税金である。よって、政府は政策の効果を計測し、それを評価して国民に説明する義務を負う。評価の結果、問題があるとされたなら、政策の見直しが求められるだろう。問題を解決する策を講じて政策を継続させるのか、政策を中止するのかという決断しなければならない時もあるかもしれない。このように、政府はあらゆる政策の内容のみならず効果についても説明責任を果たすことが求められる。

ところが、政策の効果を計測して評価することは、それほど簡単ではない。その理由は第1に、政策を実施していなかったら何が起こっていたかという状況を正確に把握することができないからである。いちど政策を実施したら、実施していない状況を再現することはできない。よって、政策の実施前後を比較することは不可能である。第2に、政策実施後に何等かの変化が起こったとしても、他の要因の影響を受けた可能性を排除することが難しいからである。政策評価の必要性が高まっているにもかかわらず、実際に政策評価を行うとなると技術的な困難がともなう。

このような事情がある中、先進国ではさまざまな工夫を施しながら政策評価を行ってきた。以上のような背景を踏まえ、本章は政策評価の手法に関する先行研究を整理することを目的とする。政策評価の歴史は1600年代まで遡ることができるといわれているが、さまざまな理由から現在に至るまで評価手法が確立されたとはいえない状況にあることを明らかにする。

本章の構成は次の通りである。2では政策評価の議論として政策評価の歴史および概念をまとめる。3では政策評価の手法について述べる。実務面では政策の目的によって評価の手法が異なっていることを説明する。また、定量的手法ではバイアスをいかに排除するかが重要であるが、その手法で把握できない部分については定性的手法で補うことが必要となる。さらに、評価にはトレードオフがあることを指摘する。4では、中小企業を対象にした政策評価に関する議論について触れる。最後に本章をまとめ、結論とする。

2 政策評価に関する議論

2-1 政策評価の歴史

ロッシ・リプセイ・フリーマン［2005］によれば、評価の歴史は1600年代に始まり、体系的な仕組みとして取り入れられるようになったのは、1900年以降のことであると述べている。最初に評価の対象となったのは、国民の識字率向上、職業訓練、保健衛生等の政府のプログラムであった。1920年代末まではこのような分野に対する政府の支出は相対的に大きくなかったため、プログラムの成果について注目されることはあまりなかった。ところが、世界恐慌を契機に政府支出が急増し、政府のプログラムの管理と効率性に関する意識が高まった（ロッシ・リプセイ・フリーマン［2005］, p. 8）。

第二次世界大戦後、政府のプログラムの対象が教育や公衆衛生から都市計画や住宅等の社会開発にまで拡大し、1950年代末までには政策評価は一部の分野で一般的な現象となった。この背景には、政府のプログラムの規模が拡大したこと、それに関わる主体も政府から民間財団まで広がりを見せるようになったこと等が関係しているようである。政府支出の規模と範囲が拡大するほど、その成果に対する関心も高まった。

このように実務面での政策評価が活発になると、研究も進むようになった。ロッシ・リプセイ・フリーマン［2005］は、評価研究が1960年代末までに「ひとつの成長産業」となり、1970年代に入ると「社会科学におけるひとつの独立した専門分野」になったと述べている（ロッシ・リプセイ・フリーマン［2005］, p. 9）。ところが、当時の研究者と実務家の関心は若干異なっていたようである。研究者の関心が政府の意思決定や政策形成過程など、政府がどのように機能しているのかに向けられていたのに対し、実務家は膨大な予算と人員を投入して実施するプログラムに対する正当性を証明する方法を模索していた（ロッシ・リプセイ・フリーマン［2005］, p. 11）。

その後、政策評価に対する関心の高まりは、政府のプログラムに関与する主体や、プログラムによって、直接的にも間接的にも影響を受ける主体にまで広がっていった。ロッシ・リプセイ・フリーマン［2005］が、政策評価は「社会政策および行政活動において不可欠な一部としてみなければならない」（ロッシ・リプセイ・フリーマン［2005], p. 10）と表現していることからも明らかなように、政府の活動における国民に対する説明責任を果たすための政策評価が求められるようになったのである。

2-2 政策評価の概念整理

これまで、本章では政策（policy）という用語を特に定義せずに使用してきた。しかし、政策の定義を明示しなければ評価できない。したがって、まず政策とは何かを明らかにし、その上で政策評価を論じる必要があるだろう。

山谷［1997］によれば、政策は「政府の将来構想や基本姿勢を表現した理念の『器』」（山谷［1997], p. 10）であると述べている。そして、政策（policy）の下位概念に施策（program）と事業（project）が存在し、「下位概念である施策や事業の達成すべき目標を示し、方向づけを行う指針としての役割を担う」（山谷［1997], p. 11）ものであるとしている。**図2-1**は、政策・施策・事業の関係を表した概念図である[1)]。政策（policy）は最上位目標であるのと同時に政府が達成しようとする目的を意味する。そのひとつ下の概念である施策（program）は、政策目的を達成するためにすべきことを具体化したものであると考えられる。さらにその下の概念である事業（project）は、施策で掲げられた目的を達成するための具体的な事業あるいは行動を意味し、施策（program）の目的を達成するための手段であると理解することができる。また、龍・佐々木［2000］は、政策を「ある社会状況を改善するために、ひとつのあるいはいくつかの目的に向けて組織化された諸資源および行動」（龍・佐々木［2000], p. 8）と定義している。このように、政策は複数の施策と事業から構成されており、ひとつの政策がひとつの政府の活動を意味するものではないと判断することができる。

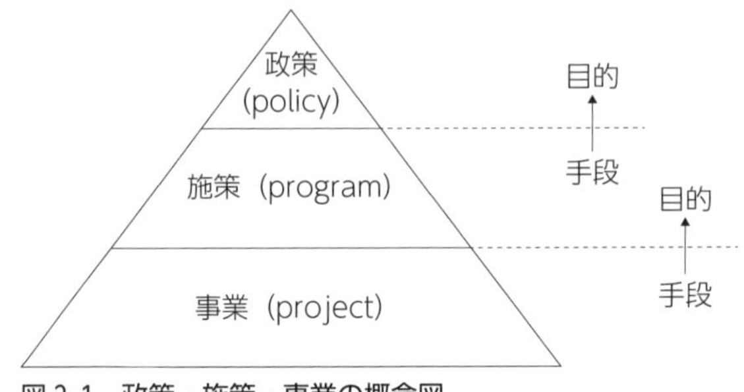

図 2-1. 政策・施策・事業の概念図
（出所）山谷［1997］, 第 1 章および第 4 章を参考に筆者作成。

以上の議論から、一般的に用いられている政策評価とは、「プログラム評価」を意味することがわかる（山谷［1997], pp. 14-15）[2)]。つまり、政策評価においてはより具体的にプログラムの対象、目的、方法論を評価することになる。とりわけ、プログラムの対象が適切であったか否か、目的を達成したか否か、目的を達成するための方法論が適切であったか否か等が評価されることになる。

2-3 政策評価の目的

そもそも、何のために政府は政策評価を行う必要があるのだろうか。それは、意思決定、資源配分、説明責任の改善のためである（OECD［1998]、ロッシ・リプセイ・フリーマン［2005]）。ロッシ・リプセイ・フリーマン［2005］によれば、プログラム評価を行う理由として、次の 4 つをあげている。第 1 に、プログラムのあり方を見直すためである。将来においてプログラムを継続するか否か、拡大するか否か、また改善すべき点はないか等を判断するために評価を行うとしている。第 2 に、プログラムの汎用性を判断するためである。プログラムの有用性が明らかになれば、他の地区や地域にも適用することができるかもしれない。第 3 に、プログラムの運営や管理面の効果ないし効率性を高めるためである。先の 2 つのポイントはプログラムの内容に関係していたのに対し、第 3 のポイントはプログラムの運用面に関係しており、評価を行うことによりプログラムの効率性を高めるための材料を提供することが可能としている。そして第 4 に、プログラムに必要な資金面をサポートする主体に説明責任を果たすためである。政府のプログラムであれば、その資金提供者は納税者ということになる。近年、税金が有効に使われているか否かは納税者の大きな関心事となっている。納税者に対して真摯に対応しているか否かは、政府の重要な責務である。このように、評価は政府のプログラムの運用や内容の改善に役立つ材料を提供するために行うものである。

プログラム評価の方法については、OECD［1998］が行っている「評価」の定義が参考になるだろう。それによると、評価とは「公共政策や組織、またはプログラムの結果（result）に着目し、それがプログラムの確実性（reliability）や有効性（usefulness）を説得的に示しているかを分析する」（OECD［1998］, p. 3）ことであるとしている。なお、プログラムの結果（result）の捉え方は2通りあることに留意する必要があるだろう。ひとつは文字通り資源の投入に対する生産物（output）であり、もうひとつはプログラムの対象者に対する間接的な影響も含めた成果（outcome）である。プログラム評価ではこの2つを区別し、ロッシ・リプセイ・フリーマン［2005］はとりわけ後者に対する評価が重要であると指摘している。

3 政策評価の手法

政府が政策によって達成しようとする目標は実に多様なため、それを実現するためのプログラムも多種多様である。よって、政策評価研究会［1999］が指摘するように、「万能な評価手法は存在しない」（政策評価研究会［1999］, p. 91）のが現状であり、後述するように評価の手法はさまざまである。したがって、それぞれの手法の特徴や利点と欠点を理解したうえで、プログラムの性質や評価の対象、目的を鑑みて適切な手法を選ぶ必要がある。

3-1 ロッシ・リプセイ・フリーマン［2005］による分類

ロッシ・リプセイ・フリーマン［2005］は、評価の方法として5つをあげている（**表2-1**）。ニーズアセスメントは、「社会問題の性質や大きさ、広がり、介入の必要性の程度、そしてその介入を設計するための社会状況の意味合いをアセスメントする」（ロッシ・リプセイ・フリーマン［2005］, p. 53）ものである。プログラム理論のアセスメントは、プログラムが果たすべき役割について仮説を設定し、プログラムの目的を達成するまでのアプローチの合理性、実行可能性、倫理上の問題の有無などを判断する。プロセスアセスメントはプログラム理論の実施における運営面に着目し、理論の正確さ（fidelity）や効果を評価するものである。インパクトアセスメントは、プログラム実施における成果（outcome）がプログラムの意図する目的を達成したのか否か、副作用等がないかを評価する。効率性アセスメントは、プログラムに必要な費用と便益を評価する。そのため、効率性アセスメントは費用便益分析（cost-benefit analysis）、あるいは費用効果分析（cost-effectiveness analysis）といわれることもある。

表 2-1. ロッシ・リプセイ・フリーマン［2005］による評価の分類と内容

評価の分類	内容
ニーズアセスメント (needs assessment)	必要とされるサービスとその提供のための最善策を判断
プログラム理論のアセスメント (assessment of program theory)	目的を達成するためにプログラムが果たすべき役割を概念化し、それがどの程度適切かを判断
プロセスのアセスメント (assessment of program process)	プログラムの運営面における正確さや効果を評価
インパクトアセスメント (impact assessment)	プログラムが意図した目的の達成状況とその程度、副作用を評価
効率性アセスメント (efficiency assessment)	プログラムの費用に対して十分な利益を生み出しているかを評価

（出所）ロッシ・リプセイ・フリーマン［2005］, pp. 51-60 を参考に筆者作成。

3-2 評価手法

3-2-1 定量的手法

評価の具体的な手法は、定量的手法と定性的手法に大別することができる。定量的手法は、統計的にプログラムの実施による成果を観察し、実施前後を比較して評価を行う手法である。定量的手法には、無作為化フィールド実験法（randomized field experiment）と非無作為化準実験法（quasi-experiments）がある（**表 2-2**）。無作為化フィールド実験法は、プログラムを実施する介入群（intervention group）と実施しない（もしくは全く関係のない介入を受ける）対照群（control group）に分けてプログラムの成果を観察し、比較する方法である。ここで重要なことは、対象者をふたつのグループに無作為に割り付けることである[3)]。それに対して非無作為化準実験法は、介入群のプログラムの成果を非参加者から成る対照群と比較するものである。この場合、対象者は無作為に介入群と対照群に割り付けられたとは限らない。また、介入群に対するプログラムの成果（観察値）と介入群に対してプログラムを実施しなかった場合の変化（推計値）を比較することでプログラム評価を行う場合もある。

表 2-2. プログラム評価の定量的手法に関する利点と欠点

無作為化フィールド実験法（randomized filed experiment）

無作為割付によるプログラムを実施する介入群（intervention group）と実施しない（もしくは全く異なる介入を受ける）対照群（control group）のプログラムの効果を観察し、比較する
利点：プログラムの成果に関する予測妥当性について説得力がある
欠点：対照群と介入群の等質性を確保しなければ正確な評価結果が得られない
　　　プログラムの途中で変更が加えられると、結果に意味をもたなくなる
　　　倫理面での批判が発生しやすい
　　　実験的な介入と実際の介入の成果が異なる場合がある
　　　時間と費用がかかる
　　　実験の完全性を確保するのが難しい

非無作為化準実験法（quasi-experiments）

無作為割付によらないプログラム参加者から成る介入群（intervention group）のプログラムの成果を非参加者から成る対照群（control group）と比較する
利点：時間と費用を抑えることができる
　　　倫理面での批判が発生しにくい
欠点：プログラムの成果にバイアスが生じやすい

（出所）ロッシ・リプセイ・フリーマン［2005］第 8 章および第 9 章を参考に筆者作成。

ふたつの方法にはそれぞれ利点と欠点があり、また実用性の面でも特徴があるため両者の特徴を熟知したうえで実際の評価に使用する必要がある。無作為化フィールド実験法の利点は、プログラムの成果に関する予測妥当性について強い説得力を持つことである。ただし、介入群と対照群の質を均一にする必要がある。そのためには、介入群と対照群の構成を同一にする必要があり、プログラムを実施しなかった場合に両群が同じ成果（outcome）を示すように考慮することが求められる。さらに、全ての観察期間においてプログラム以外の面で対象者を同じ環境におく必要もある（ロッシ・リプセイ・フリーマン［2005], p. 224)。これは、プログラムの実施前から終了までの間の諸条件を等しくすることによってのみ、正確なプログラムの成果を観察することが可能となるからである。また、プログラムの途中で変更が加えられると、変更前と変更後のプログラムの成果の判別ができなくなるため、注意を要する。実際には実験の完全性を確保することが難しく、また時間と費用がかかることを理解する必要があるだろう。最も厄介なのは、実験的な介入と実際の介入の効果が異なる場合である。実

験はあくまでも人為的にコントロールされた環境の中で行われるため、実際に介入が行われた場合には実験通りの成果が得られるとは限らない。また、実験的手法そのものに批判が発生する場合もある。以上のように、無作為化フィールド実験法は、評価の正確性や説得性を追求するには望ましい手法であるが、実際に使用するには相当の準備と配慮が求められる[4)]。

そこでより簡便な評価の手法として、非無作為化準実験法を使用することが可能である。この手法の利点は、無作為化フィールド実験法と異なり倫理面の批判が発生しにくい。また、十分なサンプル数を確保することが難しい場合は非無作為化準実験法を用いて評価することが可能である。しかしながら、無作為化フィールド実験法に比べて評価結果の説得性の面で弱点がある。また、介入群と対照群の選別にバイアスがかかることが想定され、プログラムの成果を正確に計測することが難しい。そのため、統計的手法によりバイアスを排除する必要がある。

3-2-2 バイアスをどのように排除するか

非無作為化準実験法（quasi-experiments）の場合、介入群と対照群は無作為に割り付けていないため、プログラム評価の結果にはさまざまなバイアスが発生することが想定される。つまり、評価結果の信頼性と妥当性を高めるには、バイアスをいかに最小限にとどめるかが重要となる。まず考慮すべきは、プログラムの成果に関する推計にバイアスがかかることである。プログラムを実施した介入群の変化は観察できるが、同じグループの介入しなかった場合の状態を観察することができない。したがって、非無作為化準実験法（quasi-experiments）を用いる場合は、介入群に対してプログラムを実施しなかった場合の変化を推計する必要がある。この推計にバイアスが発生し、プログラムの成果を過大あるいは過少評価する可能性がある。これはセレクション・バイアス（selection bias）とよばれる。例えば、対象者がプログラムの実施という介入を自発的に受け入れる場合、それが対象者の態度を変化させ、プログラムの成果（outcome）にバイアスがかかってしまうことがある。また、セレクション・バイアスは評価者が対象者を選択する際にも発生する。評価者がプログラムの成果がより良好なグループを介入群として選択してしまう場合である。いずれの場合も、無作為割り付けによって形成されるグループを観察するのではなく、選択されたグループを観察することが原因でバイアスが発生する[5)]。

このようなバイアスを排除する方法として、第1に評価者が事後的に対照群を作成するマッチングという手法がある。評価者は介入群の特徴を熟知したうえで、それと同質の対照群をつくり、プログラムの成果を比較することができる。第2に、介入群と対照群の差異を統計的手法によってコントロールする方法がある。比較的よく使用されるのは、ロジスティック回帰分析や操作変数法などである。介入群と対照群を区別する変数を回帰式に挿入することで、これらの差異を抽出する手法である。第3に、回帰・分断モデル（regression-discontinuity model）という方法がある。これは、成果の基準値以上と以下のグループに分け、一方にはプログラムを実施してもう一方には実施せずに各グループの変化を観察する方法である。第4に、異時点間のプログラムの参加者自身を比較する再帰的コントロール（reflexive controls）という方法である。例えば、before-after比較があげられる。これは、対象者のプログラム参加前と参加後の状態を比較する手法である。もうひとつの例として時系列分析がある。これはbefore-after比較の一種であるが、before-after分析は成果の観察がプログラムの実施前と後に限定されるのに対し、時系列分析はプログラムの実施中に何度か観察することで成立する手法である。これらの手法は介入群、対照群の設定をする必要がない全国民を対象とするプログラムの成果を評価する際には有用かもしれないが、プログラムの実施中にプログラム以外の要因の影響を排除することができないという欠点がある。青柳［2007］は「プロジェクトの前後を通じて、プロジェクト以外の要因による変化は一切無いという仮定（条件）が必要」（青柳［2007], p. 95）と述べている。確かに、そのような仮定を設定しない限りbefore-after比較は難しいだろう。しかし、仮定そのものが現実的ではないという問題もある。定量的な評価手法については、第11章でも扱う。

3-2-3 定性的手法

本来、定量的手法は数量処理をすることでプログラムの実施による変化を客観的に評価しようとするものである。しかし、既に述べたように、分析前の環境整備などにおいてバイアスが発生する余地を残していることが明らかになった。また、数量化できない事象については定量的手法で分析することはできない。そこで、用いられるのが定性的手法である。この手法は、プログラムによる評価対象の変化についてありのままを描写しようとする。具体的には、インタビュー調査やフィールド調査による観察などがあげられる。評価者による観察は、観察の方法や対象を操作せずにありのままを観察する場合もある[6]。参与観察法は社会学等の分野で比較的よく用いられる手法であり、評価者が対象者の集団あるいは地域に入り込んで観察する方法である。

定性的手法は、評価対象の変化について数量化できない部分を把握するうえでは有効であるが、評価者の主観に影響を受けやすいという欠点がある。したがって、定性的手法による調査結果には、常に客観性についての問題が発生することを念頭に置かなければならない。

3-2-4 評価のトレードオフ

以上のように、評価手法について定量的手法と定性的手法についてそれぞれの特徴をまとめてきた。実際に評価手法を選択する際には、因果関係の頑健性や評価の煩雑さと費用の面においてトレードオフが発生することを理解しておく必要がある（**図 2-2**）。Storey［2006］によると、プログラムとその成果の因果関係を最も頑強に示すことができる手法は、無作為割付による実験的手法である。統計的制御による準実験的手法は、バイアスを排除する手順を踏む必要があることから煩雑さと費用は無作為割付による実験的手法よりも高くなる。帰納的制御による非実験的手法は本章で示すところの定性的手法であるが、これは煩雑さと費用の面で準実験的手法よりも低いものの因果関係の頑健性が劣る。

このように、プログラム評価においては、これらの点も考慮しつつ、定量的手法と定性的手法の両方を状況に組み合わせて進めていくことが望ましいのではないかと考えられる。

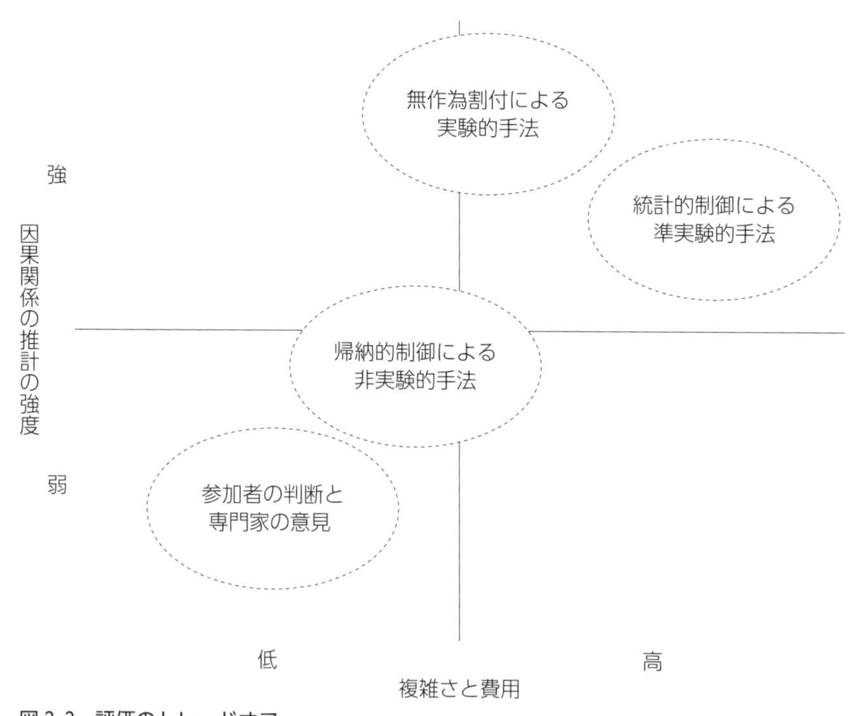

図 2-2. 評価のトレードオフ

（出所）Storey［2006］, p. 269 より引用。邦語訳は筆者による。以下、特に断りのない限り、外国語文献の邦語訳は同様とする。

4 中小企業政策の評価

本節では、政策の焦点が中小企業に絞られ、その育成を政策目標としている場合の評価をどのように考えたらよいか整理してみたい。石井［2010］は、日本の中小企業・ベンチャー企業の公的支援策に焦点をあてて政策評価を論じている。石井［2010］によれば、日本の中小企業・ベンチャー企業の政策評価は、その方法論が確立されておらず、各行政機関による評価が行われているという。これは次の 2 つの問題を引き起こす可能性を示唆している。第 1 に、各行政機関の目先の目標を達成したか否かに重点が置かれ、中小企業政策全体の評価を困難にさせる可能性である。第 2 に、政治の介入ないし影響が及ぶ可能性である。このような問題を発生させないためには、中立的かつ客観的視点を確保することが求められる。そこで、石井［2010］は外部有識者や研究者が政策評価に関与できるような環境を整備することが重要であると提案している。また、欧米で進んでいる評価手法に学び、精度の高い政策評価の実施が急務となるとも述べている（石井[2010], pp. 17-18）。

Storey [1998] は、中小企業支援策の評価として6つのステップを提示している。ステップ1では、特定の政策の対象となる企業の数、分野、規模、地域的な分散などの特性を把握する。ステップ2では受益者の意見を聴取する。供与された支援策は有益だったか、支援申請および支援実施までに問題はなかったか、など政策の対象となった受益者の意見を収集する。ステップ3では、支援を受けた後に企業のパフォーマンスに違いが生じたか否かを調べる。ここでは、売上や利益などの数量的な部分も調査することが求められる。ステップ4では、支援を受けている企業と受けていない企業を比較する。ステップ3で収集したデータを比較することも必要であるが、生存率（survival rate）などを比較することも有効であろう。ステップ5では、支援を受けた企業間の比較である。ここでは、支援を受けているグループの中から操業年数、部門、所有者、立地などいくつかの要素で共通する企業を取り上げて比較する。ステップ6では、セレクション・バイアスに配慮し、統計的手法を用いて評価を行う。これらのステップでは、監視（ステップ1~3）と評価（ステップ4~6）が分けられており、評価の実務に参考になる手順を示している[7)]。

中小企業政策の評価にあたっては、政策形成に関与する者が個々のプロジェクトの評価を行うことは重要であるが、それ以上にそのようなプロジェクトを実施して達成される最上位の政策目的を常に考慮する必要がある。一般的に、中小企業政策を講じる目的として、中小企業育成あるいは起業家育成が掲げられることが多い。したがって、各省庁の個別のプロジェクトが最上位の政策目的を達成しなければ、政策そのものの意味を問われることになる。とりわけ、中小企業政策はその内容が多様であることから、関係者による相互評価（peer review）の仕組みを導入することが有効であるとの提案もある（OECD [2007], p. 68）。相互評価を導入することにより、異なる省庁に所属する担当者の間でさまざまな情報を共有することが可能となり、中小企業政策の全体の目標を再認識することにつながる。とくに、成功事例を共有することは政策形成に有効に作用すると考えられる。

5 むすび

本章では、先行研究で展開されている政策評価に関する議論をまとめてきた。政策評価の歴史は古いが、実務での必要性が高まったことから1950年代から政策評価が一般的な現象となったことが明らかになった。

政策評価を行う場合、「何を（対象)」「何のために（目的)」「どのように（方法)」評価するのかを厳密に規定することが重要である。この点に関する議論はおおむね収束に向かっており、政策（policy）が最上位概念として存在し、下位概念として施策（program）と事業（project）があるとされている。一般的に用いられている「政策評価」とは、「プログラム評価」であることが確認できた。すなわち、評価の対象はプログラムであり、最上位の政策ではないということが明らかになった。

プログラム評価の方法については、定量的手法と定性的手法があり、評価の対象、目的、内容などにより多様な手法があることも明らかになった。定量的手法ではそれぞれの手法に弱点があることを認識すること、バイアスをいかに排除するかを考慮することが必要である。また、評価のトレードオフが存在するため、定量的手法と定性的手法を併用しながら総合的に評価することが求められる。また、本章では政策評価においては画一的な評価手法は存在しないことを指摘した。

以上の点は、中小企業に焦点を当てた政策を評価する場合においても同様である。本章ではモニタリングと評価を明確に分け、モニタリングでは情報およびデータの収集を行い、それを元にいくつかの視点から比較分析する手法を紹介した。しかしながら、中小企業政策の策定および実施が複数の省庁によって行われている場合、深刻な問題を引き起こすこともある。その問題を解決するには、省庁横断的な相互評価（peer review）の仕組みが有効であるという提案があることを述べた。

このように、政策評価には多くの困難が伴うが、政府の説明責任を果たすためには欠かせない作業である。様々な政策評価の研究成果から得られた知見を集約し、効果的な政策評価を行うことが求められよう。

〔注〕

1）政策・施策・事業のそれぞれの具体例は山谷［1997］（p. 12）を参照されたい。

2）政策評価に関する先行研究でよく引用されるロッシ・リプセイ・フリーマン［2005］（原書

[2004]）では、「プログラム評価」という用語を使用している。本書では「プログラム評価」と「政策評価」の2つの用語が混在するが、文献を引用する際に原文がprogram evaluationとなっている場合は「プログラム評価」という言葉を使用する。これは、政策評価と同義で用いることとする。

3）無作為化（randomization）とは、「対象者（あるいは対象単位）が、プログラムを受けるか、代わりの対照状況を受けるか、を確率的に決定する方法である」（ロッシ・リプセイ・フリーマン［2005], p. 225)。一般的には、乱数表を使って割り付けることが多い。

4）龍・佐々木［2000］では、無作為化フィールド実験法をランダム実験モデル（randomized experimental model）と表現している。この手法は、一時期あまり使用されなくなったようである。その理由は、本文でも述べた通り時間と費用がかかるうえ、評価結果を一般化することに疑問を呈する声が多く上がったことが関係している。実験的な手法は単なるふたつのグループの比較に過ぎず、それをプログラム成果の一般的な評価とみなすことには問題があるのではないかという批判である。しかしながら、龍・佐々木［2000］によれば、近年ではコンピュータの処理能力が格段に改善したことにより、実験的な手法が採用されやすくなったと述べている（龍・佐々木［2000], p. 57)。実験的手法はサンプル調査であるから、情報技術の発達により膨大なデータの収集と処理が可能になったとはいえ、介入群と対照群のサンプルがプログラム実施対象者と非対象者を代表することができるか否かを常に考える必要があるだろう。その意味で、実験的手法の限界を常に意識しておかなければならない。

5）Storey［2006］は、セレクション・バイアスが生じる例としてセルフ・セレクション（self-selection）によるものと、コミッティー・セレクション（committee selection）によるものがあると解説している（Storey［2006], pp. 265-266)。なお、本文中の強調は筆者による。

6）山谷［1997］は、評価の手法が適切か否か、プロセスや評価結果の妥当性を評価するメタ評価（meta-evaluation）も定性分析価に分類している。参考までに、わが国の各省庁が行うプログラム評価のメタ評価は総務省が行っている。メタ評価に関する概念は源［2009］で整理されているので参照されたい。

7）6つのアプローチには、それぞれ問題点もある。例えば、ステップ2において支援策が有益であったか否かを中小企業に意見聴取しても、十分な意見が出てこない場合も考えられる。また、ステップ5では、支援を受けた企業の中からその属性が一致する企業を探すことが難しいかもしれない。このような問題があることはStoreyも認識している（Storey［1998])。

第3章

マレーシアにおける中小企業育成政策の展開
—1990年以降を中心に—

1 はじめに

通貨危機以降、経済成長率が鈍化傾向にあるマレーシアは、中所得国の罠に陥ったといわれている（World Bank［2007］）。そのひとつの要因として国内投資（とくに地場企業の投資）が危機前の水準まで回復していない点が指摘されている（中川［2010］）。当時の状況における政府の最大の関心事は、2020年までに高所得国の仲間入りを果たすことができるか否か、すなわち2020年ビジョンを達成できるかどうかであった。

マレーシアは、積極的な海外直接投資の受け入れと輸出志向型工業化という戦略が功を奏し、低所得国から中所得国へ発展した。しかし、中所得国の罠から脱却できない現実が意味することは、以前と同じ戦略が通用しないということである。政府は、「新たなアプローチ」を模索する必要があった。2009年、政府は新経済モデル（New Economic Model）を発表しその中で発展の重点課題として中小企業の育成を掲げた。

中小企業を重視する姿勢は、マレーシアにとって新しいものではない。Chiu［1999］が指摘するように、政府は1970年代から中小企業の問題に関与を深めてきた。1970年代というのは、1969年に発生した暴動を受け、民族間の所得水準および資産保有の格差是正の対処として新経済政策が開始された時期である。この時期の中小企業育成は、相対的に所得水準が低いとされるブミプトラの所得水準を引き上げるという目的を達成するための手段であった。ブミプトラ系企業および農村の近代化という文脈の中で中小企業の育成が取り上げられたのである。この方向性が大きく転換したのは1980年代半ばであった。それは海外直接投資でマレーシアに進出した多国籍企業によって進められた輸出志向型工業化と深い関係がある。中小企業は多国籍企業の下請けとしての役割を担うべきであるとし、政府がその育成および中小企業の強化に乗り出したのである。そのため、

1990年代の中小企業育成は製造業の分野において裾野産業の育成や産業の深化という点が強調された。自動車産業におけるベンダープログラムはその一例であろう[1)]。2000年代に入り、政府が更に中小企業育成を強調するようになったのは、2020年ビジョンの達成に向けて地場中小企業の経済への貢献を高める必要があるという政府の認識が関係していると考えられる。

以上のような背景より、本章はマレーシアにおける中小企業育成政策の展開についてその背景ならびに経緯、課題を明らかにしたい。Chiu［1999］では1950年代から1990年代前半までの状況がまとめられているため、本章はそれ以後の時期に焦点をあてる。

本章の構成は次の通りである。2ではマレーシアの中小企業の状況を概観する。まず中小企業の定義の変遷について整理し、中小企業の経済への貢献等を確認する。さらに、マレーシアが中小企業育成を重視するようになった背景について述べる。3では中小企業育成に対する政府の考えを理解するために、国家開発5ヵ年計画（マレーシアプラン）に中小企業育成がどのように記述されているのかを整理する。4では2000年以降の政府の動向として、国家中小企業開発評議会の設置と、実施されているプログラムについて述べる。最後に本章をまとめ、結論とする。

2 マレーシアの中小企業―概観―

2-1 中小企業の定義

中小企業の定義は、2004年に国家中小企業開発評議会（National SME Development Council：NSDC）が設置されるまで、省庁ごとに異なる定義を使用していたのが実態であった（Bank Negara Malaysia [2005], p. 62）。例えば、中小産業開発公社（Small and Medium Industries Development Corporation：SMIDEC）[2)] の定義は、年間売上高、従業員数、資本金を基準に分類されていた。しかし、これは業種による規模の違いを考慮していないという問題があったため、2005年9月に業種別の定義を導入した。それ以前の定義との大きな違いは、年間売上高と従業員数のどちらかが定義に当てはまれば、中小企業とみなしたことである。

表3-1は、2005年～2013年に使用された中小企業の定義を示したものであ

る。製造業、製造関連サービス業、農業関連工業（agro-based industry）は売上2,500万リンギ未満もしくは正規従業員150人未満は中小企業とされる。サービス業、農業（primary agriculture）、情報・通信技術業は、売上500万リンギ未満、正規従業員50人未満が中小企業となる。この定義は、さらに中小企業の規模に応じて、零細企業（micro enterprise）、小企業（small enterprise）、中企業（medium enterprise）の3つに分類される。製造業、製造関連サービス業、農業関連工業においては、売上25万リンギ未満もしくは正規従業員5人未満を零細企業、売上25万～1,000万リンギ未満もしくは正規従業員5～50人未満を小企業、売上1,000～2,500万リンギ未満もしくは正規従業員50～150人未満を中企業としている。また、サービス業、農業、情報・通信技術業の場合、売上20万リンギ未満もしくは正規従業員5人未満を零細企業、売上20万～100万リンギ未満もしくは正規従業員5～20人未満を小企業、売上100万～500万リンギ未満もしくは正規従業員20～50人未満を中企業と定めている。

表3-1．業種別中小企業の定義（2005年～2013年）

業種		零細企業	小企業	中企業
製造業 製造関連サービス業 農業関連工業	売上 正規従業員	25万リンギ未満 もしくは 5人未満	25万～1,000万リンギ未満 もしくは 5～50人未満	1,000万～2,500万リンギ未満 もしくは 50～150人未満
サービス業 農業 情報・通信技術業（ICT）	売上 正規従業員	20万リンギ未満 もしくは 5人未満	20万～100万リンギ未満 もしくは 5～20人未満	100万～500万リンギ未満 もしくは 20～50人未満

（出所）SME Corp. Malaysia [2015], p. 157より引用（https://www.smecorp.gov.my/index.php/en/resources/2015-12-21-11-07-06/sme-annual-report、2023年3月13日ダウンロード）。

この定義は、2014年1月1日から再び変更された（**表3-2**）。中小企業の問題を統括する国家中小企業開発評議会（NSDC）での討議により、2013年7月11日に変更が決定した。業種の分類も変更され、零細企業では製造業、サービス業およびその他産業ともに売上が30万リンギ未満に引き上げられた。小企業では売上が1,000万リンギ未満から1,500万リンギ未満（製造業）および100万リンギ未満から300万リンギ未満（サービス業、その他産業）にそれぞれ引き上げられた。また中企業は売上が2,500万リンギ未満から5,000万リンギ未満（製造業）および500万リンギ未満から2,000万リンギ未満（サービス業、その他産業）となった。小企業と中企業では正規従業員数もそれぞれ上限が引き上げられている（**表 3-2**）。

表 3-2．2014 年 1 月 1 日以降の業種別中小企業の定義：変更点

業種		零細企業	小企業	中企業
製造業	売上	30 万リンギ未満	30 万～1,500 万リンギ未満	1,500 万～5,000 万リンギ未満
		もしくは	もしくは	もしくは
	正規従業員	5 人未満	5～75 人未満	75～200 人
サービス業およびその他の産業	売上	30 万リンギ未満	30 万～300 万リンギ未満	300 万～2,000 万リンギ未満
		もしくは	もしくは	もしくは
	正規従業員	5 人未満	5～30 人未満	30～75 人

（注）下線部分（筆者による）が変更箇所。
（出所）SME Corp. Malaysia [2015], p. 156 より引用（https://www.smecorp.gov.my/index.php/en/resources/2015-12-21-11-07-06/sme-annual-report、2023 年 3 月 13 日ダウンロード）。

2-2 経済における貢献

次に中小企業の経済への貢献を確認しておこう。**表 3-3** は 2003 年と 2005 年の GDP、雇用、輸出への貢献度を示したものである。2003 年の状況をみると、GDP への貢献は 31.9%、雇用に対しては 55.8%、輸出においては 18.9%であった。2005 年になってもこの傾向はほとんど同じ状況である。これらの指標のうち、着目すべきは雇用であろう。一般に、中小企業の育成がその国で重要課題とされるのは、経済的に一定の役割を果たすからであるとされる。GDP や付加価値に対する貢献が小さくても、雇用創出という面で重視されるのである。マレーシアにおいても過半の労働者が中小企業に従事しており、中小企業の重要性を確認することができる。

表 3-3．中小企業の貢献度（%）

	2003 年	2005 年
GDP	31.9	32.0
雇用	55.8	56.4
輸出	18.9	19.0

（出所）Bank Negara Malaysia [2006], p. 36 より引用。

表 3-4 は 2003 年と 2010 年の企業数、生産額、付加価値を産業別に分類したものである。既述のように、2003 年と 2010 年は定義が異なるため、推移について単純に比較することは難しい。しかし、定義変更の結果、農業、製造業は企業数

と付加価値が減少しているのに対し、サービス業は3つの指標全てが増加していることがわかる。また、それぞれの年をみると、サービス業が最も大きな割合を占めている。企業数、生産額、付加価値においてサービス業が占める割合は、2003年はそれぞれ91.1％、57.1％、69.0％であった。2010年には90.1％、56.5％、77.2％となり、付加価値に占める割合が増加した。

表3-4. 中小企業の部門別内訳

	企業数		生産額（100万リンギ）		付加価値（100万リンギ）	
	2003年	2010年	2003年	2010年	2003年	2010年
農業	6,919	6,708	7,410	5,194	3,167	2,665
鉱業	—	299	—	1,105	—	378
製造業	39,373	37,861	154,743	194,032	45,760	38,058
建設業	—	19,283	—	20,118	—	7,537
サービス業	474,706	580,985	216,109	286,640	108,676	165,285
計	520,998	645,136	378,262	507,089	157,603	213,921

（出所）Department of Statistics［2012］より抜粋、引用。

2-3 中小企業育成を重視するようになった背景

マレーシアでは、中小企業育成に関連して起業家育成という言葉が使用されることがある。これらの用語の含意には注意を要することを記しておきたい。マレーシアにおける中小企業育成ないし起業家育成には2つの意味が含まれている。ひとつは、市場志向型の企業を発展させるための政策である。もうひとつは、ブミプトラ系中小企業に対する特別措置である（Small and Medium Industries Development Corporation [2002], p. 3]）。マレーシアにおいて中小企業育成が重視されるようになった背景には、冒頭で述べたようにブミプトラの発展および所得水準の底上げであった。さらには、前節で示したとおり中小企業の雇用創出という点があげられる。1980年代半ばから多国籍企業がマレーシアで活動するようになると、製造業における裾野産業の強化という問題も重視されるようになった。マレーシアのように海外直接投資の積極的な受け入れによる輸出志向型工業化を進めてきた国では、その効果が地場企業に波及し、技術やノウハウ等の移転が進むことを望む傾向が強い。そのためには地場企業がしっかりと育っている必要がある。マレーシアでは、第2次工業化マスタープランにおいて主要産業の深化を図るために中小企業が中心的役割を果たすべきという考えが示された。

このような複数の含意があるマレーシアの中小企業育成の背景には、大きく2つの事情が関係している。政府によれば、2020年ビジョンを達成するには第10次マレーシアプランの5年間（2011-2015）は毎年6%の経済成長が必要であるとしている。そして、高所得国になるために7つの重点プログラムを実施するとしており、この中に中小企業の発展が含まれている（The Economic Planning Unit [2010], pp. 68-70）。アジア通貨危機以降、経済成長率は鈍化しており、政府には2020年ビジョンを達成するために新たなアプローチが必要との認識がある。中小企業を育成し、経済成長への貢献度を高めることで目標を達成する推進力としたいという政府の狙いがあるといえよう。それと同時に、マレーシアの政策形成において排除することができない民族間の所得格差の問題を考慮しなければならない。経済面で相対的に低い地位にあるとされるブミプトラの所得獲得の機会を拡大し、貧困を削減することも重要な課題である。そのため、ブミプトラの起業家を育成し、彼らの経済活動への参画を促すことで所得獲得の機会を拡大する狙いがあるといえる。

3 開発計画における中小企業育成

中央銀行は、マレーシア政府が中小企業を育成するというスタンスを明示的に戦略として打ち出すようになったのは、第2次工業化マスタープランからであると言及している（Bank Negara Malaysia [2005], p. 39）。ただし、このタイトルからもわかるように、当時の中小企業の育成は工業化の担い手となる製造業に重点が置かれていた。それに対し、第3次長期展望計画（2001-2010年）ではブミプトラ系および農村部の中小企業に関する明確な記述がある。前述のとおり、マレーシアにとってブミプトラと農村部の中小企業育成は、相対的に所得水準が低いとされてきた人々の所得向上を促し、貧困削減と所得格差の縮小を進めるために重視されてきたことが大きく関係している。

第8次マレーシアプラン（2001-2005年）以降は、農業、製造業、サービス業における中小企業の役割の重要性が強調され、育成に取り組む姿勢が広く示された。特に（1）生産性向上、（2）競争力強化、（3）情報通信技術の活用、（4）人材育成の4つに焦点を当てて中小企業育成の戦略が策定された（**表3-5**）。第8次マレーシアプランは、第2次工業化マスタープランの後半5年間と同じ時期にあたるため、製造業における中小企業育成に重きが置かれている。中小企業の効率化の実現と生産性向上により、産業リンケージの深化と拡大を通して国際市場で競争力のある工業部門を実現することを目指したものとされる。

第9次マレーシアプラン（2006-2010年）になると、製造業に限定せず、農業やサービス業も含めたより広範な分野における中小企業育成に焦点が当てられている。例えば、技術面で強い、競争力のある中小企業の育成（第2章）、中小企業の国際化（同）、農業関連の中小企業の支援（第3章）、ブミプトラ系中小企業の促進（第4章）、製造業関連サービスにおける中小企業の機会（同）などがあげられる（The Economic Planning Unit [2006]）。これらにおいて、(1) アウトソーシング事業の促進、(2) 企業内リンケージの拡充、(3) 起業家プログラムの実施、(4) 知識・技能の向上の4つを重点項目としてあげている（**表3-5**）。ここから読み取ることができるのは、中小企業と大企業ないし外資企業、政府関連企業とのビジネス関係を構築することにより、中小企業の活動の場を広げようとしていることがうかがえる。中小企業が大企業や外資企業、政府関連企業と連携できるかは、中小企業の業務内容とその処理能力に大きく依存する。したがって、ここでも中小企業の能力向上（(3) と (4)）が主要戦略としてあげられている。

第10次マレーシアプラン（2011-2015年）では、中小企業が成長のエンジンであり、技術革新の中心的役割を果たすとして、重点分野（National Key Economic Areas：NKEAs）のひとつに指定されたことが述べられている（The Economic Planning Unit [2010], p. 70）。この5年間で政府が取り組む策として、(1) 起業に関するコスト削減、(2) 人材育成、(3) 若者に対する起業文化の醸成、(4) 支援体制の強化、(5) 金融アクセスの拡大をあげている（**表3-5**）（The Economic Planning Unit [2010], pp. 94-95）。マレーシアの中小企業支援において、(3) は比較的新たな視点であるといえる。大学生の卒業後の就職先として中小企業に対する理解を深めるためにインターンシップの機会を提供したり、大学生によるビジネスプランのコンペを実施してアイディアをビジネスにするプロセスを学ぶ機会を提供するものである。また、第10次マレーシアプランでは、中小企業の輸出促進を支援するとしている（The Economic Planning Unit [2010], p. 101）。

NSDCは、中小企業育成の目的を3つあげている。第1に全ての部門で中小企業の存在意義を高めること、第2に中小企業を知識ベースの産業として促進すること、第3に中小企業部門におけるブミプトラの参加拡大である。第2節で確認したように、中小企業による雇用が経済全体に占める割合は2005年には56.4%となっている。雇用者の過半を占める中小企業はマレーシア経済にとって重要な存在になっており、経済における中小企業の貢献度を高めることこそが、マレーシア経済の更なる成長に欠かせない。これらに加え、マレーシアにおいて中小企業の発展あるいは育成が意味することは、ブミプトラの経済・社会的地位と所得の向上なども含まれることに注意を払う必要があるだろう。いずれにしても、以上の目的を達成するために、中小企業育成のプログラムは（1）能力向上、（2）インフラ整備、（3）資金調達の3つの分野に焦点があてられている（Bank Negara Malaysia [2006], p. 54）。

4-2 中小企業育成に関するプログラム

SMIDECが2002年に発行した『中小産業開発計画2001-2005』（*SMI Development Plan: 2001-2005: SMIDP*）では、2001年までの中小企業向けのインセンティブとして税のインセンティブ付与、贈与、ローンおよび出資、インフラ支援の4分野があげられていた（Small and Medium Industries Development Corporation [2002], p. 4）。経済のグローバル化が進展するにつれ、国際的に競争力を持つ企業を育成することの必要性が高まり、その考え方が中小企業にも適用されるようになった。そのため、2001年～2005年の中小企業育成は、国際的に競争力があり、知識産業としての中小企業を育成することが課題として掲げられた（Small and Medium Industries Development Corporation [2002], p. 53）。*SMIDP*では、既存の中小企業支援プログラムを更に強化することに加え、2001年から相談および情報提供センターの設立と、国際市場への進出を目指す中小企業への支援（HeadStart 500 Programme）の2つを新たに実施するとした。これらのプログラムは、製造業の中でも対象産業を絞り込んで支援を行うものとしている[3)]。

2006年、NSDCは国家中小企業開発ブループリント（National SME Development Blueprint）の発行を開始した。これは1年毎の中小企業育成のプログラムをまとめたものである。まず、2006年のブループリントでは、中小企業育成の目的を再確認している。マレーシアにおいて中小企業育成とは、経済的目的と社会・

経済的目的の2つがあるとされる。前者は（1）全ての部門における中小企業の活力を拡大させること、（2）知識ベース産業における中小企業の発展を促進することを意味する。一方、後者はブミプトラ系起業家および中小企業の発展を促進することを意味する（Bank Negara Malaysia [2005], p. 143）。2006年のプログラムは、中小企業発展のためのインフラ整備、能力開発、金融アクセスの拡大、の3分野で合計245のプログラムを実施するとした（Bank Negara Malaysia [2005], p. 144）。

2007年のブループリントでは、2010年までに達成すべき中小企業のパフォーマンス目標が設定された。まず、GDPへの貢献度を2005年の32%から2010年には37%に拡大する目標が定められた。とりわけ、サービス業の貢献を拡大することが明確に記されている（Bank Negara Malaysia [2006], p. 57）。また、雇用に占める中小企業の割合が57%、輸出に占める割合が22%とされ、マクロ経済における中小企業の役割を拡大することを目指した。この他、黒字企業の割合の拡大や、ブミプトラによる中小企業設立の拡大なども目標とされた。これらを踏まえ、合計189のプログラムを実施するとしている。その内訳は、能力開発が135プログラム（全体の70%）、インフラ整備が27プログラム（同15%）、金融アクセスが27プログラム（同15%）である。

2008年のブループリントでは、NSDCは業界団体の代表との対話を増やし、中小企業のニーズに応えることに重点を置いている。2008年も前年と同様に能力開発を最重要課題と位置付けており、198プログラム中141が起業家育成、マーケティング、販売促進、技能向上、アドバイザリーサービスであった（Bank Negara Malaysia [2007], p. 62）。インフラ強化に関しては、ハラル・パーク設置が計画されているほか、農業関連産業におけるマーケティング支援としてパッケージ、流通、農業製品販売等のマーケティングセンターを設立することが掲げられた。さらに、信用保証公社（Credit Guarantee Corporation）が中小企業の信用情報を集約する機関として中小企業信用調査機関（SME Credit Bureau）を設立するとした。

2009年は約30億リンギ、162のプログラムが実施された。内訳は、インフラ整備が22、能力開発が119、金融アクセスが21であった。この年の特徴的な施策は、中小企業のビジネス状況の経緯をデータベース化することを掲げた点であろう。

2010年以降は、政府が発表した新経済モデル（New Economic Model：NEM）に沿って中小企業育成を行うとしている。NEMでは戦略的改革イニシアチブとして8つの分野を掲げており、それぞれの改革内容を示している（**表3-6**）。このうち、民間部門の活性化における中小企業対策が多い。これは、政府が民間中小企業の経済への貢献を高める事を重視していることの表れであると考えられる。

表3-6. NEMにおける中小企業に関連した施策

1 民間部門の活性化	・技術革新的な分野のSME育成 ・コスト増の原因となる障壁の除去 ・適切な時期の金融アクセスの促進 ・零細企業に対する支援強化 ・地域の優れた企業の創設 ・業界全体に配慮した企業および技術革新のシステム創設
2 職場環境の改善と外国人労働者依存の解消	・教育、訓練を通じた技能向上 ・労働者のセーフティーネット確立 ・技能に関する国際品質基準と証明書の形式化 ・罰金システムの導入を通じた外国人労働者依存の解消
3 経済の競争力強化	・零細企業と起業支援を通じた起業家育成の促進 ・価格統制と補助金の段階的廃止を通じた市場の歪み解消 ・下位40％の家計を対象にした社会福祉と経済的に困窮している企業に対するファンドの創設
4 政府部門の強化	・行政サービスの改善 ・下位40％の家計を対象にした社会福祉と経済的に困窮している企業に対するファンドの創設 ・成果主義に基づく予算策定と財政管理の強化
5 市場友好的な優遇政策の実施	・下位40％の家計および経営者を対象にした所得格差の是正 ・平等で公平なビジネス機会の促進 ・下位40％の家計を対象にした社会福祉と経済的に困窮している企業に対するファンドの創設
6 知識基盤型インフラの整備	・参入、退出の障壁除去を通した起業家育成の促進と、新興企業向けベンチャーキャピタルの改善 ・インセンティブ、資金調達、専門機関を通した技術革新の環境整備
7 成長の源泉拡大	・電機・電子産業：ニッチ分野に焦点（例；研究開発、デザイン） ・農業：価値を高める活動（例；大規模化、高収穫品種、新技術） ・サービス業：新分野の促進（例；観光、医療、教育、環境）、イスラーム金融、環境技術、バイオ技術など ・ローンから部分的信用保証への変更による革新的SMEの支援
8 持続的成長の確保	・ベンチャーキャピタルによる環境技術への投資支援 ・銀行の無担保基準を適用した環境投資に対する信用審査

（出所）National SME Development Council [2010], p. 49より引用。

4-3 中小企業公社（SME Corp.）の設立

マレーシアにおいて中小企業の発展ないし育成は、1996年に設立されたSMIDECが中心となって行っていた。すべての産業において中小企業の発展を加速させ、経済への貢献を高めることが重要課題となるにつれ、関連する政策を拡大する必要があった。そのため、NSDCはSMIDECの機能を向上させた形で2007年に中小企業公社（Small and Medium Enterprise Corporation Malaysia：SME Corp. Malaysia）の設立を決定した（2009年から業務開始）。NSDCは、プログラムを調整する部署としてSME Corp. Malaysiaに組み込まれた。

SME Corp. Malaysiaが提供する主なプログラムは**表3-7**に示したとおりである。プログラムがカバーする分野は、(1) 市場アクセス、(2) ブランド開発、(3) 技術開発、(4) 能力開発、(5) 競争力診断、(6) アウトリーチ、(7) ブミプトラ起業家育成、(8) 女性起業家育成および零細企業育成、(9) 金融に及ぶ。対象となる産業や企業はプログラムにより異なり、企業規模あるいは業種によって決められている。また、株式の51％以上をマレーシア人が保有していることが条件となるプログラムもある。特徴的なプログラムは、中小企業強化のための競争力格付け（SME Competitiveness Rating for Enhancement：SCORE）であろう。SMIDECによれば、SCOREは中小企業のパフォーマンスの追跡・調査を通して当該中小企業の能力とパフォーマンスを診断し、格付けを行うプログラムであると説明している（Small and Medium Industries Development Corporation [2010], p. 48）。中小企業は5段階に格付けされ、段階に応じた支援を受けることが可能となる。格付けは、(1) ビジネスパフォーマンス、(2) 資金調達能力、(3) 技術力、(4) 運用管理、(5) イノベーション、(6) 質（保証）システム、(7) 経営力などの指標を用いて評価と格付けを行う。

表 3-7. SME Corp. Malaysia の主要なプログラム（2013 年および 2020 年）

	2013 年	2020 年
市場アクセス	SME Annual Showcase-SMIDEX 2013 Online Business Linkage Programme	Business Linkages Programme
ブランド開発	National Mark of Malaysian Brand Branding and Packaging Mobile Gallery	National Mark of Malaysian Brand SMEs Go Global Programme
技術開発	1-Innovation Certification for Enterprise Rating & Transformation SME Innovation Award 2013 Green Light-Emitting Diode/Solid-State Lightning Programme Technology Roadmap Enabling e-Payment Services for SMEs and Micro Enterprises Programme	SME Digitalisation Programme eBazar Ramadan Initiative HIP 1: Integration of Business Registration and Licensing HIP 2: Technology Commercialisation Platform HIP 6: Inclusive Innovation Programme
能力開発	Business Accelerator Programme Skills Upgrading Programme SME@University Programme SME Mentoring Programme Enrichment & Enhancement Programme SME-University Internship Programme SME Export Advisory Panel Programme	Business Accelerator Programme HIP 5: Catalyst Programme Access to Financing Capacity Building
競争力診断	SME Competitiveness Rating for Enhancement (SCORE) Micro Enterprise Competitiveness Rating for Enhancement	SME Competitiveness Rating for Enhancement (SCORE) Micro Enterprise Competitiveness Rating for Enhancement
アウトリーチ	Enterprise 50 Award　SME Week 2013 One Referral Centre	SME Hub　Soal Usahawan Reaching Out Through Social Media
ブミプトラ起業家育成	Bumiputera Enterprise Enhancement Programme Outreach Programmes for Bumiputera in Business	Bumiputera Enterprise Enhancement Programme Tunas Usahawan Belia Bumiputera (TUBE) Programme Galakan Eksport Bumiputera (GEB) Programme
女性起業家育成・零細企業育成	Women Entrepreneur Networking for Synergy Programme	Women Netpreneur Programme Micro Connector Programme
金融		HIP 3: SME Investment Partner (SIP) Programme Soft Loan for SMEs Shariah-Compliant SME Financing Scheme

（出所）SME Corp. Malaysia［2014, 2021］より筆者作成（https://www.smecorp.gov.my/index.php/en/resources/2015-12-21-11-07-06/sme-corp-malaysia-annual-report、2023 年 3 月 30 日 ダウンロード）。

5 むすび

本章では、マレーシアにおける中小企業の育成について、その変遷をまとめた。マレーシアで中小企業育成の重要性に対する認識が高まり、工業化との関連で本格的に政策に反映されるようになったのは1996年に開始した第2次工業化マスタープランであった。製造業における中小企業に焦点があてられた理由のひとつとして、裾野産業の拡大や産業の深化を進める狙いがあったと考えらえる。海外直接投資と輸出主導で経済成長を実現してきたマレーシアにとって、更なる成長に必要なのは多国籍企業から地場企業への技術やノウハウの移転である。その受け手となる企業がしっかりと育っていない環境では、技術移転は望めない。そのため、政府はまず製造業における中小企業の育成に着目したと考えられる。

また、マレーシアにおける中小企業育成は、ブミプトラ系企業の経済活動への参画を重視されたことを強調しておく必要があるだろう。中小企業の育成により相対的に所得水準が低いとされるブミプトラの所得獲得機会を拡大すること、民族間の所得格差を小さくすること、貧困を削減すること等の目的があることを指摘しておきたい。このように、マレーシアにおいて中小企業育成の持つ意味は、産業の深化と民族間の所得格差の是正という2つの課題を同時に解決しようとするものとして捉えられえている。

2001年から開始されたSMIDPでは、従来の支援策に加え、相談および情報提供の機関を設立することと、国際市場への進出を目指す中小企業への支援が加えられた。経済のグローバル化が進展するにつれて、中小企業の経済への貢献は貿易だけでなく外国に進出して活動の場を広げる可能性もでてくる。そのため、政府は国内志向ではなく海外志向の中小企業の支援に乗り出したといえよう。

政府の中小企業支援は関係省庁が対応する形で行ってきたが、課題の多様化につれて、支援内容も多様化した。そこで政策を統括する組織が求められるようになった。それは、政策間の矛盾をなくし、関係者の情報共有を促すためにも必要であった。2004年に設置されたNSDCはSME Corp.を設立することを決め、2009年からその業務が開始されている。NSDCは政策間の調整を担当する部署としてSME Corp.に組み込また。SME Corp.は中小企業支援の政策調整を行うだけでなく、17のプログラムを提供している。

このように、マレーシアでは1990年代半ばより中小企業育成が重視され、政策的な支援が実施されてきた。しかしながら、その成果に対する評価が行われているのか否かは明らかになっていない。もし評価を行っているのであれば、その手順や評価結果をきちんと公表することが望ましい。これは納税者に対する説明責任を果たし、政策の透明性を確保するためにも必要であると考えられる。SME Corp.は2012年に2020年までの中小企業育成マスタープラン（*SME*

Masterplan 2012-2020）を発表した。その内容については、第4章で詳しく扱う。

〔注〕

1）ベンダープログラムに関する分析は穴沢［1995］、井出［2004］が詳しい。

2）後のマレーシア中小企業公社（SME Corp. Malaysia）。

3）電機・電子産業においては半導体および電子部品、コンピューターおよび周辺機器、通信機器、電子部品等、輸送機器産業においては自動車、海上輸送、木材製品産業においては製材、パネル製品、建具、家具、製紙および紙製品、機械およびエンジニアリングサービスにおいては電子機械、機械、部品などが該当する。また食品加工産業においては、ハラル食品、インスタント食品、ゴム産業においては、ゴム製品、繊維・アパレル産業においては、既製服、衣服、その他においては伝統的薬品、ハーブ製品が対象とされている（Small and Medium Industries Development Corporation [2002], p. 73)。

第4章

中小企業マスタープランにおける新フレームワークの導入

1 はじめに

マレーシアにおいて中小企業の育成に政策的に取り組み始めたのは、1970年代からであった（Chiu［1999］）。当時の中小企業育成は、ブミプトラの所得獲得の機会を拡大し、民族間の所得格差の是正がねらいであった。また、ブミプトラの多くが居住している農村の近代化という意味もあった。これに製造業分野における裾野産業の育成ないし、下請け企業の育成という意味が加わったのは1990年代に入ってからである[1)]。穴沢［1995］や井出［2004］において分析されている自動車産業におけるベンダープログラムはそのひとつの例である。

政府は、マレーシアが今後も順調に成長して高所得国になるには、中小企業の役割が重要であると述べている（The Economic Planning Unit［2010］, p. 70）。そして、中小企業のGDPへの貢献を2020年までに41％に引き上げるとしている（SME Corp. Malaysia［2012］, p. 65）。そのためには、競争力があり、自立した中小企業が経済を活性化させるかが重要となる。財政赤字の削減が迫られる中、政府は支援の内容のみならず、対象企業に至るまでターゲットを絞りこみ、効率的な支援を行わなければならない状況にある。そのような中、2012年、中小企業公社（SME Corp. Malaysia）は、2020年までの中小企業育成プログラムの方向性を示すマスタープランを発表した。マレーシアにおける中小企業育成策を整理した既存文献はいくつか存在する（例えば、Chiu［1999］、国際協力事業団［2003］、穴沢［1995］、井出［2004］など）。さらに本章で1990年以降の情報を整理することにより、マレーシアの中小企業育成がどの段階にあるのか、また政府がどのような点を課題と認識し、どのような取り組みを進めるのか等の展望を理解するのに重要な手掛かりとなりうる。

以上の背景より、本章は中小企業育成に関する最新の政府の資料であるマスタープランを読み解き、政府の戦略について整理することを目的とする。また、マスタープランの問題と実務の現状についても明らかにしたい。本章の構成は次の通りである。1ではマスタープランが導入された背景および過去にない新しい視点を整理する。2においては、マスタープランに描かれているプログラムについて述べる。ここでは32の行動計画（Action Plan）が示されている事を示す。3では、マスタープランに明示されていない点に関する実務の実態と、残された課題について明らかにする。最後に、本章をまとめ、結論とする。

2 中小企業マスタープランの導入

2012年、中小企業公社（SME Corp. Malaysia）は中小企業マスタープラン（*SME Masterplan 2012-2020*、以下、マスタープラン）を発表した。冒頭でも述べた通り、マレーシアにおいて中小企業育成政策は決して新しいものではない。しかし、そのような政策課題への取り組みをマスタープランとして発表したということは、政府が中小企業育成に対する重要性を認識していることを表している。マスタープランは2012年から2020年までの中小企業育成政策の方向性をまとめたものであるが、この中にはマスタープランの発表前から実施されている政策もあり、省庁間で重複しているものについては見直し、あるいは統合等が行われてマスタープランに取り込まれている。このように政策の継続性がある一方で、新たな視点も取り込まれている。以下では、この「新たな視点」について焦点をあててその内容についてまとめていくこととしたい。

2-1 5つの新しい視点

マスタープランが「新しい視点」として強調している点は次の5点である。第1に、成果ベースのアプローチをとることである（SME Corp. Malaysia [2012], p. 20）。これは、政府の財政状況と関係があるといえる。政府は2015年までに財政赤字の対GDP比を3%にするために、支出削減を行わなければならない状況にある。そのため、より効果的な分野に絞り込んで資源を集中投下する必要がある。つまり、政策の内容と成果の関係性を重視せざるを得ない。SME Corp. Malaysia [2012] は、監視と評価のシステムを導入することでこれを実現するとしている（SME Corp. Malaysia [2012], p. 21）。第2に、プログラムは成果の状況や問題に応じて変更が加えられることである。もちろん、外部環境の変化も変更の要因となる可能性がある。第3に、中小企業のニーズを重視したプグラムを実施する点である。コンサルティング、監視、評価を通じてその時々のSMEのニーズを把握し、プログラムに反映させるとしている。第4に、官民連携を重視するという点である。政府のプロジェクトを民間が実施し、管理することで効率的なプログラムの実施を目指すことが目的であると考えられる。第5に、市場の不完全性と情報の非対称性に焦点をあてたプログラムを重視することである[2)]。中小企業が直面していない問題であっても、市場の不完全性と情報の非対称性の存在が将来の問題をもたらす可能性がある。政府は、そのような課題に対処するためのプログラムを実施するとしている（SME Corp. Malaysia [2012], pp. 21–22）。

上記の他に注目すべき点は、部門、ジェンダー、立地、地域、民族に関わらず全ての中小企業のための支援を行うことを宣言した点であろう（SME Corp. Malaysia [2012], p. 20）[3)]。第3章でも指摘したように、元来、マレーシアの中小企業育成にはブミプトラ系企業の経済活動への参画を促すことが重視されていた。しかし、近年のマレーシア経済の状況をかんがみると、民族間のみならず民族内の所得格差が拡大しているという指摘もある（梅﨑 [2006], p. 50）。そのため、民族に関わらず所得水準が低い家計にも配慮する必要性が高まったと推測できよう。

2-2 インパクト評価の実施

SME Corp. Malaysia [2012] は、過去に行ったプログラムの影響に関する評価（原文ではimpact assessmentと表現）が欠落していたことを認めている。過去のプログラムに関しては、担当省庁が支援した中小企業の数や金額を報告したり、ケーススタディやサーベイ、満足度調査等を行ってはいたが、中長期的にどの程度の効果があったのかを検証することはなかった（SME Corp. Malaysia [2012], p. 43）。

そこで、2010年に政府は世界銀行の協力を得て15の技術支援に関するインパクト評価を行った。**表4-1**はその結果をまとめたものである。評価は、支援を受けた企業と受けない企業の比較を行う方法を採用した。支援を受けていない企業については、統計局が類似した特徴を持つ企業を抽出し、介入群と事後的に抽出した対照群を比較する方法で評価を行った。対象プログラムは人材育成分野とそれ以外の分野の2種類で、前者は1998年から2009年の間に人材育成ファンドを通じた製造業とサービス業に対する支援を対象とした。その結果はいずれも正の効果があったとしている。一方、後者については、2000年以降に製造業とサービス業に対して行った14の多様なプログラムを取り上げている。ここには、市場開発、品質保証、製品・製造改善、電子取引、デザイン、製造、フランチャイズ経営などの技術支援の他、ソフトローンやマイクロクレジットといった金融支援などが含まれる。評価の結果は、設備投資、資本集約度、全要素生産性（TFP）については正の効果があったことが確認された。しかし、労働生産性については特筆すべき影響は確認できなかった。また、賃金への影響もなかったとされた（SME Corp. Malaysia [2012], p. 44）。プログラム別にみると、最も効果が大きかったのは、ソフトローンと電子商取引に関する支援であったが、品質保証や製品・製造改善のプログラムは生産や付加価値に対する効果はほとんど確認できなかったとしている（SME Corp. Malaysia [2012], p. 45）。

表4-1. 中小企業支援におけるインパクト評価

人材育成プログラム（人材育成ファンドを通した支援）	
対象業種	製造業、サービス業
対象時期	1998-2009年
評価結果	＋の効果
人材育成を除くプログラム（市場開発、ソフトローン、マイクロクレジット、品質保証、製品・製造改善、電子取引、デザイン、製造、フランチャイズ経営）	
対象業種	製造業、サービス業
対象時期	2000-2008年（サービス業は2005年以降）
評価結果	設備投資；＋、資本集約度；＋、TFP；＋ 労働生産性；ほとんど影響なし、賃金；影響なし

（注）支援を受けた企業と受けていない企業（支援受けた企業と類似した特徴を持つ企業を抽出）の比較。
（出所）SME Corp. Malaysia [2012], p. 44より筆者作成。

3 マスタープランに描かれている中小企業育成

3-1 中小企業育成のフレームワーク

マスタープランの第4章では、中小企業育成にあたり今までとは異なる新しい枠組みを取り入れることが記されている。これを図に示すと4層に分けることができる（**図4-1**）。最上位には「すべての部門において国際的に競争力がある中小企業を創設し、中小企業が富と国の社会福祉の拡大に貢献する」(SME Corp. Malaysia [2012], p. 62) というビジョンが掲げられている。その下位層には、4分野における2012年から2020年までの数値的な目標が掲げられている。それらは、(1) 起業の平均増加率 (6%)、(2) 高成長企業と革新的な企業の増加 (10%)、(3) 労働生産性の上昇 (2020年には2012年の2倍にする)、(4) インフォーマルセクターの減少 (対GNI比15%) である。さらにその下位層には、上記4つの目標を達成するための支援分野として、①技術革新・新技術の採用、②人材育成、③金融アクセス、④市場アクセス、⑤法律・規制環境、⑥インフラ整備、の6つが挙げられている。そして最下位層に制度的支援策として、①データベースの構築、②監視・評価システム、③調整、④ビジネスサービスの提供を掲げている。

ビジョン	すべての部門において国際的に競争力がある中小企業を創設し、中小企業が富と国の社会福祉の拡大に貢献する			
ゴール	・起業の平均増加率(6%) 1)	・高成長企業と革新的な企業の増加(10%) 1)	・労働生産性の上昇(2020年には2010年の2倍にする)	・インフォーマルセクターの比率削減(対GNI比15%) 2, 3)
支援分野	・技術革新・新技術の採用	・人材育成	・金融アクセス	
	・市場アクセス	・法律・規制環境	・インフラ整備	
	行　動　計　画			
制度的支援	・データベースの構築	・監視・評価システム	・効果的な調整	・効果的なビジネスサービスの提供

図4-1. 新SME育成フレームワーク

(注) 1) 2012年から2020年までの平均増加率。
2) 2020年の対GNI比率。
3) 原文が分かりにくかったため、SME Corp. Malaysia [2012] の説明を参考に、内容に問題が生じない程度に筆者が加筆・修正を行った。
(出所) SME Corp. Malaysia [2012], p. 62より引用。

これらの内容をもう少し詳しくみると、目標 (1) に掲げられている起業の平均増加率は、2012年から2020年を2つの時期に分けて2012-2015年の目標は5%、2016-2020年は7% (いずれも年平均増加率) としている。これは2005-2011年の平均増加率2.4%と比較すると、やや野心的な目標を掲げているようにも見受けられる。目標（2）については、「高成長企業」および「革新的企業」が何を指すのかという点が重要であろう。SME Corp. Malaysia［2012］によれば、高成長企業とは「平均収入の増加が30％を超える企業」としており、革新的企業は「SME Corp. Malaysiaが行っている企業の質保証プログラム（1-InnoCERT）[4]により、お墨付きを得た企業」と定義している（SME Corp. Malaysia［2012］, p. 64）。目標（3）の労働生産性は2010年を基準とし、2020年には2倍にするとしている。SME Corp. Malaysia［2012］によれば、2010年の労働生産性は46,900リンギであったと述べている（SME Corp. Malaysia［2012］, p. 64）。これを2020年には90,986リンギに上昇させると目標を設定した。目標（4）のインフォーマルセクターの減少については、2000年の時点で対GNI比31％であったものを2020年に15％にすることを意味している。

SME Corp. Malaysiaによれば、以上の目標を達成すると中小企業の経済的な貢献は大幅に上昇することが見込まれ、2020年時点のGDPへの貢献は41％（2010年は32％）、雇用への貢献は62％（同59％）、輸出への貢献は25％（同19％）になるであろうと試算している（SME Corp. Malaysia［2012］, p. 65）。

3-2 行動計画

SME Corp. Malaysiaは、支援分野に応じた32の行動計画を作成している。そのうち、最も効果が高いと考えられる以下の6つのプログラムをHigh Impact Programmesとして指定している。

(1) 登記とライセンス付与の手続きを統一する
(2) 技術革新のシステムに統合するために技術商業化プラットフォーム（Technology Commercialisation Platform）を設立する
(3) 起業早期の資金を提供するために、銀行以外の手段を活性化する
(4) 中小企業の国際化を促進するために輸出振興プログラム（Going Export Programme）を実施する
(5) 地場企業の可能性を包括的に支援するプログラム（Catalyst Programme）を始める
(6) 所得ピラミッド下位層40％を底上げするような包括的な技術革新を促進する

残りの26の行動計画のうち、分野別支援が14、マレーシア東部に対する支援が5、その他の支援として7つが指定されている。分野別支援は**表4-2**に示した通り、4つのテーマに分類されており、各テーマに3~4の行動計画がある。

テーマ1は、規模の不利益を克服するために資源やサービスの共同利用が掲げられ、規模の違いによって生じる不利益を軽減するための3つの行動計画がある。中小企業の場合、取引量が少ないことや少品種・少量生産により、規模の経済が働かないためコストが割高になる場合がある。それを軽減するために、中小企業の取引を1カ所にまとめてコストを節約する策を実施するとしている。また、労働市場においても規模の不利益が生じる。一般的に、中小企業は大企業に比べて知名度が低いため、優秀な人材は中小企業よりも大企業に向かう傾向が高い。また、従業員の転職によって技術や技能が定着しないという問題は、人材がもともと不足傾向にある中小企業の方が影響を受けやすい。そこで、中小企業でも良質な人材の採用と、当該企業にできる限り長く働いてもらうよう、人事管理の機能を充実させるとしている。テーマ2は、市場アクセス拡大のために中小企業の製品に対する需要を作り出すとし、市場アクセスの問題に対処する策を講じる。例えば、政府調達を中小企業に割り当てたり、多国籍企業と中小企業のビジネス関係を構築する等があげられる。中小企業の製品ならびに企業の質を保証する基準を設け、それを達成するための金融面の支援を行う。テーマ3は、情報の非対称性の問題の改善に焦点があてられており、4つのプログラムから成る。信用情報システムの拡充や、新技術開発を目的とした金融機関の融資を促進するための専門委員会を設置する。また、知的財産権に関する知識を中小企業に広め、技術開発を行った中小企業が知的財産権を申請できるようにする。テーマ4は、知識の習得と技能の向上を通して能力向上を図ることに重点が置かれ、人材育成に関する4つのプログラムから構成される。新規の就業者や外国人専門家の受け入れを進めるとしている。

東マレーシアに対するプログラムは5つある。第1に、半島マレーシアとのビジネス上のリンケージを改善させることである。とくに、東マレーシアから半島マレーシアへの製品およびサービスの提供におけるスピードとコストに着目している。第2に、投資促進により基本的な娯楽施設を改善し、人々の生活を快適にする環境を整備する。第3に政府サービスの改善、第4に中小企業の市場アクセスの改善、そして最後に法律や政策の見直しである。

表 4-2. テーマ別支援

テーマ1：規模の不利益を克服するために資源やサービスの共同利用を進める
・中小企業の製品およびサービスの統合と市場支援のために合同サービス提供事業を奨励する ・少数取引や発送回数の制約を克服するために、中小企業の需要と資源をプールする物流の合同事業センターを設立する ・良質な人材の採用と維持を支援するために人事および組織発展を拡大する
テーマ2：市場アクセス拡大のために中小企業の製品に対する需要を作り出す
・特定の政府調達における権利を中小企業に付与する ・ベンダー開発プログラムにおいて多国籍企業の中小企業からの調達を奨励する ・一定の基準と証明の要求を満たすために金融支援を行う
テーマ3：情報の非対称性の問題を改善する
・現行の信用情報システムを拡大する（政府からの資金調達を含む） ・知的財産権に対する認識向上と助言を通して中小企業の知財権適用を促進する ・新技術プロジェクトの審査における金融機関に対する支援のために業界の専門家による独立専門委員会を設置する ・低コストによる金融アクセスを拡大するために効率的な支援を行う
テーマ4：知識の習得と技能の向上を通して能力向上を図る
・新しい就業者受け入れを保証する ・科学技術の分野をキャリアの選択の考慮に入れるように促す ・技能不足を埋めるために外国の人材を利用する ・特別な技能のニーズに合うよう人材育成プログラムを実施する

（出所）SME Corp. Malaysia [2012], pp. 124-125 より引用。

その他の方策として7つの行動計画が示されている。第1に貿易決済や貿易促進のシステム改善、第2に中小企業の意欲を妨げる税制の見直し、第3に破産法の見直し、第4に生産性を向上させる技術および製造の同時発生的な方策の実施、第5に研究開発分野における公的・民間機関の提携、第6に資金調達手段の拡大（ベンチャーキャピタルなど）、第7に在外貿易関連オフィスの役割の活性化、となっている。

以上のように、行動計画として32のプログラムが提示されているが、中には記述があいまいで、具体的に何をするのかが明らかではないものもある。具体的な策は、今後のSME Corp. Malaysiaの年次報告書やウェブサイト等で、どのようなプログラムがどのようなタイミングで実施されているのかを注視する必要があるだろう。

4 マスタープランにおける実務の現状と課題

以上のように、マスタープランにはこれまで着目してこなかった視点が取り入れられている。とりわけ、実行したプログラムの成果を評価する仕組みを取り入れたことに関しては、政策の在るべき姿に向かっているといえるだろう。納税者に対する説明責任を果たすという観点からは、プロジェクトの目的を達成したのか否かを評価することが重要である。第3章でも指摘したように、マレーシアでは1970年代から中小企業に対する関心の高まりから多くの政策が実施されてきたが、プログラムの成果に対する評価には十分な注意が払われてこなかった。このような過去の方法は、中小企業のモラルハザードを引き起こし、制度の悪用を許容してしまう要因となるだろう。その点で、マスタープランにおいてプログラム評価（原文ではimpact assessment）を行うと明言したことは評価に値すると思われる[5)]。

このようにマスタープランは過去の欠点を修正して作成されており、「新しい視点」として提供されているが、既に指摘したようにあいまいな表現が多く、マスタープランの内容を具現する政策については不明確である。換言すれば、中小企業が直面している問題に対して、政府がどのような政策をどのような順番で実行するのかが不明なのである。そこで本節では、マスタープランで明示的に取り上げられていない項目を取り上げ、それに対するSME Corp. Malaysiaの実務の実態についてまとめておこう。

4-1 マスタープランとSME Corp. Malaysiaによる実務

マスタープランにおいて必ずしも明示されていない第1の点として、企業会計に関する課題への取り組みがあげられる。これは、中小企業の金融アクセスにも影響する問題である。金融機関が中小企業に貸出を控える要因のひとつに、企業パフォーマンスを正確に把握できないことがある。それは、中小企業の側に財務諸表を作成する知識に欠けており、過去からの経営状況等、金融機関が必要な信頼しうる情報を提供できていないことが要因となっている。中小企業が会計に関する知識を習得し、正確に財務諸表を作成するような技術支援が欠かせないだろう。SME Corp. Malaysiaでは、ビジネス支援の一環で企業会計および財務諸表作成に関するアドバイスを行っているようである[6)]。

第2に、中小企業のビジネスマッチングに関する取り組みである。中小企業は、何を作れば商売になるのかマーケット情報を正確に把握していないケースが多い。高い技術やビジネスのアイディアを持っていたとしても、マーケットの需要が分からなければその技術やアイディアを生かすことができない。マーケット情報の把握という観点からも、ビジネスマッチングは重要であろう。これは、企業間で情報交換を行うことや、ネットワークづくりを推進することにもつながる。この点において、SME Corp. Malaysiaは毎年1回SME Annual Showcaseを開催し、その中で展示会やセミナーを実施するだけでなく、ビジネスマッチングの機会も提供しているようである[7)]。

第3に、中小企業が置かれている状況に沿った支援の在り方である。創業時点の企業と成長期にある企業とでは、直面する問題と必要とする支援の内容が異なることが多い。そこでSME Corp. Malaysiaでは、まず企業診断により中小企業を6段階に格付けを行っている。第3章でも触れたが、このプログラムはSCOREとよばれ、7つの診断項目から格付けを行っている。**表4-3**は格付けの根拠と提供される支援の簡単な内容を示したものである。格付けは星の数で行われ、星0~2つの企業は一部の作業が自動化されているものの、極めて基本的な手作業を行っている企業とされる。この場合、多様な改善項目が存在することが想定されるため、各企業の問題を集約し、問題解決のための支援を提供している。星3つ以上の企業については、製品およびプロセスイノベーションを行う能力を持つ段階にあることから、輸出市場を念頭においた改善策を提示するほか、多国籍企業とのビジネスリンケージを拡大することができるような措置を講じる。SME Corp. Malaysiaは格付けにともない各企業の問題とその解決方法をアドバイスし、そのモニタリングを行っている。格付けに応じて各企業が利用できるSME Corp. Malaysiaのプログラムが異なっており、企業の状況に応じた支援を提供する仕組みが整備されている。

表 4-3. SME Corp. Malaysia の企業格付け

<table>
<tr><th>格付け</th><th>特徴</th><th>提供される支援</th></tr>
<tr><td>星 0〜2</td><td>極めて基本的な手作業、一部自動化作業</td><td>総合的な手厚い支援</td></tr>
<tr><td>星 3</td><td>一部完全自動化が進んでいる
品質管理システムが実施可能
製品およびプロセス改善実施
知的財産を登録している
輸出適合証明書の取得準備ができている</td><td rowspan="3">ターゲットを絞った改善策、能力構築プログラム、開発プログラムの提案

市場アクセス・拡大、多国籍企業/ハイパーマーケットとのビジネスマッチング、輸出促進プログラム</td></tr>
<tr><td>星 4</td><td>完全自動化を行っている
製品およびプロセス改善に投資している
輸出可能な段階にある
輸出証明書を取得している</td></tr>
<tr><td>星 5</td><td>高度な自動化を行っている
ブランディングおよびパッケージングが良好
輸出要件に準拠した輸出を行っている</td></tr>
</table>

（出所）SME Corp. Malaysia［2021］より引用（https://www.smecorp.gov.my/images/pdf/2021/SCORE_ENG.pdf、2023 年 5 月 4 日ダウンロード）。

4-2　残された課題

マスタープランは、マレーシアにおける中小企業育成の方向性を理解するには優れた資料であるといえるが、いくつかの課題もあるように思われる。ひとつは、中小企業に対するインセンティブの付与の仕方である。マスタープランには、どのような中小企業が支援策を利用できるのか、その決定プロセスについて議論が提示されていない。企業のモニタリングに関しては成果で判断する（outcome-based approach）と表現（SME Corp. Malaysia [2012], p. 68）されているが、それを次の必要な支援にどのように生かすかが述べられていない。中小企業だからという理由で無差別に政府の支援にアクセスできるのは、先にも述べたようにモラルハザードの問題を引き起こすばかりでなく、制度の悪用が発生する可能性がある。また、市場から退出すべき企業が残留することは望ましくない。プログラム実施の結果、良いパフォーマンスを示した企業が追加的な支援にアクセスできるようなインセンティブを段階的に明示することが望ましいだろう。これは政策の透明性と説明責任を果たすうえで欠かせないポイントであると考えられる。

いまひとつは、税制の詳細な議論の欠落である。SME Corp. Malaysia [2012] は中小企業の税制の在り方について、中小企業に有利な税制が大企業に成長するインセンティブを奪うと主張する（SME Corp. Malaysia [2012], p. 57)。しかし、その詳細な議論や根拠が提示されていないのは残念である。確かに、企業規模が拡大することは重要かもしれないが、競争力がある中小企業や自立した中小企業の存在も経済には欠かせない[8)]。中小企業が持つ技術の性質によっては、企業規模が大きくなることが不利になる可能性もある。技術や製品の開発は非常に時間がかかるプロセスであり、いつ、どの時点でビジネスに結びつくかわからない。例えば、株式公開をしている大企業の場合、採算に見合わないプロジェクトに長期にわたって社内資源を投下することは株主の理解を得ることが難しく、プロジェクトの継続そのものが難しい局面に陥る。株式を公開していない中小企業の方が長期的に企業内プロジェクトに取り組むことが可能な場合もあるだろう。したがって、大企業に成長するインセンティブを削ぐことを心配するよりも、まずは資金制約が厳しい中小企業の節税を優先する方が望ましいのではないだろうか[9)]。具体的には、中小企業の設備投資や研究開発（R&D）を促進する税制のデザインが重要であろう。マスタープランによれば、マレーシアはR&D 活動を支援する税のインセンティブが存在するが、中小企業でそれを利用するのはあまり多くないと指摘されている（SME Corp. Malaysia [2012], p. 52)。そのような現実を認識しているのであれば、一層の政策的取り組みが求められるといえよう。

5 むすび

本章では、マレーシアにおける中小企業育成策について、SME Corp. Malaysia [2012] を参考に動向を整理してきた。SME Corp. Malaysia [2012] は 2020 年までの行動計画を示しており、マレーシアの中小企業育成の展望もある程度は理解することができる。マスタープランの特徴として、今までの政府の計画とは異なり、外部環境やプログラムの成果に関する評価結果によってプログラムの内容に修正が加えられる可能性を残している。また、中小企業が求めるプログラムを実施するとしており、ニーズ重視型に転換している。さらには、官民連携により民間活力を政府の開発プロジェクトに導入する際に、中小企業の育成を目的としたプログラムを実施するとしている。

過去にマレーシアが行ってきた中小企業政策と異なる点として、プログラム評価の実施があげられるだろう。これは、過去のプログラムが目的を達成したか否

表 3-5. マレーシア計画にみる中小企業育成に関する重点項目

第 8 次（2001-2005 年）	内容
・生産性の向上	知識、技能、専門性の向上、研究開発および科学技術の促進
・競争力の強化	効率的生産プロセスと高付加価値生産の促進
・情報通信技術の活用	
・人材育成	高レベルの知識、技術、思考スキルを有した人材登用
第 9 次（2006-2010 年）	
・アウトソーシング事業の促進	研究開発、外資企業や政府関連企業との共同事業を通したアウトソーシングの受託促進
・企業内リンケージの拡充	国際的なアウトソースネットワーク創設のための企業リンケージの強化
・起業家プログラムの実施	アドバイサリー業務や出張サービス等を含むプログラム実施
・知識、技能の向上	
第 10 次（2011-2015 年）	
・起業に関するコスト削減	規制緩和
・人材育成	多国籍企業および大企業での研修、技能向上（経営、金融、マーケティング、ICT 等）、外国でのトレーニング支援
・起業文化の創設	大学生に対するインターンシップの機会提供、大学等でビジネスコンペの実施
・支援体制の強化	製品・企業の国家認証システム導入、SME Corp. の事務所拡大
・金融アクセスの拡大	ベンチャーキャピタルの振興および株式への出資、保証業務の拡大、優遇ローンの提供、運転資金保証スキーム、金融支援デスク（相談・情報提供）、企業診断ツールの導入

（出所）Bank Negara Malaysia［2005, 2006］より筆者作成。

4 国家中小企業開発評議会の設置

4-1 設置の背景と目的

2004 年、国家中小企業開発評議会（NSDC）が設置された。NSDC は首相を議長とし、中小企業育成に関与している省庁および公的機関で構成されている。中小企業の育成に関する問題は多様であり、関連するプログラムも多岐にわたる。つまり、担当省庁がばらばらに支援を行っていては非効率であり、その成果を相互にモニタリングすることができない。同時に、中小企業育成プログラムに対する各省庁の役割と責任を明確にし、必要があれば見直しを行うことも必要となる。そのためには、担当省庁の協力が欠かせない。したがって、中小企業育成の問題を議論し、統括する上位組織が必要であり、NSDC が設置されたものと考えられる。

か、効果がどの程度あったのかを分析することなく支援を行っていたことを露呈するものである。そのような支援のあり方を変更したのは望ましいといえる。

マスタープランには、「すべての部門において国際的に競争力がある中小企業を創設し、中小企業が富と国の社会福祉の拡大に貢献する」(SME Corp. Malaysia [2012], p. 62) ことを最上位目標として掲げられている。これを達成するために、32の行動計画が提示されている。ただし、本章でも述べたように行動計画の表現があいまいで、具体的な政策の内容と実施する順番が不明な点が多い。本章では、特にマスタープランに明示的でない点について、(1) 財務諸表作成などの会計知識と実務の普及、(2) ビジネスマッチング、(3) 中小企業の発展状況に応じた支援の在り方、の3点を指摘した。これらについては、政策の調整機関であるSME Corp. Malaysiaが実務の中で取り組んでいることを明らかにした。さらに、マスタープランの課題として、中小企業に対するインセンティブの付与の仕方であるが不明な点と、税制のデザインに関する議論の欠如について指摘した。政府は、財政赤字の削減が急務な中、中小企業に対する支援策のターゲットを絞る必要性に迫られている。同時に、中小企業のモラルハザードを防止するためにも、企業努力を促すような仕組みを作り上げていくことが望ましい。今後は、プログラムの成果をもとに政策に変更が加えられることが想定される。マスタープランの進捗状況と、どのような成果がどのように政策の変更に影響を与えたのかという点などをモニターしていくことが必要となるだろう。

〔注〕

1) 第3章参照のこと。
2) 政府が中小企業の支援を行う意義はここにある。市場における情報の非対称性の問題が中小企業を不利な立場に置き、第1章に示されているような多様な問題をもたらすのである。第3章はマレーシアの国家開発5ヵ年計画（マレーシアプラン）などの政府の文書において、中小企業育成がどのように記載されているのかを調査した。そこでは、不完全市場ないし情報の非対称性に対処する点に触れている文献はほとんどなかった。中小企業を単なる弱者としてとらえるのではなく、学術的な中小企業育成の根拠を示したという点では好意的にとらえることができる。
3) ただし、SME Corp. Malaysia [2012] は既存のプログラムであるBumiputera Transformation Programme、Rural Transformation Programme、Corridor Development Programmeを補完するものであるとしている（SME Corp. Malaysia [2012], p. 20）ため、当面は実際に支援を受けるのはブミプトラが多くなることが予想される。
4) 1-InnoCERTは革新的な中小企業を認証し、企業のハイテク分野に参入することを奨励するものである。認証のプロセスは2段階で行われる。まずオンラインにて評価を行い、その後に専門家が企業を訪問して評価を行う。評価項目は (1) イノベーション能力、(2) 商業化能力、(3) イノベーション・マネジメント、(4) イノベーション・アウトカムの4つにつき、それぞれ3~5つの基準で評価が行われる。このプロセスを経て1-InnoCERTを取得した中小企業には、さまざまな特典が与えられる。例えば、中小企業イノベーション賞への参加が認められるほか、グリーン・レーン・ポリシー（Green Lane Policy）が適用される。グリーン・レーン・ポリシーでは、次の4つの優遇が適用される。第1に、金融面ではローンを組む際に金利が2%軽減されるほか、印紙税が免除される。第2に、税のインセンティブに関しては1-InnoCERTを取得するために要した費用を控除することが認められる。第3に、政府調達において、電子調達の登録に要する期間が短縮される。また、政府オフセットプログラムにおいて優先権を与えられる。第4に、財務省傘下の機関の調達において優先権を与えられる（SME Corp. Malaysiaウェブサイト、http://www.smecorp.gov.my/vn2/node/51、2014年8月29日アクセス）。

5) ただし、本書第2章および第10章で示すように、プログラム評価の手法は多様である。プログラムの内容に応じて適切な手法を用いて評価を行うことが重要となる。

6) 2014年8月、筆者がSME Corp. Malaysiaにて行った聞き取り調査による。

7) 2014年8月、筆者がSME Corp. Malaysiaにて行った聞き取り調査による。

8) 1970年代から1980年代半ばまでマレーシアが重点を置いてきた貧困削減ための中小企業育成であるならば、企業規模が拡大することにより雇用が創出され、貧困者が所得を得る機会が拡大することになるだろう。その意味では、企業規模は重要である。しかし、この時点でマレーシアが目指している中小企業育成は、貧困削減のみならず中所得のわなを脱することに貢献しうる中小企業のはずである。そうであるならば、企業規模に関わらず優れた技術を有する中小企業の存在も重要であると考えられる。

9) 現状、中小企業の支援策として最も多く予算が割り当てられているのは金融アクセスである。これは、政府が中小企業の資金制約の厳しさを緩和することの重要性を理解していると受け止めることも可能だろう。したがって、中小企業の資金制約を緩和するような税制の在り方について議論も必要であろう。実務的には、税制は財務省の管轄であることからSME Corp. Malaysiaが関与することは難しいかもしれない。また、実際にSME Corp. Malaysiaが中小企業の税制の在り方について政府に働きかけを行っているのかもしれないが、マスタープランにはその議論が明示されていないことが残念である。

第5章

中小企業の特徴
—センサスから見える姿—

1 はじめに

マレーシア政府が中小企業育成を国家開発の戦略として明示したのは1990年代半ば以降のことである。当時は製造業の中小企業育成に焦点が当てられていたが、対象が農林水産業やサービス業に拡大したのは2000年に入ってからであった。2009年に発表された新経済モデル（New Economic Model）においても中小企業が重点部門に指定され、政府は積極的かつ継続的に中小企業育成に関与している。このように、政府が中小企業の重要性を強調する一方、研究に資する十分なデータや情報は公表されてこなかった。国家開発5ヵ年計画（マレーシアプラン）や関係省庁の年次報告書に中小企業に関する記述が掲載されているものの、それらは断片的であるために中立的かつ客観的手法を用いて分析を行うことは極めて困難であった。

ところが2000年以降、政府は中小企業のデータを整備し、それを公表しようとする動きが出てきた。まず、2003年に中小企業のセンサスを行い、2005年にその結果を発表した。第2回目のセンサスは2010年に行われ、2012年にその結果が公表されている。公表されたデータは情報量としては豊富であるが、それを用いて計量的に分析を行うには十分とはいえない。しかし、限定的な情報ではあるものの、そこからマレーシアの中小企業の特徴を見出すことは、今後の政策策定の一助になるのではないかと考えられる。

以上の背景より、本章は統計局が公表した2010年のセンサスから中小企業の特徴を明らかにすることを目的とする。ただし、本章の分析には次の限界があることもあらかじめ記しておきたい。まず、公表されているデータは個票データではなく、州や産業ごとの半集計データであるため、ある程度の特徴ないし可能性を明らかにするにとどまっており、ミクロレベルで中小企業の実態を十分解明するには至っていない。また、統計の作成方法が一部の産業で異なるものがある。

これらの限界があることを認識しつつ、大まかな特徴を捉えることを試みる。

本章の構成は次のとおりである。2では、中小企業の特徴を地理的分布の観点から考察する。3では、生産に着目し、州別生産および付加価値と産業別付加価値率をまとめる。また、生産関数の推計を試みる。4では、労働および賃金の傾向を明らかにする。続く5では、固定資本の特徴を検討する。最後に6では、本章をまとめ、結論とする。

2 地理的分布

マレーシアの中小企業の立地を州別・産業別に示した**図5-1**をみると、**図5-1**(1)より農林水産業はジョホール州(994)、ペラ州(962)、スランゴール州(834)、サバ州(812)で多く、これらの州で全体の半分以上を占める。鉱業は、ペラ州が最も多い84で全体の28.1%を占めている。このほか、資源が豊富な州として知られているトレンガヌ州(39)とクランタン州(30)も他の州よりも多い。建設業はスランゴール州(6,019)とクアラルンプール(2,100)で全体の42.1%を占めている。製造業は建設業と同様に、スランゴール州(8,314)とクアラルンプール(4,310)が全体の33.4%を占め、ジョホール州(4,828)も比較的事業所数は多い。グラフの縦軸に注目すると、いずれの州においてもサービス業が最も多いことがわかる(**図5-1**(2))。最も多い州はスランゴール州(110,714)、次いでクアラルンプール(80,209)とジョホール州(60,818)であり、これら3州で全体の43.3%を占めている。一方、最も少ない州はプルリス州(4,484)であった。このように、中小企業はいずれの産業においても、マレー半島中部と南部に多く、東部は少ない傾向を読み取ることができる[1)]。

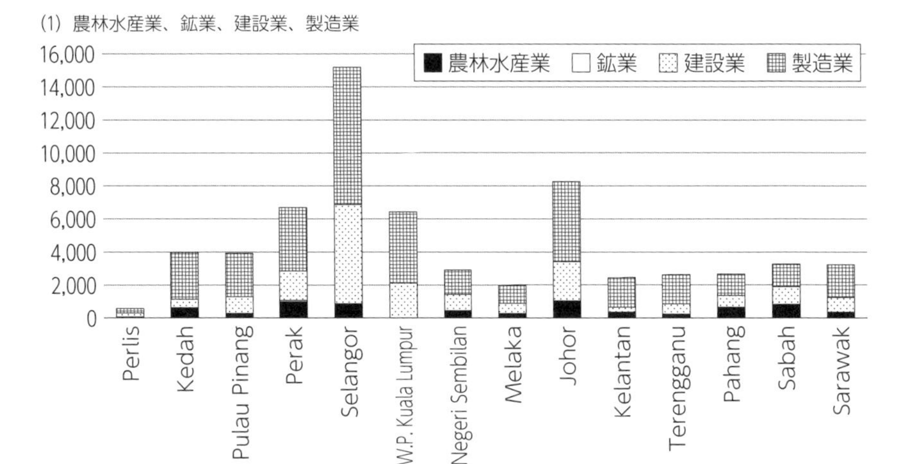

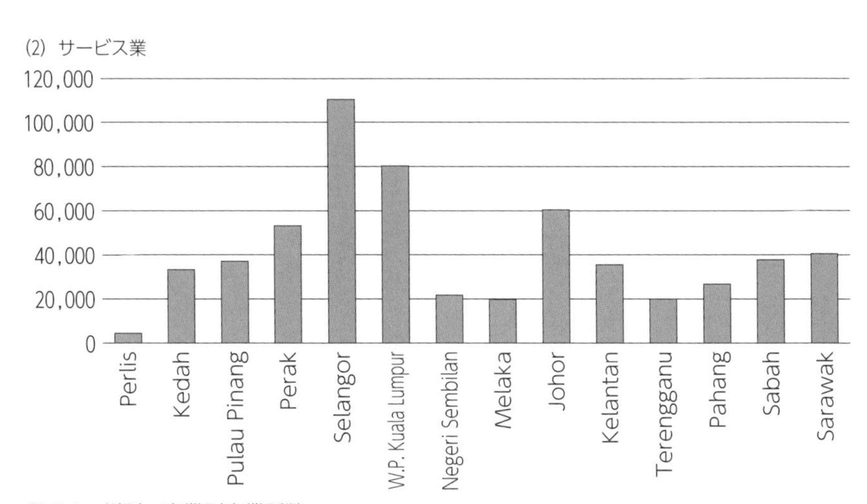

図 5-1. 州別・産業別事業所数

(注) 1) ペナン州とクアラルンプールの鉱業については、それぞれプルリス州とトレンガヌ州に含む。
2) 連邦管轄領のプトラジャヤとラブアンはクアラルンプールに含む。
3) サービス業の事業所数が多いため、便宜的に別のグラフとした。
(出所) Department of Statistics Malaysia ［2011］ より筆者作成。

3 生産

3-1 州別生産および付加価値

従事者1人あたり生産を州別・産業別にみると（**図 5-2**）、ペナン州とクアラルンプールを除き、鉱業と製造業の1人あたり生産が他の産業よりも高い。従事者とは、経営者・パートナー・家族労働者（無給）、フルタイム雇用者、パートタイム雇用者を意味する。一方、サービス業については、**図5-1**で事業所数が多いことが判明したものの、1人あたり生産はあまり高くない。

次に従事者1人あたり付加価値額を示した**図5-3**をみると、全産業の合計はヌグリ・スンビラン州、トレンガヌ州、スランゴール州、クアラルンプールが高水準で、それに次ぐのがマラッカ州、パハン州、サバ州、ペラ州である。

図5-2および**図5-3**で共通するのは、マレー半島中部と東部の一部、そしてサバ州が上位を占めていることである。マレー半島中部は首都クアラルンプールを含んでおり、マレーシア経済の中心的な地域であることから、自然な結果と捉えることができる。しかし、マレー半島東部とサバ州は、マレーシアの中でも開発が遅れている地域とされている。政府が公表した開発総合指数（2005年）によると、マレーシア全体の100に対して東部3州およびサバ州、サラワク州はいずれも100を下回り、14州の下位を占める（The Economic Planning Unit [2006], p. 356）[2)]。

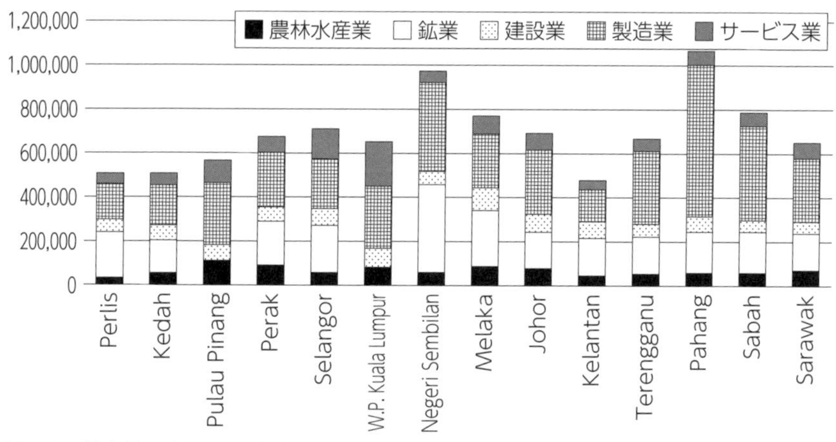

図5-2. 従事者1人あたり州別・産業別生産（単位：リンギ）

（注）1）ペナン州とクアラルンプールの鉱業については、それぞれプルリス州とトレンガヌ州に含む。
2）連邦管轄領のプトラジャヤとラブアンはクアラルンプールに含む。

（出所）図5-1に同じ。

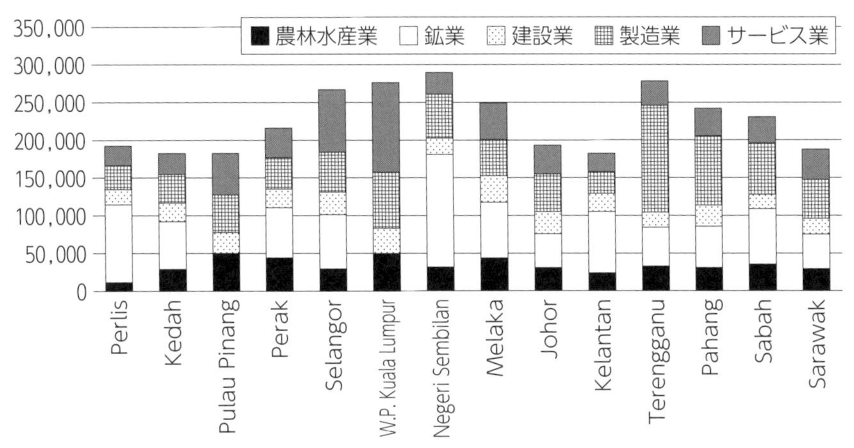

図5-3. 従事者1人あたり付加価値（単位：リンギ）
（注）1）ペナン州とクアラルンプールの鉱業については、それぞれプルリス州とトレンガヌ州に含む。
2）連邦管轄領のプトラジャヤとラブアンはクアラルンプールに含む。
（出所）図5-1に同じ。

なぜ、これらの州で付加価値額が高く、特に集積が少ないとされる製造業の付加価値が顕著なのであろうか。センサスには各産業を細かく分類した部門ごとの州別データが公表されていないため詳細な分析が困難であるが、各州がおかれた状況から次の2つの点が関係していると推測できる。第1に、これらの州では石油や天然ガス、木材、パームオイルなどの資源が豊富であり、それに関連した製造業が付加価値を押し上げる役割を果たした可能性がある。第2に、マレー半島東部およびサバ州は、政府が地域間格差の是正に取り組む地域であるため、各種優遇策を講じた結果、これらの地域で活動する多国籍製造業に関連した中小製造業が付加価値を押し上げた可能性がある[3)]。

3-2 産業別付加価値率

中小企業の生産と付加価値にはどのような特徴があるのだろうか。**表5-1**は1事業所あたりの生産と付加価値、付加価値率（付加価値／生産）を示したものである。農林水産業で付加価値率が最も高かったのは農産品（60.5％）であった。鉱業および建設業では、いずれの分野でも付加価値率が30％台となっている。製造業では付加価値率のばらつきが大きく、10％台の食品（12.0％）やコークス精製石油製品（13.0％）、貴金属（15.8％）、ゴム・プラスチック製品（18.7％）

から、40%超のたばこ（47.2%）や衣料・アパレル（41.8%）までさまざまである。生産が最も多いのは化学・化学製品の2,116万リンギであるが、付加価値率は24.2%にとどまった。そして、サービス業は、他の産業に比べて生産が少ないにもかかわらず、付加価値率が高いことを指摘しておきたい。15部門のうち付加価値率50%を超えたのは卸売・小売・自動車修理（62.2%）、宿泊施設（52.9%）、情報・通信（50.3%）、金融（68.2%）、不動産（61.0%）、専門・科学技術サービス（54.6%）、教育（65.1%）、保健・社会福祉（52.4%）、芸術・エンターテイメント（50.2%）、個人向けサービス（52.9%）の10部門にのぼる。

表5-1. 1事業所あたり産業別生産と付加価値

産業	部門	生産 (RM1,000)	付加価値 (RM1,000)	付加価値率 (%)	部門	生産 (RM1,000)	付加価値 (RM1,000)	付加価値率 (%)
農林水産業	農産品	706	428	60.5	林業・採木	1,612	794	49.3
	家畜	876	232	26.5	漁業	745	250	33.6
鉱業	資源採掘	3,655	1,381	37.8	採石	3,704	1,240	33.5
建設業	居住用建物	1,130	422	37.4	建設一般	977	371	37.9
	非居住用建物	1,120	442	36.5	特殊建設業	951	360	37.9
製造業	食品	12,128	1,452	12.0	ゴム・プラスチック製品	12,515	2,339	18.7
	飲料	4,491	1,095	24.4	その他非金属鉱物製品	5,815	1,514	26.0
	たばこ	2,117	1,000	47.2	貴金属	10,534	1,659	15.8
	繊維	1,477	466	31.6	（機械・設備除く）金属製品	2,969	722	24.3
	衣料・アパレル	181	76	41.8	コンピュータ・電子光学製品	12,316	3,978	32.3
	革・革製品	1,269	412	32.5	電気製品	9,230	1,876	20.3
	木材（家具除く）・コルク・わら製品	4,505	1,006	22.3	機械・設備	4,449	1,436	32.3
	紙・紙製品	4,926	1,198	24.3	自動車・トレーラー	5,912	1,510	25.5
	印刷・記録媒体複製	1,208	434	24.3	その他輸送機器	5,665	1,607	28.4
	コークス・精製石油製品	14,127	1,841	13.0	家具	2,422	742	30.6
	化学・化学製品	21,163	5,116	24.2	その他製造	3,167	495	15.6
	基礎薬品・調合薬	7,380	1,990	27.0	修理・機械設備取り付け	1,175	435	37.0
サービス業	電気・ガス・空調	14,372	5,790	40.3	不動産	1,638	1,000	61.0
	上下水道・ごみ処理	480	216	45.0	専門・科学技術サービス	809	456	54.6
	卸売・小売・自動車修理	446	278	62.2	管理・サポート	1,066	371	34.9
	交通・倉庫	484	204	42.1	教育	393	256	65.1
	宿泊施設	657	348	52.9	保健・社会福祉	486	254	52.4
	食品・飲料サービス	224	101	45.0	芸術・エンターテイメント	393	197	50.2
	情報・通信	2,452	1,233	50.3	個人向けサービス	122	65	52.9
	金融	8,089	5,519	68.2				

（出所）図5-1に同じ。ただし、付加価値率は筆者算出。

3-3 生産関数の推計

本項では、生産関数として一般的なコブ・ダグラス型を想定し、推計を試みる。企業は資本や労働などの生産要素を使用し、生産物（財やサービス）を産出する。生産要素を資本（K）と労働（L）とし、生産物をYとすると、生産関数は以下のように表わすことができる。

$$Y=F(K,L)$$

コブ・ダグラス型生産関数では、資本の係数αと労働の係数βはそれぞれの生産要素の分配率とする。これらの和が1より大きければ、規模に関して収穫逓増、1に等しければ収穫一定、1よりも小さければ収穫逓減となる。

$$Y=AK^{\alpha}L^{\beta}$$

被説明変数には1事業所当たり付加価値額（Y）、説明変数には1事業所あたりの定資本評価額（K）と従事者数（L）を使用する。なお、各変数は対数値をとり、産業ごとの相違を確認するために、農林水産業を基準とし、鉱業（Dmin）、建設業（Dc）、製造業（Dm）、サービス業（Ds）のダミー変数を使用する。

分析結果は**表5-2**に示した通りである。ダミー変数がないモデル（推定式5-1）では、いずれの係数も1%の水準で統計的に有意となった。資本と労働の係数の和は1.284であることから、規模に関して収穫逓増であることが確認できる。ダミー変数を含めたモデル（推定式5-2）でも、資本と労働の係数は1%の水準で統計的に有意であった。これらの係数の和は1.131であり、ダミー変数を加えた推定式でも規模に関して収穫逓増であることが確認できる。ダミー変数については、建設業と製造業がそれぞれ10%と1%の水準で統計的に有意であった。すなわち、資本と労働を一定とした場合、農林水産業と比較して建設業は57.4%、製造業は69.9%も生産額が多いということになる。一方、鉱業とサービス業については統計的に有意な結果とならなかった。

一般的には、生産関数はある一定水準までは規模に関して収穫逓増であるが、それを過ぎると収穫逓減であることが知られている。本項の結果は、生産要素の投入を増加させることにより生産が増加する余地がある可能性を示していると考えられる。

表 5-2. コブ・ダグラス型生産関数の推定結果

	推定式 5-1		推定式 5-2	
定数項	2.073		1.852	
	(6.623)	***	(4.615)	***
1 事業所あたり固定資本額（ln K）	0.544		0.567	
	(9.085)	***	(8.873)	***
1 事業所あたり従事者数（ln L）	0.740		0.564	
	(6.554)	***	(3.544)	***
鉱業ダミー（Dmin）			0.525	
			(1.370)	
建設業ダミー（Dc）			0.574	
			(1.774)	*
製造業ダミー（Dm）			0.699	
			(2.786)	***
サービス業ダミー（Ds）			0.391	
			(1.535)	
Adj R2	0.88		0.89	
F 値	170.564	***	62.985	***
観測数	49		49	

（注）1）カッコの中は t 値を表す。
2）*** は 1%、* は 10%で統計的に有意であることを意味する。
（出所）筆者作成。

4 労働および賃金

次に、中小企業の性別・職種別従事者および女性比率を確認してみよう（**表 5-3**）。農林水産業では、経営者・パートナー・家族労働者（無給）が 5,795 人（男性 4,994 人、女性 801 人）で、女性比率は 13.8%であった。フルタイム雇用は、男性 59,954 人、女性 10,457 人となっており、女性の比率は 14.9%となっている。職種別にみると直接雇用の農業労働者が最も多いことがわかる（男性 39,674 人、女性 6,182 人）。女性の比率が最も高い職種は、事務職（75.3%）であった。パートタイム雇用は 2,571 人（男性 2,290 人、女性 281 人）で被雇用者全体の 3.5%程度（男性 3.7%、女性 2.6%）である。

鉱業では、経営者・パートナー・家族労働者（無給）は 68 人（男性 60 人、女性 8 人）と他の産業に比べると少ない。フルタイム雇用 5,560 人（男性 4,924 人、女性 636 人）のうち、最も多いのは設備・機械操作・組立の 3,643 人（男性 3,599 人、女性 44 人）であった。女性の比率は全体的に小さいが、突出して高い比率を示したのが事務職（82.8%）である。パートタイム雇用は 137 人（男性

130人、女性7人）で被雇用者全体の約2.4％（男性2.6％、女性1.1％）であった。

建設業では、経営者・パートナー・家族労働者（無給）が13,697人（男性12,683人、女性1,004人）で、女性比率は5業種の中で最も小さい（7.3％）。フルタイム雇用のうち、大きな割合を占めているのは建設作業員である。直接雇用の熟練作業員は82,473人（男性82,062人、女性411人）おり、その半数近い40,580人が非熟練作業員として雇用されている（男性40,201人、女性379人）。また、77,617人が請負として働いており、うち熟練作業員が46,071人（男性45,925人、女性146人）、非熟練作業員が31,546人（男性31,314人、女性232人）となっている。現場作業という職種柄、女性比率は1％未満と極めて少ない。パートタイム雇用は5,658人（男性5,294人、女性364人）であり、被雇用者全体の約2.2％（男性2.2％、女性1.6％）であった。

製造業では、経営者・パートナー・家族労働者（無給）が30,371人（男性18,518人、女性11,853人）で、女性比率は39.0％となっている。フルタイム雇用は、654,740人（男性462,742人、女性191,998人）おり、女性の比率は29.3％であった。製造業では直接雇用の設備・機械操作・組立工が368,401人（男性270,436人、女性97,965人）と最も多いが、さらに81,122人（男性64,501人、女性16,621人）が同職種の請負として働いている。女性比率は技術職・準専門職を除き20％を超えており、農林水産業や鉱業と比較すると高いといえるだろう。とりわけ、事務職の女性比率は最も高い78.3％であった。パートタイム雇用については、13,602人（男性7,887人、女性5,715人）であり、女性比率が42％と他の産業よりも高いことも特徴であろう。

サービス業では、経営者・パートナー・家族労働者（無給）が637,293人（男性406,479人、女性230,814人）いる。フルタイム雇用は約187万人（男性約101万人、女性約85万人）であり、中でも人数が多いのは事務職606,661人（男性229,169人、女性377,492人）と、一般労働670,647人（男性393,449人、女性277,198人）である。女性比率は他の産業と比較しても高く、一部を除き40％以上を示している。経営者・パートナー・家族労働者（無給）の比率は36.2％と40％を下回るが、それでも他の産業に比べると高いといえよう。事務職は62.2％と最も高い比率であった。パートタイム雇用は107,558人（男性62,594人、女性44,964人）おり、被雇用者全体の5.5％（男性5.8％、女性5.0％）と他の産業よりもパートタイムの比率がやや高めとなっている。

表 5-3. 性別・職種別従業員数と女性比率

	農林水産業			鉱業			建設業			製造業			サービス業		
	男性	女性	(%)	男性	女性	(%)	男性	女性	(%)	男性	女性	(%)	男性	女性	(%)
経営者・パートナー・家族労働者	4,994	801	13.8	60	8	11.8	12,693	1,004	7.3	18,518	11,853	39.0	406,479	230,814	36.2
フルタイム雇用	59,954	10,457	14.9	4,924	636	11.4	234,447	21,829	8.5	462,742	191,998	29.3	1,014,160	851,362	45.6
管理職・専門職・取締役	4,342	611	12.3	471	84	15.1	13,650	3,189	18.9	37,665	15,449	29.1	177,601	128,740	42.0
技術職・準専門職	2,770	128	4.4	364	10	2.7	12,969	907	6.5	48,514	8,117	14.3	213,941	67,932	24.1
事務職	917	2,801	75.3	97	467	82.8	2,401	15,346	86.5	11,938	42,989	78.3	229,169	377,492	62.2
単純業務	2,688	123	4.4	393	31	7.3	—	—	—	29,688	10,857	26.8	—	—	—
農業労働（直接雇用）	39,674	6,182	13.5	—	—	—	—	—	—	—	—	—	—	—	—
労働請負	9,563	612	6.0	—	—	—	—	—	—	—	—	—	—	—	—
設備・機械操作・組立	—	—	—	3,599	44	1.2	—	—	—	270,436	97,965	26.6	—	—	—
設備・機械操作・組立（請負）	—	—	—	—	—	—	—	—	—	64,501	16,621	20.5	—	—	—
一般労働	—	—	—	—	—	—	5,925	1,219	17.1	—	—	—	393,449	277,198	41.3
建設作業員（直接雇用・熟練）	—	—	—	—	—	—	82,062	411	0.5	—	—	—	—	—	—
建設作業員（直接雇用・非熟練）	—	—	—	—	—	—	40,201	379	0.9	—	—	—	—	—	—
建設作業員（請負・熟練）	—	—	—	—	—	—	45,925	146	0.3	—	—	—	—	—	—
建設作業員（請負・非熟練）	—	—	—	—	—	—	31,314	232	0.7	—	—	—	—	—	—
パートタイム雇用	2,290	281	10.9	130	7	5.1	5,294	364	6.4	7,887	5,715	42.0	62,594	44,964	41.8

（出所）図 5-1 に同じ。ただし女性比率は筆者による算出。

図5-4は、性別・職種別被雇用者１人あたり年間賃金を比較したグラフである。全ての産業において、全般的に女性の方が男性よりも賃金が低い傾向がわかる。しかし、技術職・準専門職に関しては、農林水産業、鉱業、建設業[4]において女性の方が男性よりも賃金が高い傾向がある。また、パートタイム雇用者は、男性、女性ともにフルタイム雇用者よりも賃金が低いことがわかる。

以上のことから、産業別の従事者数はサービス業、製造業の順に多く、これらの産業では女性の比率も高い。職種別にみると、経営者・パートナー・家族労働者（無給）の人数が多いのはサービス業である。サービス業ではパートタイムの比率についても他の産業に比較して大きいことが明らかになった。一方、鉱業や建設業では相対的に従事者数が少ないが、女性の比率が低いことも特徴としてあげられるだろう。職種別にみると、いずれの産業においても女性の比率が最も高いのは事務職であった。また、被雇用者１人あたり年間賃金については、いずれの業種においても管理職・専門職・取締役が最も高く、パートタイム雇用が低い傾向がある。また、一部の産業で技術職・準専門職の女性賃金は男性よりも高かったものの、それ以外の職種では男女の賃金差がある可能性も明らかになった。

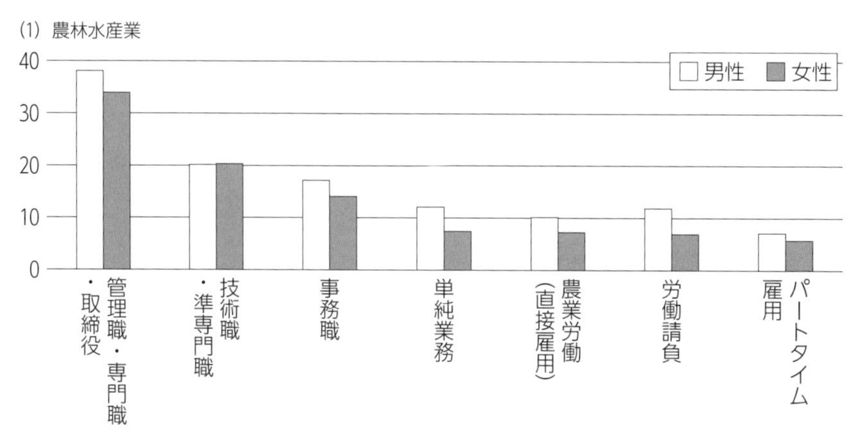

図5-4.　性別・職種別被雇用者１人あたり年間賃金（単位：1,000リンギ）

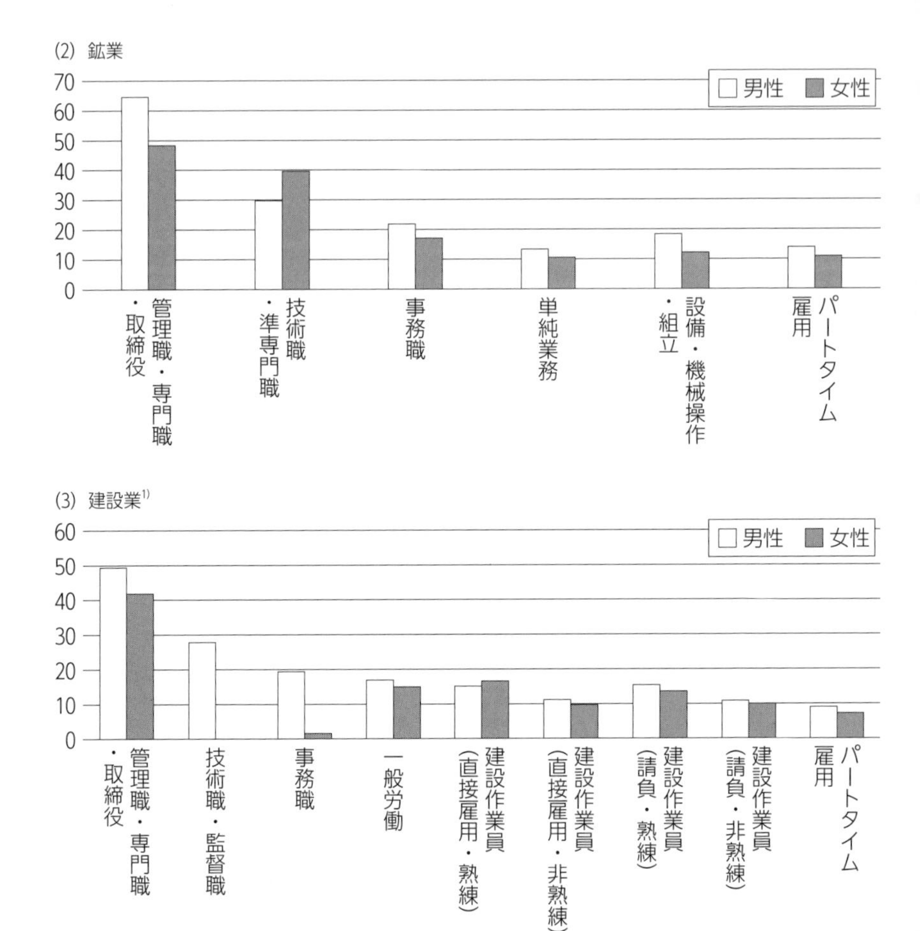

図 5-4. 性別・職種別被雇用者 1 人あたり年間賃金（単位：1,000 リンギ）（つづき）

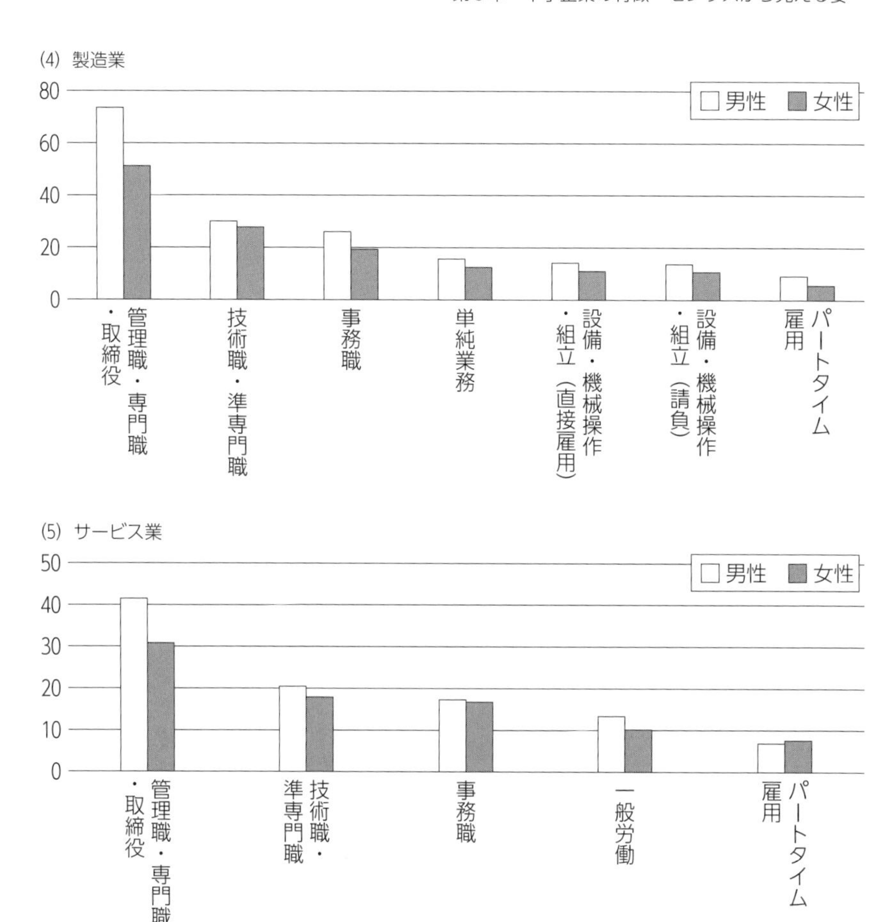

図 5-4. 性別・職種別被雇用者 1 人あたり年間賃金（単位：1,000 リンギ）（つづき）

（注）1）建設業の技術職・監督職における女性の被雇用者年間賃金は RM279,300 となり、グラフにすると突出してしまい、他職種との比較が困難となるため、便宜的に表示していない。

（出所）図 5-1 に同じ。ただし、被雇用者 1 人あたり年間賃金は筆者算出。

5 固定資本

表 5-4 は産業別・企業規模別の固定資産額（簿価）を示している。サービス業については、統計の作成方法が異なり、産業間比較が不可能なため除外した。特徴的な点をいくつか挙げておこう。まず、鉱業、建設業、製造業では、中企業の固定資産額が最も多く、企業規模が小さくなるにつれて固定資産額も小さくなる。具体的には、鉱業の場合、零細企業が 4.5 千万リンギ、小企業が 9.8 千万リ

ンギ、中企業が3.09億リンギであった。建設業は零細企業が2.98億リンギ、小企業が15.8億リンギ、中企業が22.8億リンギである。製造業は保有固定資産が多く、零細企業でも9.6億リンギ、小企業が168億リンギ、中企業が288億リンギであった。その一方で、農林水産業については、小企業の固定資産額が大きく(27.9億リンギ)、次いで中企業(25.0億リンギ)、零細企業(18.5億リンギ)となっている。

土地集約的産業である農林水産業は土地が多く、資本集約的になるほど機械・設備や建物の保有が多くなる傾向がある。鉱業については、土地集約的でもあり、資本集約的産業でもあることから、土地と機械・設備の保有が多いことも明らかであろう。

表5-4. 産業別・企業規模別固定資産の内訳(単位:百万リンギ)[1]

		土地	建物	自動車・その他輸送機器	コンピュータ[2]	機械・設備	家具・建具類	その他資産	合計
農林水産業	零細企業	1,498	168	85	1	51	6	38	1,848
	小企業	2,196	251	138	4	80	10	114	2,792
	中企業	1,721	349	187	5	132	19	89	2,502
鉱業	零細企業	29	2	2	0	11	0	0	45
	小企業	16	19	8	0	51	1	4	98
	中企業	90	36	41	1	126	5	11	309
建設業	零細企業	19	64	107	9	83	12	5	298
	小企業	113	352	293	32	217	50	521	1,578
	中企業	308	644	496	61	535	106	129	2,279
製造業	零細企業	91	262	147	21	374	47	18	960
	小企業	2,861	5,588	1,182	282	5,883	532	502	16,830
	中企業	4,089	7,617	1,573	261	12,987	618	1,679	28,824

(注) 1) サービス業については統計の作成方法が異なるために除外した。
2) ハードウェア、ソフトウェアを含む。
(出所) 図5-1に同じ。

6 むすび

本章では、2010年のセンサスからマレーシアの中小企業の状況を明らかにした。本章で明らかになった中小企業の特徴は次の6点に集約される。第1に、中小企業の地理的分布は、スランゴール州、クアラルンプール、ジョホール州など、マレー半島中部と南部に多い反面、マレー半島東部やサバ州、サワラク州に少ないことである。第２に、事業所数が少ないトレンガヌ州、パハン州、サバ州において従事者数１人あたり生産および付加価値が他州よりも大きいという現象がみられた。これらの州は資源が豊富であり、それに関連する製造業が州全体の付加価値を押し上げたのではないかと考えられる。第３に、産業別の付加価値率（付加価値／売上）はサービス業が最も高いことが明らかになった。また、鉱業と建設業では付加価値率が30％台であるのに対し、製造業の付加価値率はばらつきが大きいことも判明した。第４に、生産関数の推計では、マレーシアの中小企業は規模に関して収穫逓増が確認された。また、農林水産業を基準とした産業ダミーを用いた分析では、建設業と製造業のダミー変数が統計的に有意となり、資本と労働が一定の場合、これらの産業は農林水産業よりも生産が多いことが明らかになった。第５に、労働と賃金については、サービス業における女性比率が高い反面、鉱業と建設業では低いことが判明した。また、女性が最も多く占める職種は事務職であった。さらに、一部の職種を除き、女性の賃金水準は男性よりも低い傾向も指摘することができる。第６に、固定資本に関しては、鉱業、建設業、製造業の場合は企業規模が大きくなるほど保有固定資本も大きいが、農林水産業その限りではなかった。さらに、土地集約的産業と資本集約的産業では保有する資産の内容が異なることも明らかになった。

本章の考察から導出できる政策インプリケーションとして、労働面において女性の労働参加率を引き上げることが求められる。生産関数の推定において、労働の係数が正で統計的に有意であった。人口3,200万ほどのマレーシアでは労働力不足の問題が常につきまとう。この問題を解消する方法のひとつとして、女性の労働参加を増やすことが欠かせない。政府は女性の労働参加率が周辺ASEAN諸国よりも低いことを認識しており、保育所の設置や企業における女性の就労時間の柔軟化、在宅勤務の導入を奨励している（The Economic Planning Unit [2010], p. 180)。これらの取り組みは望ましい方向にあり、今後も継続することが求められる。

〔注〕

1）地域の分類は、The Economic Planning Unit［2006］によると、北部（プルリス州、クダ州、ペナン州、ペラ州)、中部（スランゴール州、連邦直轄領クアラルンプール、ヌグリ・スンビラン州、マラッカ州)、南部（ジョホール州)、東部（クランタン州、トレンガヌ州、パハン州）およびサバ州、サラワク州となる（The Economic Planning Unit［2006], p. 356)。

2) 参考までに、東部3州およびサバ州、サラワク州の総合開発指数は、クランタン州93.1、パハン州97.6、トレンガヌ州96.2、サバ州90.0、サラワク州96.6であった。上位3州はクアラルンプール109.6、ペナン州105.7、マラッカ州104.3である。
3) マレー半島東部とサバ州、サラワク州では、3つの地域経済開発プロジェクトが進められている。マレー半島東部のクランタン州、トレンガヌ州、パハン州、ジョホール州メルシン地区では、東海岸経済地域（East Coast Economic Region：ECER）が稼働している。2008年に発表されたECERマスタープランには、2020年までの開発計画が記されており、製造業、石油・ガス・石油化学産業、観光業、農業、教育の分野の集積を促すべく、各種優遇策を講じている（ECERウェブサイト、http://www.ecerdc.com.my/about-ecer/introduction/、2015年5月25日アクセス）。サバ州では、2008年から2025年までを開発期間とするサバ開発回廊（Sabah Development Corridor：SDC）があり、観光、物流、農業、製造業（特に資源関係の川下製造業）を振興している。また、中小企業と多国籍企業のビジネス関係の構築にも力を入れるとしている（Institute for Development Studies (Sabah) [2007], pp. 16-22）。参考までに、サラワク州にもサラワク再生エネルギー回廊（Sarawak Corridor of Renewable Energy：SCORE）がある。2008年から2030年を開発期間とし、エネルギー部門と10のターゲット部門（アルミニウム、ガラス、鉄鋼、石油、パームオイル、漁業・養殖、家畜、木材、造船、観光）が振興産業として指定されている（SCOREウェブサイト、http://www.recoda.com.my/invest-in-score/what-is-score/、2015年5月25日アクセス）。
4) 図5-4、注1を参照。

第6章

中小企業の資金調達環境

1 はじめに

1981年に第4代首相に就任したマハティール（YAB Perdana Menteri Tun Dr Mahathir bin Mohamad）は、1991年に行ったスピーチ「The Way Forward」で2020年までに完全に発展した国になると述べた。Vision 2020（Wawasan 2020）として政府や国民の間で共有された目標を達成するために、さらなる経済発展を目指し、開発戦略の策定を行ってきた。その中で政府は、中小企業ないし起業家の経済への貢献度を高めることが欠かせないとの認識を示し、2009年、新経済モデル（New Economic Model）に中小企業育成を重点課題として示した。

中小企業の育成において考慮すべき問題のひとつとして、資金調達があげられる。金融市場における情報の非対称性の問題により、中小企業は外部金融による資金調達において厳しい制約に直面する。中小企業が抱えるリスクや、取引内容等の情報不足、財務諸表の不備が原因で銀行や市場からの借り入れに支障をきたしているのである。そのため、中小企業の資金調達における政府の支援は、政府の役割のひとつと考えられることが多い。

以上の背景より、本章ではマレーシアにおける中小企業の資金調達手段について整理し、その課題を明らかにすることを目的とする。ASEANの状況については、伊藤・篠宮［2013］に整理されており、その中でマレーシア中小企業の資金調達の現状と課題が簡潔にまとめられている。しかし、マレーシアの中小企業の資金調達を理解する際にはやや注意を要する点がある。マレーシアでは、一般に政府の政策目標を達成するために行われる融資が開発金融機関のみならず商業銀行をつうじて提供されていることを認識しなければならない。

本章の構成は次の通りである。2では中小企業の資金調達と実態を明らかにする。また、政府の金融支援プログラムと民間からの資金調達について銀行やベンチャーキャピタルの状況をまとめる。3では中小企業向け貸出を支える制度的側面に焦点をあてる。ここでは、信用情報機関や信用保証公社、不良債権処理スキームについて述べる。最後に、本章をまとめ、今後の課題を述べ結論とする。

2 中小企業の資金調達構造

2-1 中小企業の特徴

マレーシアの中小企業のデータは、整備されているとは言い難く、政府が公表を始めたのは2000年以後のことである。それ以前は、国家開発5ヵ年計画（マレーシアプラン）などに断片的な記述があるのみで、研究に値する十分な情報やデータが公表されていなかった。政府が中小企業のデータを整備し始めた背景には、冒頭に述べたとおり、中小企業の経済への貢献度を高めるとしたことが大きく影響しているといえるだろう。

このことが関係し、2003年と2010年に本格的な中小企業のセンサスが実施され、その結果がそれぞれ2005年と2012年に発表された。本章では、第5章とは異なる観点からおける中小企業の特徴を確認してみたい。なお、2003年の調査対象は農業、製造業、サービス業の3業種のみであったが、2010年にはさらに鉱業と建設業が加えられた。このように、両年のセンサスはカバーする産業に相違がある。また、中小企業の定義も2005年に変更されているため、2時点間の数値の単純比較には注意を要する。

それを踏まえたうえで、まず事業所数と従業員数を確認してみよう。事業所数ベースでみたマレーシアの中小企業が全体に占める割合は97.3%、中小企業の雇用は全体の52.7%を占める。**表6-1**はセンサスの結果から、産業別事業所数と従業員数を抜粋したものである。中小企業は、2003年の事業所数520,998件のうち、サービス業の474,706件が最も多く、中小企業全体の91.1%を占める。次いで多いのは製造業の39,373件であった。この傾向は2010年も同様で、645,136件中サービス業が580,985件で90.1%を占め、製造業は37,861件であった。

従業員数については、2003年の合計315万人のうち7割以上の232万人がサービス業に従事している。製造業の雇用は、24.1%にあたる76万人であった。2010年には367万人の中小企業従事者のうち、サービス業261万人となっており2003年と同様に7割以上を占めていた。製造業は19.0%にあたる69.9万人が働いている[1)]。

表6-1. 中小企業の事業所数および従業員数（産業別）

	事業所数（件）		従業員数（人）	
	2003年	2010年	2003年	2010年
農業[1)]	6,919	6,708	74,431	78,777
鉱業	n.a.	299	n.a.	5,765
製造業	39,373	37,861	760,459	698,713
建設業	n.a.	19,283	n.a.	275,631
サービス業	474,706	580,985	2,319,777	2,610,373
合計	520,998	645,136	3,154,667	3,669,259

（注）1）農業・農業関連産業省のみに登録している起業家を除く。
（出所）Department of Statistics [2012], Table A2より抜粋、引用。

次に、産業別の生産および付加価値を示した**表6-2**をみると、2003年の生産は3,783億リンギ、2010年は5,071億リンギということがわかる。付加価値については、2003年が1,576億リンギ、2010年が2,139億リンギであった。産業別でみると、生産は2003年、2010年ともにサービス業が最も多く、それぞれ2,161億リンギと2,866億リンギであった。付加価値もサービス業が最も多く、1,087億リンギと1,653億リンギである。製造業の生産は、2003年と2010年を比較すると増加しているのに対し、付加価値は減少している。これは、中間財である原材料価格の上昇に起因すると考えられる。サービス業の事業所あたり付加価値は製造業や農業よりも低い（それぞれ22.9万リンギ、28.4万リンギ）。製造業の事業所あたり付加価値は、2003年の116.2万リンギで調査対象産業の中で最も高いが、2010年には100.5万リンギに減少してしまった。2010年の事業所あたり付加価値が最も大きかったのは鉱業の126.5万リンギである。さらに、従業員あたり付加価値、すなわち労働生産性をみると、2003年は製造業の6万リンギが最も高く、サービス業と農業はそれぞれ4.7万リンギと4.3万リンギで大きな差はなかった。ところが2010年になると、製造業は5.4万リンギに低下し、サービス業は6.3万リンギに改善している。付加価値率[2)]について農業、製造業、サービス業をみると、農業とサービス業は2010年に付加価値率が拡大している（農業：42.7%から51.3%、サービス業：50.3%から57.7%）。付加価値率が高いということは粗利益率も高いということが推測できる。それに対し、製造業の付加価値率は縮小した（29.6%から19.6%）。

表 6-2. 産業別生産および付加価値

	生産 (100 万リンギ)		付加価値 (100 万リンギ)		事業所あたり (千リンギ)		従業員あたり (千リンギ)		付加価値率 (%)	
	2003 年	2010 年	2003 年	2010 年	2003 年	2010 年	2003 年	2010 年	2003 年	2010 年
農業[1)]	7,410	5,194	3,167	2,665	458	397	43	34	42.7	51.3
鉱業	n.a.	1,105	n.a.	378	n.a.	1,265	n.a.	66	n.a.	34.2
製造業	154,743	194,032	45,760	38,058	1,162	1,005	60	54	29.6	19.6
建設業	n.a.	20,118	n.a.	7,537	n.a.	391	n.a.	27	n.a.	37.5
サービス業	216,109	286,640	108,676	165,284	229	284	47	63	50.3	57.7
合計	378,262	507,089	157,603	213,921	303	332	50	58	41.7	42.2

(注) 1) 農業・農業関連産業省のみに登録している起業家を除く。
(出所) Department of Statistics [2012], Table A2 より抜粋、引用。事業所あたり付加価値、従業員あたり付加価値、付加価値率（付加価値/生産額×100）は筆者算出。

このことから、センサスデータから見えてくるマレーシアの中小企業の特徴は、次の 3 つにまとめることができる。第 1 に、サービス業の事業所数および従業員数が圧倒的に多いことである。全体に占める割合は、事業所数は 9 割以上、従業員数は 7 割以上を占める。第 2 に、産業別生産および付加価値は、サービス業の値が最も大きい。ただし、事業所あたり付加価値は製造業の方が高い。労働生産性は、2003 年の時点ではサービス業よりも製造業の方が高かったが、2010 年に逆転した。第 3 に、サービス業と農業の付加価値率が比較的高く、製造業は相対的に低いことである。

2-2 中小企業の資金調達構造

一般に、中小企業は金融市場の情報の非対称性の問題から、厳しい資金制約に直面することが多いとされる。マレーシアの中小企業はどのようにビジネス活動の原資を調達しているのだろうか。**図 6-1** は、2003 年および 2010 年の中小企業の資金調達手段を表したものである。カバーしている産業や企業数に相違があるため単純な比較をするのは難しいが、大まかな特徴を捉えることができるだろう。これらのグラフからわかる点は、どちらの年も自己資金が重要な資金調達手段となっている企業が多いことである。2003 年は 186,439 件、2010 年は 198,491 件の企業が自己資金で事業を行っていた。負債による資金調達については、2003 年は、友人・家族からの借入（121,112 件）と銀行（72,932 件）が比較的多い。2010 年も友人・家族からの借入（50,740 件）と銀行（53,410 件）は多いが、2003

年と比較すると減少している。開発金融機関[3]からの借入は、2003年は21,164件だったが、2010年は6,117件に減少した。それに対して、政府ローン・贈与が大きく増加した（2003年781件、2010年2,629件）。この他、特徴的な点は2010年にはマイクロ・クレジット機関やサプライヤーズクレジット、リース・ファクタリングなど、資金調達手段が多様になっていることが指摘できよう。このことは、銀行や友人・家族からの借り入れの件数が減少した要因のひとつと考えられる。

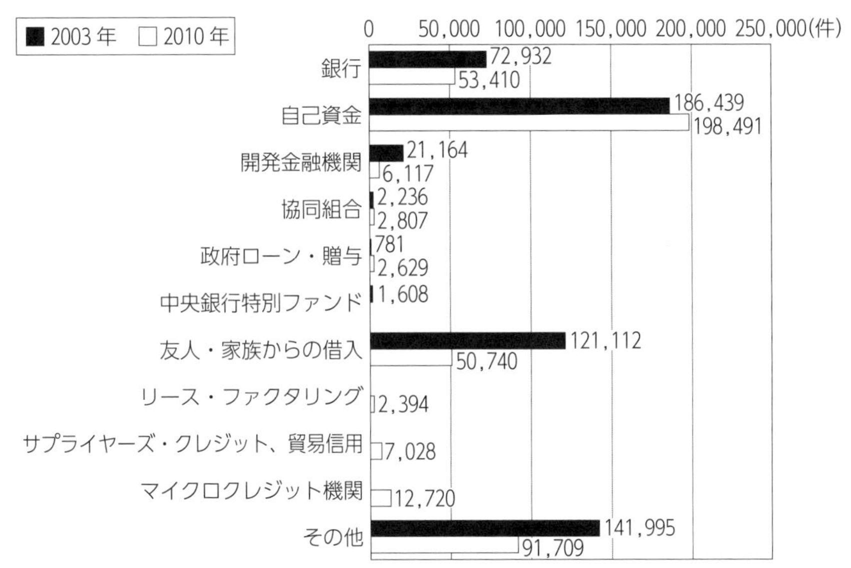

図6-1．中小企業の資金調達（単位：件）

（注）2003年と2010年でカバーしている産業が異なるため、比較の際には注意を要する。2003年は農業、製造業、サービス業であるのに対し、2010年は農業、鉱業、製造業、建設業、サービス業（卸売・小売を除く）である。また、2010年については1社につき複数回答を許容しているため、合計は事業所数に一致しない。

（出所）Department of Statistics［2005, 2012］より筆者作成。

3　中小企業に対する資金供給の動向

3-1　銀行貸出

図6-2は2003年から2013年の銀行貸出（フロー）の推移を示したものである。大企業、中小企業、家計のうち、大企業向けの貸出金額が最も大きいことがわかる。大企業向け貸出は2005年から2006年と、2012年から2013年にかけて

減少したが、それ以外は増加している傾向が観察できる。中小企業は2008年から2009年にかけて減少したものの、それ以外は増加している。しかし、中小企業向けの貸出は、家計向けよりも少ない状況にある。このような傾向が観察される背景には、マレーシアの銀行ビジネスモデルの変化があげられるだろう。中川［2010］でも指摘したように、アジア通貨危機以降、銀行は消費者向け貸出にシフトしてきた。アジア通貨危機の際、銀行は不良債権処理に追われたことから、企業向け貸出を敬遠するようになったのである。そのため、相対的にリスクが高いとみられる中小企業への貸出は増加しにくい状況にあると推測できる[4)]。

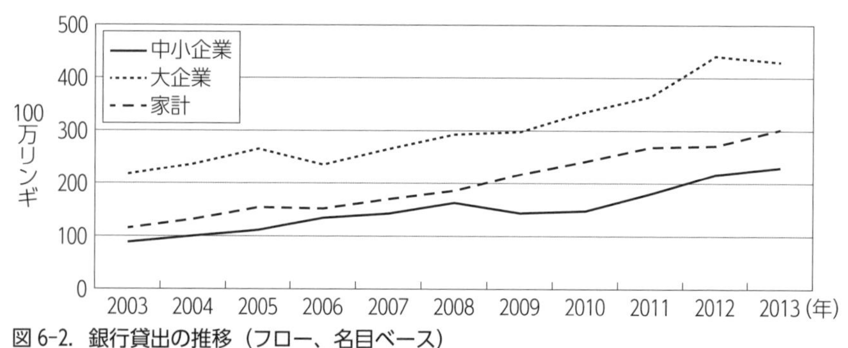

図 6-2. 銀行貸出の推移（フロー、名目ベース）

（出所）Bank Negara Malaysia［2003, 2004, 2005, 2006a, 2007b, 2008c, 2009b, 2010b, 2011b, 2012b, 2013b］より筆者作成。

3-2 政府および中央銀行の資金支援

3-2-1 政府によるプログラム

政府による金融支援プログラムは、ソフトローン、贈与、信用保証、エクイティ、ベンチャーキャピタルがある（**表 6-3**）。2005年と2012年のファンド数は、2005年の81から2012年には65に減少している。内訳をみると、最も多いのはソフトローン（2005年：49、2012年：35）であることがわかる。ソフトローン、贈与、エクイティのファンド数が減少する中、ベンチャーキャピタルについては増加している（2005年：7、2012年：12）。承認件数についてみると、2005年の89.4万件から2012年には241.7万件に増加した。ところが、支払金額は2005年の583億リンギから467億リンギに減少している。これより、1件当たりの承認金額が少額化していることが推測できる。

表6-3. 政府の金融支援（2005年および2012年）

	2005年			2012年		
	ファンド数（件）	承認件数（万）	支払額（十億リンギ）	ファンド数（件）	承認件数（万）	支払額（十億リンギ）
ソフトローン	49	85.5	55.7	35	233.3	42.8
贈与	20	3.8	1.7	14	7.8	2.7
信用保証	—	—	—	2	0.58	0
エクイティ	5	0.07	0.5	2	0.01	0.6
ベンチャーキャピタル	7	0.01	0.3	12	0.01	0.7
計	81	89.4	58.3	65	241.7	46.7

（出所）2005年はBank Negara Malaysia［2005］、2012年はNational SME Development Council［2013］より抜粋、引用。

3-2-2　中央銀行特別ファンド

中央銀行は中小企業向け融資を促進するために、その時々の必要性に応じてファンドを設置している。**表6-4**は、中央銀行が設置した特別ファンドの概要である（2013年末時点）[5]。これらのファンドからの貸出は、商業銀行や開発金融機関を通して行われる[6]。金利は3.75%～6.00%となっており（Asian Development Bank［2014］, p. 97）、商業銀行からのベース貸出金利6.53%（2013年末）と比べると低く設定されている。

(1) Fund for Food

このファンドは、食料生産を増加させることを目的として1993年1月に設置された。ファンド金額は3億リンギで、2013年末の貸出残高は1.86億リンギである（**表6-4**）。貸出対象となる企業は、マレーシア人の所有比率51%以上の企業・協同組合・起業家と定められている。資金用途は、国内での食料増産に関連する投資あるいは運転資金への使途が認められる（Abrobankウェブサイト）[7]。具体的には、食料生産、加工、食料保管倉庫、冷凍倉庫および食料のマーケティングのための投資である。貸出は、マレーシア農業銀行（Bank Pertanian Malaysia）を通して行われる。

(2) New Entrepreneurs Fund 2

2001年7月に設置されたこのファンドは、ブミプトラの中小企業振興を目的としている。規模は25.5億リンギで、貸出残高は7.7億リンギである（**表6-4**）。業種の指定はないが、マレーシア人の所有比率51%以上の企業・協同組合・組合および資本金200万リンギ以下のブミプトラ中小企業が対象となる。また、上場企業もしくは政府関連企業の株式保有が20%以下で操業7年未満という条件を満たす必要もある。資金用途は、生産能力の拡大、運転資金、もしくはその両方に限定される。貸出は商業銀行、イスラーム銀行、中小企業銀行（SME Bank）、マレーシア工業開発金融公社（Malaysian Industrial Development Finance Bhd.）を通して行われる（SME info ウェブサイト）[8]。

(3) Fund for Small and Medium Industries 2

このファンドは、2000年4月に輸出向け・国内市場向けの両方の中小企業に貸出を促進する目的で設置された。規模は特別ファンドの中で最も大きい63億リンギであり、2013年末時点の貸出残高は40.4億リンギとなっている。応募資格がある企業は（2）と同様である。ただし、操業7年以上の企業でも各銀行の判断で貸出が行われる場合がある。貸出は商業銀行、イスラーム銀行、中小企業銀行（SME Bank）、マレーシア工業開発金融公社（Malaysian Industrial Development Finance Bhd.）、マレーシア農業銀行（Bank Pertanian Malaysia）、サバ開発銀行（Sabah Development Bank Bhd.）を通して行われる（SME info ウェブサイト）[9]。

(4) Micro Enterprise Fund[10]

2008年11月に設置されたこのファンドは、中小企業の中でも特に規模が小さい零細企業向けのものである。2013年末時点での貸出残高は1.69億リンギで、開発金融機関であるマレーシア農業銀行（Bank Pertanian Malaysia）、庶民銀行（Bank Rakyat Malaysia）、貯蓄銀行（Bank Simpanan Nasional）の3行と、商業銀行、イスラーム銀行を通して貸出が行われる。担保は不要で、借入金は運転資金あるいは設備投資への利用が認められる。

(5) Bumiputera Entrepreneurs Project Fund-Islamic

2009年7月に設置されたこのファンドは、ブミプトラ企業向けにイスラームベースで貸出が行われる[11]。2013年末時点での貸出残高は4,440万リンギである。借り手は、操業3年以上のブミプトラ起業家ないしブミプトラ企業（ブミプトラ所有比率100%）とされ、直近3年は赤字経営でないこと、指定する業界団体に登録している企業であることが奨励される。資金用途は、政府あるいは政府機関、国営企業のプロジェクトに関連する事業に限定される。貸出は信用保証公社を通じて行われる（Credit Guarantee Corporation ウェブサイト）[12]。

表 6-4. 中銀特別ファンド（2013 年末時点）

(1) Fund for Food（1993 年）　ファンド規模：3 億リンギ、貸出残高：1.86 億リンギ

目的	食料生産の増加を目的とする食品部門に対する融資促進
条件	マレーシア人の所有比率 51%以上の企業、協同組合、起業家（マレーシア在住、企業登記局に登録済み）
使途	食料増産に関連する投資（例：食料生産、加工、食料保管倉庫、冷凍倉庫など）、運転資金
窓口	開発金融機関（マレーシア農業銀行）

(2) New Entrepreneurs Fund 2（2001 年）　ファンド規模：25.5 億リンギ、貸出残高：7.7 億リンギ

目的	ブミプトラの中小企業に対する融資促進
条件	マレーシア人の所有比率 51%以上の企業・共同組合・組合 資本金 200 万リンギ以下のブミプトラ中小企業 上場企業もしくは政府関連企業の株式保有が 20%以下 操業 7 年未満
使途	生産能力の拡大、運転資金（もしくはその両方）
窓口	商業銀行、イスラーム銀行、開発金融機関（中小企業銀行、マレーシア工業開発金融公社）

(3) Fund for Small and Medium Industries 2（2000 年）　ファンド規模：63 億リンギ、貸出残高：40.4 億リンギ

目的	中小企業に対する融資促進
条件	マレーシア人の所有比率 51%以上の企業・共同組合・組合 資本金 200 万リンギ以下のブミプトラ中小企業 上場企業もしくは政府関連企業の株式保有が 20%以下 操業 7 年未満
使途	生産能力の拡大、運転資金（もしくはその両方）
窓口	商業銀行、イスラーム銀行、開発金融機関（中小企業銀行、マレーシア工業開発金融公社、農業銀行、サバ開発銀行）

(4) Micro Enterprise Fund（2008 年）　ファンド規模：2 億リンギ、貸出残高：1.69 億リンギ

目的	零細企業に対する融資促進
条件	零細企業の定義に該当する企業
使途	運転資金、設備投資
窓口	商業銀行、イスラーム銀行、開発金融機関（マレーシア農業銀行、庶民銀行、貯蓄銀行）

(5) Bumiputera Entrepreneurs Project Fund-Islamic（2009 年）　ファンド規模：3 億リンギ、貸出残高：4,440 万リンギ

目的	政府や政府機関のプロジェクトを請け負うブミプトラ企業に対する融資促進
対象	ブミプトラ起業家ないしブミプトラ所有比率が 100%の企業 資本金 2,000 万リンギ以下 操業 3 年以上かつ直近 3 年の経営が赤字でない 指定団体に所属している 他の金融機関から既に融資を受けていない
使途	運転資金
窓口	信用保証公社

（注）カッコの中は設置年
（出所）ファンド規模と融資残高は Bank Negara Malaysia [2014c]、その他の情報は SMEinfo ウェブサイト（http://www.smeinfo.com.my/index.php?option=com_content&view=article&id=1219&Itemid=1185、2014 年 3 月 9 日アクセス）、信用保証公社ウェブサイト（http://www.cgc.com.my/bumiputera-entrepreneur-project-fund-i-tpub-i/?frame=1、2014 年 3 月 10 日アクセス）を参考に筆者作成。

3-3 その他

3-3-1 ベンチャーキャピタル

表6-5は、2007年から2013年までのベンチャーキャピタルの資金源をそのシェアで表したものである。ベンチャーキャピタルの総額は、2007年には72億リンギであったが減少傾向にあり、2013年は58億リンギとなった。資金源のシェアをみると、2007年の時点では政府機関と地場企業がそれぞれ35.7%と31.9%で同程度であった。次いで大きなシェアを占めたのは銀行（15.5%）である。ところが、政府機関のシェアは年々拡大し、2013年には61.4%を占めるようになった。反対に、地場企業と銀行のシェアは次第に縮小してきており、2013年はそれぞれ18.7%と3.6%となった。外資企業・個人については、そのシェアは2007年の9.3%から2013年は11.5%と2ポイント程度拡大している。ベンチャーキャピタルの総額が減少しているなか、政府機関のシェアが相対的に拡大している様子がうかがえる[13]。

表6-5. ベンチャーキャピタルの資金源（シェア；%）

	2007年	2008年	2009年	2010年	2011年	2012年	2013年
政府機関	35.7	47.9	52.9	51.4	54.1	54.1	61.4
地場企業	31.9	26.8	23.5	29.4	25.0	23.3	18.7
外資企業・個人	9.3	11.6	11.0	9.7	10.6	10.6	11.5
銀行	15.5	7.7	7.3	4.9	5.2	7.0	3.6
国内個人	4.7	3.0	2.5	1.9	2.2	2.3	2.6
年金基金	1.9	2.4	2.1	2.1	2.3	2.1	1.6
保険	1.0	0.7	0.6	0.6	0.6	0.6	0.5
合計	100.0	100.0	100.0	100.0	100.0	100.0	100.0
金額（10億リンギ）	7.2	4.6	5.3	6.0	5.5	5.7	5.8

（出所）Securities Commission［2008, 2009, 2010, 2011, 2012, 2013, 2014］より筆者作成。

3-3-2 マイクロファイナンススキーム（*Skim Pembiayaan Mikro*）

このスキームは2006年に始まり、2014年2月末時点で開発金融機関3行、金融機関7行がマイクロファイナンススキームを実施している[14]。対象は中小企業の中でも最も規模が小さい零細企業および自営業となっている。ローンは1,000リンギから5万リンギの間で提供され、使途は運転資金や設備投資に限定される。担保は不要で、融資申請書類も簡素にすることで企業の負担を軽減する策がとられている。本スキームが開始された2006年は10,181口座に対して融資残高は8,400万リンギであったが、2013年末時点になると口座数は68,000件に増加し、融資残高は8.57億リンギとなった（Bank Negara Malaysia [2014b], p. 75)。

4 中小企業向け貸出を支える諸制度

4-1 信用情報機関（Credit Bureau Malaysia Sdn. Bhd.）

マレーシアには中央銀行により1982年に設立された信用情報機関（Credit Bureau, Bank Negara Malaysia）が存在する。ここは個人と企業の両方の信用情報を扱う公的信用情報機関である。2008年には、中小企業の信用情報を専門的に扱うCredit Bureau Malaysia Sdn. Bhd.が設立された。この機関は、信用保証公社（後述）とDun and Bradstreet Malaysia、マレーシア銀行協会の3者の合弁により、2008年に法人化された。登録企業数は約27,000社とされている（Credit Bureau Malaysiaウェブサイト）[15)]。中央銀行信用情報機関、企業登記局、不渡り小切手情報システムなどから中小企業の情報を収集し、信用格付けを行い、その情報を金融機関に提供している（Credit Guarantee Corporation [2012], p. 127)。

2011年には自己信用モニタリングシステム（Self-Credit Monitoring System）を開始し、中小企業が自社の信用状況をチェックすることができるようになった。中央銀行は、このシステムにより、特に資金需要がある中小企業においては堅実な信用が重要であることの認識を高め、中小企業間での支払状況の改善が期待できると述べている（Bank Negara Malaysia [2012a], p. 55)。

4-2 信用保証公社（Credit Guarantee Corporation Bhd.）

信用保証公社は中央銀行と商業銀行の出資[16)]により1972年に設立され、十分な担保や財務情報の蓄積がない中小企業に対する保証業務を行っている。次第に業務内容が多様化し、近年は中規模企業に対する貸出や、アドバイザリーサービスも行うようになった。2012年末時点で8件の保証スキームと5件の貸出スキームを実施している（Credit Guarantee Corporation [2012], p. 26)。これらのスキームの提供件数と金額を示した**表6-6**をみると、2008年から2009年にかけては件数（2008年：10,368件、2009年：14,073件）と金額（2008年30億リンギ、2009年：31億リンギ）の両者とも増加した。その後は減少の傾向がみられ、2012年は2,152件、11億リンギとなっている。

表6-6. 信用保証の供与状況

	2008年	2009年	2010年	2011年	2012年
件数	10,368	14,073	7,670	7,504	2,152
金額（10億リンギ）	3.0	3.1	2.5	2.9	1.1

（出所）Credit Guarantee Corporation［2012］, p. 32より引用。

4-3 小規模債務問題解決スキーム (The Small Debt Resolution Scheme)

このスキームは2003年11月から開始された。小規模債務問題解決委員会（Small Debt Resolution Committee）が中小企業におけるビジネスの継続可能性を精査し、ローン返済条件の再検討や追加融資の必要性について判断する。このスキームを利用できるのは、以下の5つの条件を満たしている必要がある（Bank Negara Malaysia［2014a］, p. 4）[17]。

(1) マレーシア人所有（最低51％）で、1965年会社法（Companies Act 1965）、1956年事業登録法（Registration of Business Act 1956）、1966年組合法（Societies Act 1966）、1993年協同組合法（Cooperative Societies Act 1993）のいずれかに基づき登録を行っている団体。
(2) 正規従業員数が200人以下、もしくは年間売上高が5,000万リンギ以下の中小企業。
(3) 減損貸出金がある、もしくは複数の金融機関からの借入に関し困難に直面している中小企業。
(4) 事業に関連する目的で行った借り入れに限定する（株式購入や個人消費は不可）。
(5) 申請者は事業を継続しなければならず、また全ての部門の中小企業が対象。

このスキームが開始された翌年の2004年末時点で、116件、8,180万リンギが承認されたが、2009年末には684件、総額4.71億リンギの申し込みが承認されるまでに至った。これらの中小企業の一部に対してはRehabilitation Fund for Small Businessから新規ローンが提供された（Bank Negara Malaysia [2006b], p. 136）[18]。

4-4 SME Bank

SME Bankは、2005年、マレーシアインフラ開発銀行（Bank Pembangunan dan Infrastruktur Malaysia Bhd.）とマレーシア工業・技術銀行（Bank Industri & Teknologi Malaysia Bhd.）が統合して中小企業向け業務提供する銀行として設立された（Bank Negara Malaysia [2006b], p. 135）。

図6-3は2006年から2012年の貸出実績の推移を示したものである。中小企業向け貸出は、2006年には12.3億リンギであったが、2008年には19.8億リンギまで増加した。2009年、2010年はそれぞれ18.1億リンギ、14.1億リンギと2年連続して減少したが、翌年から増加している。中小企業をその規模別に零細企業（Micro）、小企業（Small）、中企業（Medium）に分類してみると、2008年の貸出増加は主に中企業向け貸出が増加したことによるものであることがわかる。2009年の減少は中企業と小企業向け貸出の減少によってもたらされたものであり、2010年は全ての規模において貸出が減少した。2011年は合計では貸出が増加しているが、零細企業向け貸出は減少している。2012年は中企業向け貸出が減少したが、小企業と零細企業向け貸出は伸びている。

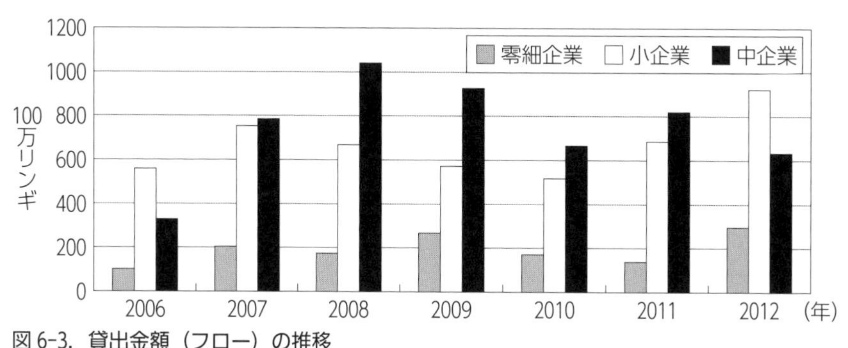

図6-3. 貸出金額（フロー）の推移
（出所）Bank Negara Malaysia [2007a, 2008a, 2009a, 2010a, 2011a, 2012a, 2013a] より筆者作成。

5 むすび

本章では、マレーシアにおける中小企業の資金調達環境について整理してきた。センサスによれば、資金調達手段については、2003年と2010年ともに自己資金の件数が最も多かった。外部金融については、銀行と友人・家族からの借り入れが多いが、件数は2003年よりも2010年の方が少なかった。これは、資金調達手段が2010年には多様化したことが関係していると考えられる。

資金調達の多様化という観点では、政府や中央銀行がさまざまなプログラムやファンドを設置して資金供給を行ってきた。一般的に、政府の政策目標を達成するための融資は政府系金融機関から供与されるが、本章ではマレーシアの場合は開発金融機関と商業銀行がそのルートになっていることを明らかにした。また、ベンチャーキャピタル市場の振興を行ってきたことから、市場を通じた資金調達も可能となっている。しかし、その資金源は政府機関が大きな割合を占めており、ベンチャーキャピタル市場が中小企業の事業内容のチェック機能を果たしているのか疑問が残るところである。これらの他に、中小企業の資金調達を支える制度として、信用情報機関や信用保証公社が設立されたこと、不良債権処理のスキームが実施されていることを示した。

このように、マレーシア政府は中小企業を金融面から支える諸制度を整備しており、資金調達の多様化が進められてきた。資金調達の多様化は、中小企業にとって様々な方面からの資金調達の可能性を拡大することであり、それ自体は望ましいことであろう。また、政府の取り組みは金融システムの発展という面では貢献した可能性が高い。しかしながら、商業銀行をつうじた政府の中小企業支援は、その効果の計測が難しいことを意味している。一般的に、政府の資金を財源とする金融支援は政府系金融機関をつうじて提供されることが多い。政府系金融機関の情報生産活動をつうじて民間金融を促進し、経済における資金循環を活性化する点があげられる。つまり、政府系金融機関から中小企業に融資が行われたという情報が広まることにより、民間金融機関の情報生産コストを低下させ、民間金融機関による当該中小企業への貸出が促されるという現象が期待できるからである（いわゆる、カウベル効果）。ところが、マレーシアのように商業銀行からも政府の金融支援が提供されるという事実は、2つの点で問題がある。ひとつは、開発金融機関の融資が商業銀行の融資にどの程度の影響を及ぼしたのかについて計測が困難になる。なぜならば、中小企業向けの貸出が政府資本によるものなのか、民間資本によるものであるのかが外部から判別することができないからである。よって、商業銀行の中小企業向け融資の効果の過大評価、あるいは開発金融機関の過小評価を招く可能性がある。いまひとつは、政府の資本を用いて商業銀行等のビジネスを支援することの妥当性である。政府は、商業銀行の情報生産能力や審査能力を利用し、将来性のある中小企業を選択して貸出を行うという機能を期待することができる。ところが、商業銀行は政府が期待する行動をとらずに、質の悪い中小企業にも融資が提供されるかもしれない。そのようなことが増えれば、将来、融資が焦げ付いて不良債権化する可能性が高くなる。すると、誰が不良債権処理のコストを負担するのかという問題が発生する。本章第3節で説明したように、マレーシアでは小規模債務問題解決スキームが実施されているが、モラルハザードを起こさないよう、金融当局による監督が重要となる。

マレーシアの中小企業向け金融は上記に述べたような問題がありつつも、政府の資金の有効活用という観点から中小企業向け金融支援の効果を計測することが必要であろう。そのためには、個々の開発金融機関の貸出状況を明らかにすることが必要である。

〔注〕

1）参考までに、大企業の事業所数は17,803件、雇用は3,294,714人であった。

2）本来は、付加価値/売上で算出するが、本章では売上のデータがないため便宜的に生産額で算出した。

3）マレーシアには2014年3月末時点で13機関の開発金融機関が存在する。金融機関のリストは付表を参照されたい。

4）参考までにローンの申請額と承認額の推移をみると、中小企業から銀行に提出される貸出申請額は年々増加しており、承認額も増加しているが、その傾向は申請額ほどの勢いはない。そのため、申請額と承認額のかい離は年々拡大しており、申請金額に対する承認金額の比率は低下傾向にある。この比率について筆者が算出したところでは、2003年～2005年は58%程度であったが、2013年には36.4%にまで低下した。中小企業のローン需要は拡大しているにも関わらず、その半分も満たされていないことになる。

5）本稿（元論文）執筆時点。

6）2009年まではERF Shd. Bhd. も中央銀行ファンドからの貸出を行っていた。この機関は、1989年に中央銀行がブミプトラ中小企業向けにファイナンスとアドバイザリーサービスを提供する機関として設立された（Bank Negara Malaysia [2007a], p. 140)。2009年、中小企業向け貸出の合理化を進める目的でERFの機能がCredit Guarantee Corporationに統合された（Credit Guarantee Corporation [2012], p. 103)。なお、中銀特別ファンドからの貸出審査は各銀行が行う。中央銀行は各行から提出される申込書がファンドの利用条件に適合しているかチェックするのみで、貸出先の審査には関与しないとのことである（2014年8月、筆者がBank Negara Malaysiaにて行った聞き取り調査による）。

7) http://www.agrobank.com.my/web-agro-banking-dana-konsesi-tabung-untuk-makanan、2014年3月9日アクセス。
8) http://www.smeinfo.com.my/index.php?option=com_content&view=article&id=594&Itemid=113&lang=en、2014年3月9日アクセス。
9) http://www.smeinfo.com.my/index.php?option=com_content&view=article&id=585&Itemid=106&lang=en、2014年3月9日アクセス。
10) http://www.bnm.gov.my/documents/sme/en_FAQ_on_Pembiayaan_Mikro_Aug2012.pdf、2014年3月9日アクセス。
11) 設置当初はコンベンショナルベースであったが、2009年にイスラームベースのファンドに転換したようである(Ministry of Finance [2013], p. 155)。
12) "Tabung Projek Usahawan Bumiputera-i (TPUB-i)", http://www.cgc.com.my/bumiputera-entrepreneur-project-fund-i-tpub-i/?frame=1、2014年3月10日アクセス。
13) 一般に、ベンチャーキャピタル市場は、意欲に富む若い企業の事業内容やその将来性をふるいにかける機能を果たすものである。ところが、マレーシアの場合、政府機関の占める割合が拡大しており、民間は相対的に少ない。これは、ベンチャーキャピタル市場が中小企業の事業に対するチェック機能を果たしているのか疑問が残るところである。この点については、別の機会に論じることとしたい。
14) 開発金融機関はBank Pertanian Malaysia Bhd.(Agrobak)、Bank Kerjasama Rakyat Malaysia Bhd.、Bank Simpanan Nasionalの3行、民間金融機関はAlliance Bank Bhd.、AmBank Bhd.、CIMB Bank Bhd.、May Bank Bhd.、Public Bank Bhd.、United Overseas Bank Bhd.、Bank Muamalat Malaysia Bhd.の7行(SME Infoウェブサイト、http://www.smeinfo.com.my/images/pdf/MicroFinancing/20140108-comparative%20table-eng.pdf、2014年4月5日アクセス)。
15) http://www.smecb.com/1-2-1.jspおよびhttp://www.smecb.com/3-1.jsp、2014年4月7日アクセス。
16) 株式保有率は、中央銀行が78.65%、商業銀行が21.35%となっている(CGCウェブサイト、http://www.cgc.com.my/overview/、2014年6月6日アクセス)。
17) 2014年7月11日改定。
18) この他、2007年から住宅抵当公社のCagamas Bhd.の子会社であるCagamas SME Bhd.が中小企業向けローンの証券化を開始した。Malayan Banking Bhd.が提供したローン6億リンギが対象となった(Bank Negara Malaysia [2007a], p. 137)。なお、Rehabilitation Fund for Small Businessは1998年11月23日 にRehabilitation Fund for Small and Medium Industriesという名称で設置され、2003年11月1日にRehabilitation Fund for Small Businessに継承された(Bank Negara Malaysia [2002], p. P9および同 [2005], p. P77)。このファンドは2008年8月に終了している(Bank Negara Malaysia [2008b])。

付表 6-1. 開発金融機関リスト

	SME	名称
1	○	Bank Pembangunan Malaysia Bhd.
2	○	Bank Perusahaan Kecil & Sederhana Malaysia Bhd. (SME Bank)
3	○	Export-Import Bank of Malaysia Bhd.
4	○	Bank Kerjasama Rakyat Malaysia Bhd.
5	○	Bank Simpanan Nasional
6	○	Bank Pertanian Malaysia Bhd. (Agrobank)
7	○	Malaysian Industrial Development Finance Bhd.
8	○	Credit Guarantee Corporation Bhd.
9		Lembaga Tabung Haji
10		Sabah Development Bank Bhd.
11		Sabah Credit Corporation Bhd.
12		Borneo Development Corp. (Sabah) Sdn. Bhd.
13		Borneo Development Corp. (Sarawak) Sdn. Bhd.

（注）SME の列に○がついているのは中小企業向け貸出を行っている金融機関を表す。1～6 は 2002 年開発金融機関法が根拠法である。

（出所）Bank Negara Malaysia［2014b］, Annex P15 および P16、中小企業向け貸出を行っている金融機関については、Asian Development Bank［2014］, p. 97 を参考に筆者作成。

第7章

中央銀行による優先部門貸出指導

1 はじめに

1959年にイギリスからの独立を果たし、国家開発に着手したマレーシア政府にとって、金融の近代化は急務であった。植民地支配下にあった国々が独立を果たした時点においては、市場経済を成立させる条件がそろっておらず、まずはその条件を整えることから始めなければならない[1]。経済主体の資金繰りを支える金融システムの確立もそのひとつである。マレーシアでは政府が強力なリーダーシップを発揮し、銀行や年金基金、国債市場をつうじて国内の貯蓄を効率的に経済に回す仕組みを確立してきた。そのため、対外債務に依存することなく、国の経済開発を進めることができた。

この過程において大きな役割を果たしたのが中央銀行である。マレーシアの中央銀行、バンク・ヌガラ・マレーシア（Bank Negara Malaysia）は1958年中央銀行法（Central Bank of Malaysia Act 1958）[2]に基づいて設立され、1959年1月26日から業務を開始した。1958年中央銀行法第4条によれば、中央銀行の目的は次の4つであるとされている。

(a) 通貨を発行し、通貨価値を維持すること
(b) 政府の銀行および金融アドバイザーとして活動すること
(c) 金融安定化と金融機関の健全化を促進すること
　(ca) 信頼性が高く、効率的で円滑な決済システムの運用を推進し、マレーシアの発展に資する決済システムを構築すること
(d) 国の発展のために信用状況に影響を及ぼすこと

このうち、(d) に示されているように、中央銀行が市中銀行の貸出に介入することを明確に述べている点は注目に値する。これは、中央銀行による政策目的

を達成するための銀行貸出市場への介入が法律に裏付けられた行為であることを意味する。Bank Negara Malaysia [1979] によれば、「国家開発にあたり優先部門に効率的に資金を供給するには、2つの方法がある。ひとつは貸出上限を課して信用量をコントロールする方法であり、もうひとつは貸出先に対して中央銀行がガイドラインや指令を出すことである」(Bank Negara Malaysia [1979], p. 132) と述べている。

以上の背景より、本章の目的は中央銀行による市中銀行に対する優先部門貸出の指導の変遷を整理することである。マレーシア政府が市場に介入する例は金融に限らず、あらゆる場面で観察することができる。しかし、程度の差はあれ、市場メカニズムを尊重しつつ、市場の失敗を補完するための介入という点がマレーシアの手法である。銀行に対する優先部門貸出の指導は、その文脈で理解する必要がある。

本章の構成は次の通りである。2では1970年代に焦点をあて、中央銀行の指導を整理する。3では1980年代の中央銀行の銀行に対する指導について述べる。1980年代半ば以降、マレーシアは急速に経済成長し、それとともに銀行に対する優先部門への貸出最低基準が次第に引き上げられていく。そして、1986年から中央銀行の指導の在り方に変化が生じたことを示す。4では1990年代の中央銀行の銀行に対する指導をまとめる。5では2000年以降の中央銀行の指導の変遷を記述する。とりわけ、2005年以降は指導方法が大きく変化し、中央銀行が銀行に対して優先部門への貸出最低基準を示す方法から、各銀行がビジネス戦略に基づいて目標値を定める方法に転換したことを指摘する。最後に、本章をまとめ、結論とする。

2 1970年代

マレーシアでは、国の経済開発の目標として貧困削減と社会構造の再建が掲げられており、これを実現するために特定グループの銀行借入コストを適正な水準に維持することが中央銀行に課された役割であった (Bank Negara Malaysia [1984b], p. 145)。ここでの特定グループとは、(1) ブミプトラコミュニティ[3]、(2) 小規模企業、(3) 個人の住宅購入の3分野であった (Bank Negara Malaysia [1979], p. 47)[4]。

当初、中央銀行の優先部門に対する貸出指導は、商業銀行に対する道徳的勧告

(moral suasion) によって行われていた。具体的な数値目標が設定されるようになったのは、1974年のことである。1973年から1974年にかけてインフレ率が大きく上昇し[5]、それを抑制するために銀行貸出総額を制限する策をとった。1970年代の中央銀行による貸出指導およびガイドラインを示した**表7-1**にあるように、中央銀行は1974年に商業銀行とファイナンスカンパニーに対して、貸出伸び率をそれぞれ20%と25%に制限した。翌年、インフレ率が落ち着きを取り戻すと、貸出抑制策は撤廃された[6]。

このように、中央銀行は銀行貸出総額の伸び率を制限した一方で、優先部門への貸出を拡大させるガイドラインを出した。1975年には商業銀行とファイナンスカンパニーの貸出純増加分のうち50%を中央銀行が指定した分野（ブミプトラコミュニティ、製造業（食品製造含む)、個人の住宅購入）に提供することが課された（**表7-1**)。これを達成できない場合、中央銀行は対象の商業銀行およびファイナンスカンパニーに対してペナルティを課した (Bank Negara Malaysia [1979], p. 133)[7]。

1976年以降はガイドラインが毎年更新され、中央銀行の指導が細かく提示されるようになった（**表7-1**)。商業銀行に対しては、貸出増加分のうち最低20%をブミプトラコミュニティ向けとすることが決定されたほか、貸出純増加分の最低10%を農業食糧生産部門、25%を製造業、10%を個人の住宅購入に配分するよう指示が出された。ファイナンスカンパニーに対しては、新規貸出の配分が定められ、ブミプトラコミュニティが20%、個人の住宅購入が25%、農業・製造業・建設業・不動産業が30%と定められた。

1979年のガイドラインでは具体的な数値は示されず、同年6月30日時点の各部門への貸出残高を最低水準とし、それ以上の貸出を提供することが商業銀行とファイナンスカンパニーに課された（**表7-1**)。

優先部門への貸出コントロールに加えて、中央銀行は当該部門への貸出上限金利を設けた。1976年10月には、ブミプトラコミュニティ、小規模企業、個人の住宅購入において一定金額までの貸出に対する上限金利を10%とした。この上限金利は経済状況に応じて変更され、1977年10月に政策金利の引き下げとともに9%に引き下げられた (Bank Negara Malaysia [1984b], pp. 145-146)[8]。1978年10月、中央銀行は金融機関の競争促進のために新金利制度を導入し、各銀行が預金金利と貸出金利を設定できるようになったが、優先部門については上限金利の設定が継続された。

表 7-1. 中央銀行による貸出指導およびガイドラインの変遷（1970 年代）

年	商業銀行	ファイナンスカンパニー
1974	貸出伸び率の上限を 20%に制限	貸出伸び率の上限を 25%に制限
1975	貸出純増加分の 50%を下記部門に配分 ・ブミプトラコミュニティ ・製造業（食品製造含む） ・個人住宅購入	貸出純増加分の 50%を下記部門に配分 ・ブミプトラコミュニティ ・製造業（食品製造含む） ・個人住宅購入
1976	貸出増加分の一定割合を下記部門に配分 ・20%：ブミプトラコミュニティ 貸出純増加分の一定割合を下記部門に配分 ・10%：農業食料生産 ・25%：製造業 ・10%：個人の住宅購入	新規貸出の一定割合を下記部門に配分 ・20%：ブミプトラコミュニティ ・25%：個人の住宅購入 ・30%：農業・製造業・建設業・不動産業
1979	基準日の貸出残高[1] を上回る金額を下記部門に配分 ・ブミプトラコミュニティ ・小規模企業 ・農業食料生産 ・個人の住宅購入	基準日の貸出残高[1] を上回る金額を下記部門に配分 ・ブミプトラコミュニティ ・小規模企業 ・農業食料生産 ・個人の住宅購入

（注）1）1979 年 6 月 30 日付貸出残高を最低水準とする。
（出所）Bank Negara Malaysia [1984b], pp. 145-150 より筆者作成。

3 1980 年代

3-1 商業銀行

1980 年代に入ると、中央銀行は具体的な数値目標を提示して優先部門貸出の割り当てを課すようになった。**表 7-2** は、1980 年から 1989 年までの商業銀行およびファイナンスカンパニーに対する貸出ガイドラインの変遷を示したものである。商業銀行の場合、ブミプトラコミュニティ[9]、農業食料生産、小規模企業、個人の住宅購入に対する貸出ガイドラインが出され、各優先部門に対する最低基準が決められた。

ブミプトラコミュニティに対しては、貸出総額の 17%（1980 年および 1981 年）、18%（1982 年および 1983 年）、20%（1983 年以降）と、次第に比率が引き上げられていった。農業食料生産部門に対しても貸出総額に対する割合が定められ、1980 年は 6%、1981 年は 8%、1982 年は 10%、1983 年以降は 6%に定められた（**表 7-2**）。

小規模企業については、1980 年から 1985 年までは貸出総額に対する割合が決められ、加えて1981年以降は信用保証公社（Credit Guarantee Corporation：CGC）が導入した特別ローンスキームの割当も定められた（**表7-2**）。この枠組みの下では、1981年の場合、貸出総額の12%を小規模企業向け貸出として提供することが課され、うち5%分はCGCのスキームの枠内で貸出を供給することになる。1986年になると、最低貸出基準は貸出総額に対する比率から金額に変更された（**表7-2**）。1986年および1987年は1億5,000万リンギを、1988年は3億リンギをCGCのスキームによる貸出とし、そのうち半分がブミプトラへの配分とされた。1989年には新たに元本保証スキームが導入され、小規模企業向け貸出6億リンギのうちCGCの元本保証スキームが2億リンギ、さらにそのうち1億リンギをブミプトラに配分することが定められた。

個人の住宅購入に対しては、1982年までは貸出総額の10%の割り当てが示されたが、1983年以降は戸数による割り当てとなった（**表7-2**）。例えば、1983年をみると、個人の住宅購入は20,000戸の最低基準が課され、うち6,000戸をブミプトラに割り当てる指導が行われた。この割り当ては年々増加し、1986年および1987年は8万戸の住宅購入向け貸出を提供することが定められ、うち48,000戸を低価格住宅に、24,000戸をブミプトラに割り当てることが定められた。1988年になると低価格住宅とブミプトラに対する戸数が逆転し、個人住宅購入75,000戸のうち前者への配分が22,500戸、後者への配分が45,000戸に定められた。

3-2　ファイナンスカンパニー

中央銀行は、商業銀行と同様にファイナンスカンパニーに対しても貸出ガイドラインを定め、ブミプトラコミュニティ、小規模企業、個人住宅購入の各優先部門に対する貸出最低基準を課した。**表7-2**をみると、ブミプトラコミュニティに対する貸出総額に対する割合は、1980年が17%、1981年以降は20%と定められた。小規模企業に対する貸出総額に対する割合は、1980年は28%、1981年～1985年は25%、1986年以降は15%と次第に割合が引き下げられた。個人住宅購入に対しては、1980年～1982年は貸出総額の一定割合（20%）を提供することが定められたが、1983年以降は戸数による指導となった。1983年のガイドラインによれば、個人住宅購入5,000戸のうち1,500戸をブミプトラへの配分とされ、1986年および1987年は最低基準20,000戸のうち、12,000戸を低価格住

表 7-2. 中央銀行による貸出ガイドラインの変遷（1980 年代）

年	商業銀行								ファイナンスカンパニー				
	ブミプトラコミュニティ[1]	農業食料生産[1]	小規模企業[2]			個人住宅購入[3]			ブミプトラコミュニティ[1]	小規模企業[1]	個人住宅購入[3]		
				特別ローンスキーム[4]			低価格住宅	ブミプトラ				低価格住宅	ブミプトラ
					ブミプトラ								
1980	17%	6%	20%	—	—	n.a.[5]	—	—	17%	28%	20%	—	—
1981	17%	8%	12%	5%	—	10%	—	—	20%	25%	20%	—	—
1982	18%	10%	12%	5%	—	10%	—	—	20%	25%	20%	—	—
1983	18%	6%	—	5%	—	20,000	—	6,000	20%	25%	5,000	—	1,500
1984	20%	6%	—	5%	—	20,000	—	6,000	20%	25%	5,000	—	1,500
1985	20%	6%	—	5%	—	20,000	—	6,000	20%	25%	5,000	—	1,500
1986	20%	6%	—	150	75	80,000	48,000	24,000	20%	15%	20,000	12,000	6,000
1987	20%	6%	—	150	75	80,000	48,000	24,000	20%	15%	20,000	12,000	6,000
1988	20%	6%	300[6]		150	75,000	22,500	45,000	20%	15%	25,000	15,000	7,500
1989[7]	20%	—	600	200[8]	100	75,000	22,500	45,000	20%	15%	25,000	15,000	7,500

（注）1）貸出総額に対する比率。
2）1980 年～1985 年は貸出総額に対する比率。1986 年以降は金額（単位：百万リンギ）。
3）1981 年～1982 年は貸出総額に対する配分。1983 年以降は戸数。
4）信用保証公社が 1981 年 1 月より導入したスキーム（1988 年まで）。
5）1980 年次報告書（p. 10）によると、1979 年 6 月末貸出残高が最低基準となっている。
6）特別ローンスキームを含む小規模企業。
7）最低基準の達成期限が 2 年間となった（1988 年までは 1 年間）。
8）1989 年は信用保証公社の元本保証スキーム（特別ローンスキームは 1988 年に終了）。

（出所）Bank Negara Malaysia［1981, 1982, 1983, 1984a, 1985, 1986, 1987, 1988, 1989, 1990］*Annual Report*, Kuala Lumpur: Bank Negara Malaysia より筆者作成。

宅、6,000戸をブミプトラに割り当てるとした。1988年および1989年は個人住宅購入25,000戸のうち、15,000戸を低価格住宅、7,500戸をブミプトラに割り当てることが示された。

4 1990年代

4-1 商業銀行

1980年代後半からガイドラインの数値目標の表現方法が変更され、優先部門に対する貸出の最低基準が引き上げられる中、1990年代はその傾向が一層強化されていく。**表7-3**は1990年～1999年の商業銀行およびファイナンスカンパニーに対する貸出ガイドラインの変遷を示したものである。ブミプトラコミュニティに対しては、貸出総額に占める割合が1995年までの20%から1996年以降は30%に拡大した。小規模企業の場合、ガイドラインはCGCの元本保証スキーム[10)]の枠内でブミプトラへの配分が定められ、1996年に前年の3億5,000万リンギから10億リンギに大きく引き上げられた[11)]。なお、1990年～1997年は全体のうち50%をブミプトラに対して配分することが義務付けられている。

個人住宅ローンに関しても制度の変更があった。1980年代までの低価格住宅向けとブミプトラ向けの割り当てが廃止され、個人住宅ローンの総戸数が定められるようになった。この最低基準も1996年に前年までの75,000戸から10万戸に大幅に引き上げられた[12)]。

金利については、1976年から優先部門への貸出に対して上限金利が設定されていたが、個人の住宅購入をさらに促進するために、政府は1992年11月より商業銀行に対して1%の金利補助を提供することを決定した（Bank Negara Malaysia [1993], Chapter 4, p. 2）[13)]。

4-2 ファイナンスカンパニー

ファイナンスカンパニーに対する貸出ガイドラインについても、1996年に大きな変更が生じている。**表7-3**にあるように、ブミプトラコミュニティへの貸出は、商業銀行と同様に貸出総額に対する比率が1995年までの20%から1996年に30%に引き上げられた。小規模企業向け新元本保証スキームは1994年に導入

表 7-3. 中央銀行による商業銀行およびファイナンスカンパニーに対する貸出ガイドラインの変遷（1990 年代）

年	商業銀行				ファイナンスカンパニー			
	ブミプトラコミュニティ	小規模企業（元本保証スキーム）	ブミプトラ	個人住宅購入	ブミプトラコミュニティ	小規模企業（新元本保証スキーム）	ブミプトラ	個人住宅購入
	貸出総額に対する比率	100 万リンギ		戸	貸出総額に対する比率	100 万リンギ		戸
1990	20%	200	100	n.a.	20%	—	—	n.a.
1991	20%	200	100	n.a.	20%	—	—	n.a.
1992	20%	150	75	75,000	20%	—	—	25,000
1993	20%	80	40	75,000	20%	—	—	25,000
1994	20%	160	80	75,000	20%	30	15	25,000
1995	20%	350	175	75,000	20%	30	15	25,000
1996	30%	1,000	500	100,000	30%	240	120	40,000
1997	30%	1,000	500	100,000	30%	240	120	40,000
1998	30%	1,065 1)	571 1)	108,434	30%	212 1)	115 1)	34,717
1999	30%	1,012 2)	506 2)	105,658	30%	194 2)	97 2)	34,717

（注）1）元本保証スキーム（商業銀行）、新元本保証スキームは（ファイナンスカンパニー）は 1998 年 3 月末で終了。1998 年のガイドラインでは中小企業に対する貸出ガイドラインが設定され、貸出金額は 1 社あたり 50 万リンギ以下とされた（ガイドラインの達成期日は 1999 年 6 月末）。

2）1999 年の中小企業向け貸出ガイドラインの貸出金額は、1 社あたり 500 万リンギ以下とされた。

（出所）Bank Negara Malaysia [1991, 1992, 1993, 1994, 1995, 1996, 1997, 1998, 1999, 2000] *Annual Report*, Kuala Lumpur: Bank Negara Malaysia より筆者作成。

され、1996年に2億4,000万リンギを割り当て、そのうち半分の金額をブミプトラに配分することが定められた。個人住宅ローンに関しても制度の大幅変更があった。商業銀行と同様に、1980年代までの低価格住宅向けとブミプトラ向けの割り当てが廃止され、個人住宅ローンの総戸数が定められるようになった。この最低基準も、1992年～1995年までの25,000戸から1996年に40,000戸に引き上げられた。

5　2000年以降

これまでに記したように、1970年代から中央銀行は銀行部門の貸出に対して直接的な介入を行ってきたが、2000年代以降はその方針に明確な変化がみられる。その背景として、1997年～1998年に発生したアジア通貨危機と、その後の金融改革が大きく関係している。本項では、2000年以降に大きく変化した中央銀行の指導を整理する。

5-1　金融再編のもとでの指導の変化

表7-4は、2000年～2004年の商業銀行およびファイナンスカンパニーに対する貸出ガイドラインの変遷をまとめたものである。2000年～2002年は商業銀行、ファイナンスカンパニーともに貸出総額の30%をブミプトラコミュニティに提供することが定められた。中小企業に対しては、商業銀行とファイナンスカンパニーともに2003年および2004年の2年間の合算として281億リンギの最低貸出基準が定められた。個人住宅購入に対しては、2000年～2002年は商業銀行に対して108,559戸、ファイナンスカンパニーに対して31,200戸の最低戸数の基準が設定されたが、2003年および2004年は商業銀行とファイナンスカンパニーを合算して10万戸となった[14)]。

表 7-4. 中央銀行による商業銀行およびファイナンスカンパニーに対する貸出ガイドラインの変遷（2000 年～2004 年）

年	ブミプトラコミュニティ		中小企業		個人住宅購入	
	商業銀行	ファイナンスカンパニー	商業銀行	ファイナンスカンパニー	商業銀行	ファイナンスカンパニー
	貸出総額に対する比率		10 億リンギ		戸	
2000	30%	30%	n.a.		108,559	31,200
2001	30%	30%	n.a.		108,559	31,200
2002	30%	30%	n.a.		108,559	31,200
2003	n.a.	n.a.	28.1 1)		100,000 1)	
2004	n.a.	n.a.	28.1 1)		100,000 1)	

（注）1）商業銀行とファイナンスカンパニーに対する 2 年間の合算。
（出所）Bank Negara Malaysia [2001, 2002, 2003, 2004, 2005] *Annual Report*, Kuala Lumpur: Bank Negara Malaysia より筆者作成。

中央銀行の指導は、2005 年頃から大きな変化がみられるようになる。中央銀行は、優先部門への信用割当は社会的に重要な責務であるとしながらも、銀行業務の効率化も考慮する必要があるとの考えから、(1) 優先部門を中小企業と低所得者向けの住宅購入の 2 分野とすること、(2) 各銀行が自行のビジネス戦略に基づいて優先部門への貸出目標を定めること、の 2 つの方針が示された。加えて、中小企業向け貸出については、各銀行が定めた目標額の 50%をブミプトラ中小企業に充当すること、低所得者による購入住宅価格が 18 万リンギから 6 万リンギに引き下げることの 2 点が定められた（Bank Negara Malaysia [2006], p. 132）[15]。

5-2 2015 年以降の指導

前項で述べたとおり 2005 年を境に中央銀行の指導が大きく変化したが、この頃から優先部門向け貸出ガイドラインの変遷を把握することが困難な状況となった[16]。このような中、中央銀行の指導が確認できたのは、「2015 年～2016 年優先部門向け貸出ガイドライン」（“Lending/Financing to the Priority Sectors 2015-2016”、2014 年 12 月発行）である。本項ではその概要をまとめる。

2015 年～2016 年の優先部門向け貸出ガイドライン（以下、2015 年～2016 年ガイドライン）では、優先部門として中小企業および住宅購入が指定され、各銀行（商業銀行およびイスラーム銀行）が貸出目標を設定して中央銀行に提出することが求められている。中小企業向け貸出については各行が設定した目標額の50%をブミプトラ中小企業向けとし[17]、加えて操業2年以内の中小企業や生産性向上を目的とした設備の近代化を進める中小企業に対する貸出を行うことも求められた。住宅購入については住宅価格の上限が25万リンギに設定されたほか、中所得者にも貸出を提供する旨が定められた（Bank Negara Malaysia [2014], pp. 2-3）。

さらに、特に重視する中小企業の分野としてグリーンテクノロジー、バイオテクノロジー、革新的企業[18]、農業が指定された。革新的企業とは、(1) 知的財産権を保有していること、(2) SME Corp. Malaysiaから1-InnoCERTを取得していること[19]、(3) マルチメディア開発公社からMSCステータス[20]を取得している情報通信技術分野の中小企業であること、と定められている（Bank Negara Malaysia [2014], p. 6）。

このように、2005年以降の優先部門向け貸出は、国として振興する分野が中小企業に対する貸出にも反映された。そして、マレーシアにおいて銀行部門が果たすべき役割を維持しつつ、中央銀行が数値目標を設定する方法から、各銀行がビジネス戦略に基づいて貸出目標値を設定する方法に転換した。このことは、マレーシアにおける銀行行政の大きな変化であると指摘することができよう。

6 むすび

本章では、マレーシアにおける中央銀行の銀行部門に対する優先部門向け貸出指導を整理してきた。中央銀行は、1970年代に入るまで重視されておらず、貸出が伸びていない分野であったブミプトラコミュニティ、小規模企業（1998年より中小企業）、個人の住宅購入の3分野を優先部門に設定し、銀行に対して貸出を促してきた。中央銀行の指導方法は直接的で、貸出総額に対する最低基準を設定し、これを達成できない銀行に対してはペナルティを課す手法を採用した。1980年代半ばから最低基準が次第に引き上げられ、銀行に対する要求が厳しくなっていったことは、本章で明らかした通りである。これは、マレーシアが急速に経済成長していく時期と重なり、中央銀行は優先部門に指定した3分野が経済発展から取り残されないように指導を強化したものと推測できる。

優先部門への貸出指導は、2005年を境に大きく変貌を遂げた。各銀行は中央銀行が設定した具体的な数値目標の達成を求められる方法から、各銀行がビジネス戦略や業務効率性を考慮して目標値を設定する方法となった。それでもブミプトラ向け貸出の指導は堅持され、各銀行の貸出目標値のうち50%をブミプトラに提供することが必須とされた。

なぜ、これらの3分野が優先部門に指定されたのかは、マレーシアという国を理解する一助となる。ブミプトラはマレーシアにおいて約6割の人口を占めるといわれており、彼らの所得向上と経済活動への参画拡大は1970年代からの重要な政策課題であった。ブミプトラの経済活動への参画拡大のひとつの方法として中小企業育成にも力を入れてきており、ブミプトラ起業家の支援も重要な政策課題であった。加えて、住宅購入に対する貸出は国民の生活の基本となる衣食住の「住」を支える重要な部分である。とりわけ、低所得者層が安心して暮らすことができる住居を手に入れることは、政府とって極めて大切な責務である。市場メカニズムに従って貸出が行われれば、これらの優先部門が取り残される可能性がある。マレーシアでは、市場メカニズムによる資金配分がうまくいかない「市場の失敗」を是正するために、中央銀行が銀行に対する直接的指導という形で介入を行ってきたのである。

一般に、経済発展の過程で金融自由化が進展すると、中央銀行による信用割当の直接的な指導が軽減するか、廃止される。ところが、マレーシアの場合、マレーシアプランにおいて政府が戦略的部門と指定した産業・分野においては、政府・中央銀行が積極的な関与を続けている。中所得国から高所得国になることを目指しているマレーシアにおいて、今後、中央銀行の銀行部門に対する優先部門貸出の指導がどのように変化を遂げるのか注視する必要があるだろう。

〔注〕

1) 大野・櫻井［1997］によれば、「市場経済が順調に発展するためには、所有権、契約概念、経済的自由、企業組織、企業家精神、賃金労働者、新技術の受容、金融システム、会計制度、情報公開などが前提となる」（大野・櫻井［1997], p. 180）と述べている。
2) 2009年に中央銀行法の改正が行われ、現在の根拠法は2009年中央銀行法となっている（Central Bank of Malaysia Act 2009）。
3) ここでのブミプトラコミュニティとは、マレー人およびその他土着の人々を指すとしている（Bank Negara Malaysia [1979], p. 3）。
4) これらの3分野は1970年代に入るまで重視されていなかったとして、中央銀行が優先部門に新規貸出を提供する指導を行った。中央銀行によれば、1973年末時点の貸出シェアはブミプトラが6%、小企業が17%、個人の住宅購入が6%しかなかったと述べている（Bank Negara Malaysia [1979], p. 47）。
5) 1973年のインフレ率は10.5%、1974年は17.4%であった。

6）インフレ抑制政策により、1975年は4.5%、1976年は2.6%と落ち着きを取り戻した（Bank Negara Malaysia [1984b], p. 484, Table A40より筆者算出）。

7）Bank Negara Malaysia［1979］によれば、ペナルティには様々な形がある。例えば、困難に陥った銀行が中央銀行預け金にペナルティ金利を課す方法などがあげられる（Bank Negara Malaysia [1979], p. 133）。

8）プミプトラコミュニティへの貸出は1件につき50万マレーシアドルまで、小規模企業への貸出は1件につき20万マレーシアドル未満、個人の住宅購入に対する貸出は20万マレーシアドル以下の住宅が対象であった（Bank Negara Malaysia [1984b], p. 146）

9）1980年の中央銀行年次報告書によると、ブミプトラコミュニティとは「ブミプトラ個人およびブミプトラが支配する企業」と定義されている（Bank Negara Malaysia [1981], p. 66）。ただし、ブミプトラが支配する企業（Bumiputera-controlled enterprises）のうち、政府や政府機関が支配する企業は除く（Bank Negara Malaysia [1981], p. 67, Table 13）。

10）元本保証スキームは1998年3月末で終了し、同年、中小企業向け貸出ガイドラインに置き換えられた。新しいガイドラインでは、貸出上限が1社あたり50万リンギとされたが、1999年には1社あたり500万リンギに引き上げられた。

11）1992年ガイドラインによれば、ブミプトラへの融資に関するガイドラインを遵守できなかった場合、中央銀行への預け金に年利1%のペナルティ金利が課される（Bank Negara Malaysia [1995], Chapter 4, p. 9）。これは個々の銀行に対してではなく、銀行グループ全体に対するペナルティとなる。また、1995年ガイドラインでは、最低貸出基準と実際の貸出金額の差額を中央銀行の無利子口座に預ける必要がある（Bank Negara Malaysia [1996], Chapter 4, pp. 8-9）。

12）個人の住宅購入への融資に関するガイドラインを遵守できなかった場合のペナルティとして、1992年ガイドラインでは、極貧層向け低額賃貸住宅建設基金（Yayasan Perumahan Untuk Termiskin: The Fund for Construction of Low-Cost Houses for Rental to the Hardcore Poor）に拠出することが義務付けられた（Bank Negara Malaysia [1995], Chapter 4, p. 9）。

13）この金利補助は1994年4月1日から廃止された。その理由として、金融市場における流動性逼迫が緩和され、銀行の資金調達コストが低下したことが関係している（Bank Negara Malaysia [1995], Chapter 4, p. 3）。

14）商業銀行とファイナンスカンパニーへの貸出最低基準が合算で示されるようになったのは、通貨危機後の金融改革の過程でファイナンスカンパニーが商業銀行に吸収されたためである。ファイナンスカンパニーの数は1998年には31社であったが、2005年には4社まで減少し、2006年には商業銀行との合併が完了して0社となった（Bank Negara Malaysia [2007], p. 47, Table 3.1）。

15）先述の2000年以降の金融改革の一環で開発金融機関の役割が強化され、2005年に中小企業向け貸出を主な業務とする中小企業銀行（SME Bank Bhd.）が設立された。また、中小企業の資金調達コストを抑える策として、再び金利補助が導入された（Bank Negara Malaysia [2005], p. 31）。開発金融機関は、政策目標を達成するために設立された金融機関である。開発金融機関の改革と貸出動向については、第9章を参照されたい。

16）中央銀行は数値目標の設定を各銀行に委ねたため、その詳細が公開されなくなったことが関係している。また、本章冒頭において、中央銀行が銀行貸出市場に介入する行為が法律に裏付けられているものであると述べたが、2009年中央銀行法（Central Bank of Malaysia Act 2009）では、中央銀行の役割（第5条）として銀行貸出市場への介入を正当化するような直接的な表現はなされていない。中央銀行の指導が大きく変化したのは、このことも関係していると思われる。

17) ここでのブミプトラ中小企業の定義は、次の通りである。国内向けビジネスを行う企業で株主の35%~50%がブミプトラであり、かつ、(1) 代表取締役会長、最高責任者、社長、取締役会メンバーの半分以上がブミプトラであること、(2) 事務職、監督職、専門職の人数が社員数の半分以上であること、の2つを満たす中小企業である (Bank Negara Malaysia [2014], pp. 5-6)。

18) ガイドラインでは "innovative sector" と表現されている (Bank Negara Malaysia [2014], p. 2)。

19) 1-InnoCERT については、第4章を参照されたい。

20) MSC ステータスを与えられた企業は、税やその他の優遇を受けられるというメリットがある。ステータスの取得条件は様々な経済状況に応じて改定されることがある。なお、マルチメディア開発公社 (Multimedia Development Corporation) は、ICT およびマルチメディアの発展について政府に助言を行う機関として1996年に設置され、後にマレーシアデジタルエコノミー公社 (Malaysia Digital Economy Corporation) に改名されている (The Economic Planning Unit, Prime Minister's Department [2021], p. 34)。

第8章

銀行部門の中小企業向け貸出動向

1 はじめに

マレーシアにおいて中小企業育成は1970年代からの政策課題となっており、これまで政府による多種多様な支援が行われてきた。第3章でも明らかにされいるように、マレーシアの中小企業育成は、長らくブミプトラの所得水準が他の民族よりも相対的に低かったことから貧困削減とブミプトラ支援の側面が強い。また、1985年のプラザ合意以降、先進国の製造業がマレーシアに進出すると、裾野産業育成の観点から中小企業育成が進められるようになってきた。2000年代半ば以降は、製造業に限定することなく農業やサービス業も含めた広範な部門において中小企業育成が進められている。

政府による中小企業支援には、技術支援、人材育成、ビジネス促進支援、金融支援、インフラ整備など多岐にわたっており、手厚い支援が提供されてきた。ところが、支援内容により管轄省庁が異なっていたため、効率性の面はもとより、機動性や実効性の面でも問題があった。そのため、第3章で説明したように、政府は2004年に中小企業育成の最上位政策策定組織として国家中小企業開発評議会（National SME Development Council：NSDC）を設置し、省庁横断的に行われていた中小企業支援の議論、プログラム策定、モニタリング等の機能をNSDCに集約させた。その3年後の2007年、NSDCは中小企業育成プログラムの調整機関として設立されたマレーシア中小企業公社（SME Corp. Malaysia）の一部署として吸収され、活動を継続していくことになる。

中小企業の資金調達手段は、第6章で明らかにしたように自己資金、友人・家族からの借入、銀行の順に多く、サプライヤーズクレジットや貿易金融を利用する中小企業も存在する。また、政府の政策目標を達成するために設立された開発金融機関の貸出や信用保証を利用する中小企業も存在する。金融機関に着目すると、開発金融機関、商業銀行、イスラーム銀行が提供する貸出があげられる。ところが、中小企業向けの貸出を行っているのは、金融機関に限らない。政府および関連機関や信用保証機関も貸出を行っており、複雑なチャネルが形成されている。

以上の背景より、本章の目的は商業銀行およびイスラーム銀行に焦点をあて、中小企業向け貸出の動向を明らかにすることである。既述の通り、マレーシアでは中小企業向け貸出のチャネルが複数存在しており、その実態を明らかにするには貸出を提供している機関別の考察を進める必要がある。開発金融機関をつうじた貸出動向は第9章で詳細を明らかにするが、本章ではまず商業銀行とイスラーム銀行に着目し、中小企業向け貸出動向を考察する。

本章の構成は次の通りである。2では中央銀行が公表している集計データを用いて、銀行部門全体の中小企業向け貸出の動向を考察する。3では商業銀行に焦点をあて、各行の財務諸表に掲載されているデータから、商業銀行の中小企業向け貸出の傾向を明らかにする。続いて4ではイスラーム銀行各行の財務諸表から収集したデータから、中小企業向け貸出の状況を整理する。5において本章をまとめ、結論とする。

2 中小企業向け銀行貸出の動向―集計データからの考察―

本節では中央銀行の統計資料より中小企業向け銀行貸出の動向を考察してみよう。**図8-1**は、2003年から2020年までの銀行貸出（実行ベース金額）を企業規模別に分類して整理したものである。大企業、中小企業ともに貸出額は緩やかな増加傾向にあるが、年が経過するにつれてその差が拡大している様子がうかがえる。具体的にみると、2003年時点の貸出実行額は大企業が2,163億リンギ、中小企業が871億リンギで、その差は1,292億リンギであった。2009年には大企業が2,968億リンギ、中小企業が1,432億リンギであり、その差は1,536億リンギであった。2020年になると、大企業が6,183億リンギ、中小企業が2,568億リンギで、その差は3,615億リンギに拡大した。中小企業向け貸出は2018年が3,081億リンギでピークとなった後は2019年、2020年と連続で減少した。一方、新型コロナウイルス（以下、COVID-19と記す）[1]の蔓延が深刻化しても大企業向け貸出実行額は前年から増加した。COVID-19の影響はマレーシア経済にもおよび、大企業よりも中小企業の方に大きな影響が現れて経営悪化を招き、中小企業向け銀行貸出が大きく減少したのではないかと考えられる[2]。

図 8-2 は、2003 年から 2020 年までの中小企業の貸出申請額および承認額の推移を表したものである。貸出申請額に着目すると、2003 年から 2013 年まで大きく増加し、その後は増減を繰り返しているものの 2013 年以前とは異なる傾向を示している。2003 年の申請額は 445 億リンギであったが、2013 年には 1,960 億リンギにまで増加した。2017 年には 1,772 億リンギまで減少したが、2019 年には 1,954 億リンギと 2013 年の水準に近い状態まで回復した。2020 年は 1,810 億リンギと減少したが、これは先述のとおり COVID-19 による経済状況の悪化が中小企業により深刻な影響を及ぼしたためであると思われる。

一方、承認額については申請額ほど大きな増加は確認できない。2003 年の 259 億リンギから 2007 年の 551 億リンギまで増加したが、その勢いは申請額よりも小さい。2008 年から 2009 年にかけて若干減少したものの、2012 年の 775 億リンギまで増加して同年をピークとしたあとは減少傾向となり、2014 年以降は 600 億リンギ台を推移している。このように、承認額は申請額ほど大きな増加となっていないため、申請額と承認額の差が 2009 年ごろから拡大してきた。このことから、中小企業の銀行借入環境は年々厳しくなりつつあることがわかる。

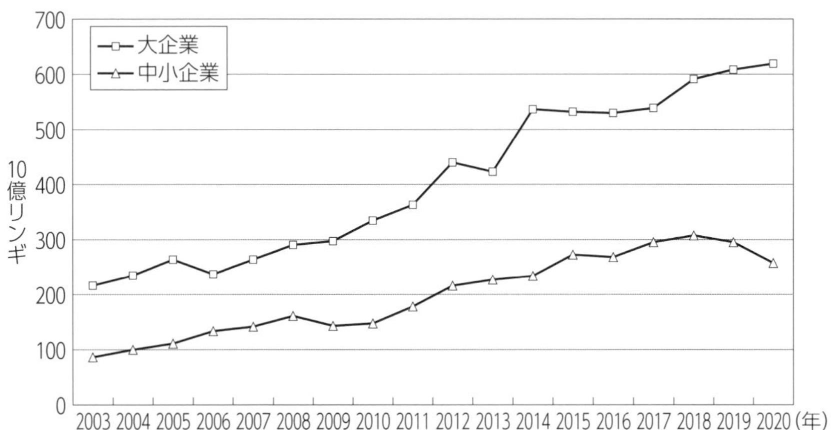

図 8-1. 企業規模別貸出額（実行ベース）

（出所）Bank Negara Malaysia［2004, 2005, 2006, 2007, 2008, 2009, 2010, 2011, 2012, 2013, 2014, 2015, 2016, 2017, 2018, 2019, 2020］“Quarterly Bulletin,” The Fourth Quarter より筆者作成。

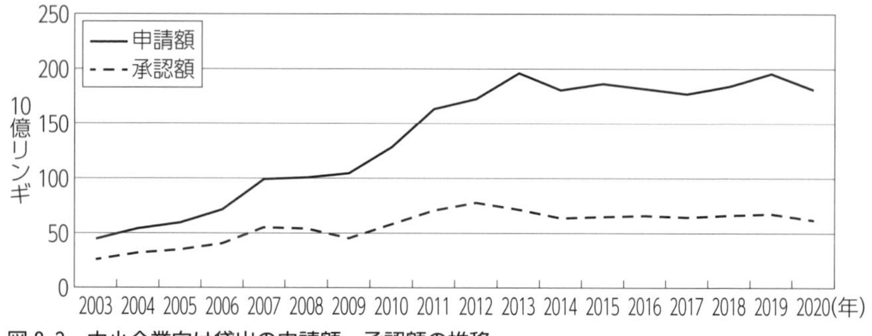

図 8-2. 中小企業向け貸出の申請額・承認額の推移
(出所) 図 8-1 に同じ。

中小企業の銀行借入が厳しい状況は、貸出承認率（承認額／申請額）の変化からも読み取ることができる。**図 8-3** は、2003 年から 2020 年までの企業規模別の貸出承認率を表したものである。2003 年から 2006 年までは大企業・中小企業ともに約 60%を推移していた。2003 年時点の中小企業の貸出承認率は 58.2%であり、申請の約 6 割が承認されていた。2004 年および 2005 年の貸出承認率は大企業より中小企業の方が若干高かった。大企業は 2014 年を除いて申請額の半分以上が承認されているのに対し、中小企業の貸出承認率は年々低下して 2013 年以降は 30%台まで落ち込んだ。

貸出承認率の推移は、2008 年から 2014 年頃まで大企業、中小企業ともに少しずつ低下する傾向であったが、2015 年を境に変化が生じた。2017 年以降は、大企業に対する貸出承認率が回復基調となったのに対し、中小企業に対する貸出承認率は緩やかに低下し続けている。そのため、大企業と中小企業の貸出承認率の差が拡大している。2008 年時点での大企業の貸出承認率は 65.2%、中小企業は 53.9%で、その差は 11.3 ポイントであった。2014 年は大企業と中小企業の差は 11.5 ポイント（大企業 46.8%、中小企業 35.3%）で、この時期まではほぼ同程度であるといってよい。ところが、2017 年以降は大企業と中小企業の貸出承認率の差が再び拡大し始め、2020 年になると大企業が 58.6%、中小企業が 34.2%となり、その差は 24.4 ポイントに拡大した。中小企業の貸出承認率が低下し、大企業との差が拡大していく事実は、中小企業による銀行借入が厳しくなっていることを示している。

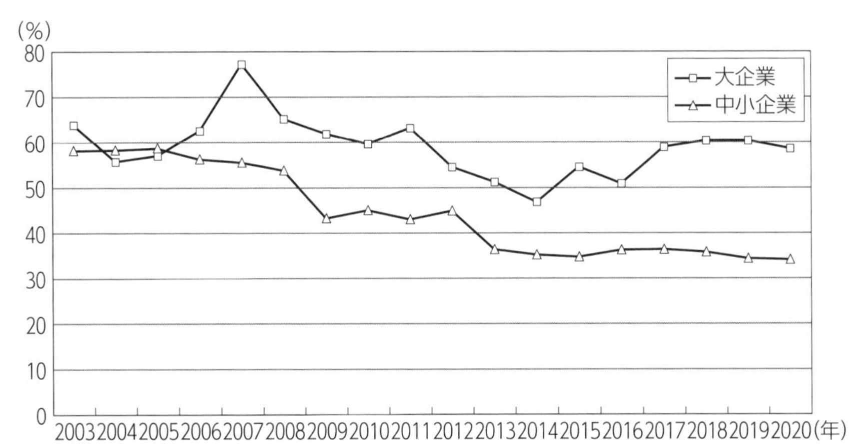

図 8-3. 貸出承認率の推移（承認額／申請額；%）
（出所）図 8-1 に同じ。

3 商業銀行の中小企業向け貸出動向 ―各行財務諸表からの考察―

表 8-1 は、中央銀行から商業銀行のライセンスを付与された銀行のリストである。全 26 行のうち、地場銀行 8 行と外資系銀行 12 行の計 20 行が中小企業に対して貸出を実施している。

表 8-2 は、各商業銀行の財務諸表に基づいて 2005 年から 2020 年までの貸出総額に占める中小企業向け貸出の割合を算出したものである[3)]。**表 8-2** より、多くの地場銀行では中小企業向け貸出比率が高く、特に Affin Bank Bhd.、Alliance Bank Bhd.、Public Bank Bhd. は比率が 20%を超えている年が多いことがわかる。次いで Hong Leong Bank Bhd.、Maybank Bhd.、RHB Bank Bhd. の 3 行も多くの年で 15%を超えている。Am Bank Bhd. と CIMB は地場銀行 8 行の中では 10%台の年が多いが、2018 年以降、Am Bank Bhd. は 15%を超えており中小企業に対する貸出の割合が拡大しつつある様子がうかがえる。それに対し、外資系銀行は中小企業向け貸出の傾向が二極化している。外資系銀行 8 行のうち地場銀行と同水準のシェアを占める銀行は、Bangkok Bank Bhd.、OCBC Bank (Malaysia) Bhd.、United Overseas Bank (Malaysia) Bhd. の 3 行であり、これらの銀行は ASEAN 域内資本の銀行である（前者はタイ、後者 2 行はシンガポール）。これに対し、Citibank Bhd.、MUFG Bank (Malaysia) Bhd.、

The Bank of Nova Scotia Bhd.、Industrial and Commercial Bank of China (Malaysia) などの ASEAN 域外資本の銀行は貸出シェアが非常に小さい[4)]。

表 8-1. 商業銀行リスト（○：中小企業貸出実施）

地場銀行			外資系銀行		
1.	○	Affin Bank Bhd.	9.		BNP Paribas Malaysia Bhd.
2.	○	Alliance Bank Malaysia Bhd.	10.	○	Bangkok Bank Bhd.
3.	○	AmBank (M) Bhd.	11.		Bank of America Malaysia Bhd.
4.	○	CIMB Bank Bhd.	12.	○	Bank of China (Malaysia) Bhd.
5.	○	Hong Leong Bank Bhd.	13.		China Construction Bank (Malaysia) Bhd.
6.	○	Malayan Banking Bhd.	14.	○	Citibank Bhd.
7.	○	Public Bank Bhd.	15.		Deutsche Bank (Malaysia) Bhd.
8.	○	RHB Bank Bhd.	16.	○	HSBC Bank Malaysia Bhd.
			17.	○	India International Bank (Malaysia) Bhd.
			18.	○	Industrial and Commercial Bank of China (Malaysia) Bhd.
			19.		J.P. Morgan Chase Bank Bhd.
			20.	○	MUFG Bank (Malaysia) Bhd.
			21.		Mizuho Bank (Malaysia) Bhd.
			22.	○	OCBC Bank (Malaysia) Bhd.
			23.	○	Standard Chartered Bank Malaysia Bhd.
			24.	○	Sumitomo Mitsui Banking Corporation Malaysia Bhd.
			25.	○	The Bank of Nova Scotia Bhd.
			26.	○	United Overseas Bank (Malaysia) Bhd

（出所）Bank Negara Malaysia ウェブサイト、“List of Licensed Financial Institutions: Commercial Banks” および “List of Financial Institutions Providing SME Financing” より筆者作成。(https://www.bnm.gov.my/web/guest/commercial-banks、および https://www.bnm.gov.my/documents/20124/55792/List+of+Financial+Institutions+Providing+SME+Financing-March+2016.pdf、2021 年 7 月 22 日ダウンロード)。

4 イスラーム銀行の中小企業向け貸出動向 ―各行財務諸表からの考察―

次に、イスラーム銀行の状況について確認してみよう。イスラーム銀行のライセンスを付与された銀行 16 行の全てが中小企業に対して貸出を行っており、うち 5 行が外資系銀行である（**表 8-3**）。

表 8-4 は、2005 年から 2020 年までの各イスラーム銀行の貸出総額に占める中小企業向け貸出の割合を示したものである。商業銀行と同様に割合の推移をみると、次の 2 点の特徴をあげることができる。第 1 に、商業銀行の子会社として設立されたイスラーム銀行が比較的積極的に中小企業向け貸出を行っているのに対し、マレーシアで最初ないし第 2 のイスラーム銀行として設立された 2 行 (BIMB、BMMB) は消極的な点である。地場銀行の Alliance Islamic Bank

表 8-2. 各商業銀行の中小企業向け貸出比率[1、2)]

	地場銀行								外資系銀行								
	Affin	Alliance	Am	CIMB	Hong Leong	May	Public	RHB	Bangkok	Citi	HSBC	ICBC	MUFG	OCBC	Standard	Scotia	UOB
2005年	27.9	27.2	5.9	n.a.	17.3	16.9	23.0	17.4	22.6	5.0	12.0	n.a.	n.a.	14.7	7.3	n.a.	24.9
2006年	25.9	28.0	8.1	n.a.	13.5	17.4	22.8	16.3	32.6	2.8	17.4	n.a.	n.a.	14.8	7.3	n.a.	25.9
2007年	29.6	26.1	10.3	n.a.	10.6	21.6	21.0	15.2	29.9	2.9	12.9	n.a.	n.a.	17.1	8.0	n.a.	26.1
2008年	32.4	24.0	10.2	13.4	10.2	23.6	20.8	17.4	28.2	2.7	13.3	n.a.	n.a.	18.7	8.5	n.a.	23.7
2009年	28.9	20.7	11.9	11.4	9.5	16.4	19.6	17.0	27.6	2.4	15.2	n.a.	n.a.	17.3	10.0	n.a.	23.6
2010年	27.6	21.3	11.3	10.2	9.0	17.8	19.7	13.9	21.7	2.0	16.5	0.0	n.a.	15.7	10.4	n.a.	23.7
2011年	27.0	22.5	10.5	9.0	15.4	15.5	19.7	12.8	30.1	2.2	18.4	1.1	n.a.	16.3	11.7	5.0	24.1
2012年	16.4	23.1	11.6	8.4	14.1	20.4	21.4	11.9	29.2	2.1	19.0	2.3	n.a.	19.6	12.5	3.1	22.3
2013年	17.7	22.3	12.9	7.0	16.2	20.7	22.8	11.9	25.6	2.3	18.8	2.3	n.a.	20.3	13.1	3.0	22.0
2014年	21.6	19.1	13.8	10.7	16.9	17.5	24.2	13.5	25.9	2.5	19.4	2.7	16.3	20.9	12.7	3.1	21.5
2015年	24.2	20.1	13.2	10.0	16.6	17.8	25.1	17.9	22.1	2.3	15.7	2.8	9.4	19.3	12.1	1.0	21.1
2016年	34.5	22.8	12.7	10.7	16.7	18.1	25.8	19.7	20.6	1.8	14.9	2.5	n.a.[3)]	18.6	11.1	1.5	21.1
2017年	34.0	24.1	14.9	11.3	17.3	19.2	26.4	21.7	17.2	2.3	12.8	1.9	9.8	18.7	11.0	0.1	21.6
2018年	24.2	25.3	16.8	10.1	16.6	24.9	22.6	18.6	9.4	2.5	11.4	2.1	9.2	18.5	9.2	0.1	21.2
2019年	21.8	26.5	20.0	10.5	15.7	10.5	21.6	18.9	8.9	1.4	3.6	5.4	25.3	15.3	8.4	0.0	21.1
2020年	34.3	28.6	19.0	11.0	15.8	10.7	21.3	20.1	14.3	1.3	5.1	3.8	4.4	21.5	8.8	0.0	23.4

(注) 1) 2004年以前の各行財務諸表には中小企業貸出の内訳が掲載されていないことがあるため、本表は2005年から作成している。各行の中小企業向け貸出比率＝中小企業向け貸出／貸出総額×100で算出。銀行により財務諸表の公表項目が異なったり、銀行単体の財務諸表が公表されていないことがあるため、データが取得できない年についてはn.a.（not available）と表した。Bank of China (Malaysia) Bhd. および India Int'l Bank Malaysia Bhd.、Sumitomo Mitsui Banking Corporation Malaysia Bhd. は本章表8-1において中小企業向け貸出を行っているとされているが、財務諸表にデータが公表されていないため本表から除外した。

2) 各銀行略称の意味は次の通り。Affin：Affin Bank Bhd.、Alliance：Alliance Bank Malaysia Bhd.、Am：AmBank (M) Bhd.、CIMB：CIMB Bank Bhd.、Hong Leong：Hong Leong Bank Bhd.、May：Malayan Banking Bhd.、Public：Public Bank Bhd.、RHB：RHB Bank Bhd.、Bangkok：Bangkok Bank Bhd.、Citi：Citibank Bhd.、HSBC：HSBC Bank Malaysian Bhd.、ICBC：Industrial and Commercial Bank of China (Malaysia) Bhd.、MUFG：MUFG Bank (Malaysia) Bhd.、OCBC：OCBC Bank (Malaysia) Bhd.、Standard：Standard Chartered Bank Malaysia Bhd.、Scotia：The Bank of Nova Scotia Bhd.、UOB：United Overseas Bank (Malaysia) Bhd.

3) 決算月変更のためデータなし。

(出所) 各商業銀行の“Financial Statements”および“Annual Report”各号より筆者作成。

表 8-3. イスラーム銀行リスト（○：中小企業貸出実施）

地場銀行			外資系銀行		
1.	○	Affin Islamic Bank Bhd.	12.	○	Al Rajhi Banking & Investment Corporation (Malaysia) Bhd.
2.	○	Alliance Islamic Bank Malaysia Bhd.	13.	○	HSBC Amanah Malaysia Bhd.
3.	○	AmIslamic Bank Bhd.	14.	○	Kuwait Finance House (Malaysia) Bhd.
4.	○	Bank Islam Malaysia Bhd.	15.	○	OCBC Al-Amin Bank Bhd.
5.	○	Bank Muamalat Malaysia Bhd.	16.	○	Standard Chartered Saadiq Bhd.
6.	○	CIMB Islamic Bank Bhd.			
7.	○	Hong Leong Islamic Bank Bhd.			
8.	○	Maybank Islamic Bhd.			
9.	○	MBSB Bank Bhd.[1]			
10.	○	Public Islamic Bank Bhd.			
11.	○	RHB Islamic Bank Bhd.			

（注）1）旧 Asian Finance Bank Bhd.。中東資本の 4 つの金融機関の出資により 2005 年 11 月に設立されたイスラーム銀行であるが、2017 年 11 月 6 日に Malaysia Building Society Bhd. が買収し MBSB Bank となったため、本表では地場銀行の扱いとしている（MBSB Bank Bhd. ウェブサイト、"Corporate Profile"、https://www.mbsbbank.com/en/corporate/about-us/company-profile、2021 年 7 月 22 日ダウンロード）。

（出所）Bank Negara Malaysia ウェブサイト、"List of Licensed Financial Institutions: Islamic Banks" および "List of Financial Institutions Providing SME Financing" より筆者作成。(https://www.bnm.gov.my/web/guest/islamic-banks、および https://www.bnm.gov.my/documents/20124/55792/List+of+Financial+Institutions+Providing+SME+Financing-March+2016.pdf、2021 年 7 月 22 日ダウンロード）。

Bhd. は全ての年で 15%以上のシェアを占めており 2005 年～2009 年および 2015 年～2020 年は 20%を超えた。Am Islamic Bank Bhd. と Public Islamic Bank Bhd. は 2015 年以降に 15%を超え、地場イスラーム銀行では 3 行が中小企業向け貸出をけん引している。ところが、BIMB は 2009 年以降、BMMB は 2011 年以降、一桁台のシェアで推移していることがわかる。

第 2 に、外資系銀行では商業銀行と同様に、中小企業向け貸出の対応が二極化していることである[5)]。貸出に占める中小企業の割合は、シンガポール資本の OCBC Al-Amin Bank が 2008 年から 15%以上の比率を維持しており、外資系銀行の中では比較的積極的に中小企業に貸出を行っている。ところが、中東資本の Al Rajhi Banking & Investment Corporation (Malaysia) Bhd. の割合は非常に小さいことが判明した。中東資本のもう 1 行（Kuwait Finance House (Malaysia) Bhd.）も、2016 年以降は 10 % 以下となった。OCBC Al-Amin Bank Bhd. の親銀行は OCBC Bank (Malaysia) Bhd. であり、比較的早い時点でマレーシアに進出した銀行である。それに対し、マレーシアでの銀行ビジネスの経験が浅く、後から参入した中東系資本のイスラーム銀行は中小企業向け貸出にあまり積極的ではないといえそうである。この背景として、中小企業向け貸出

表 8-4.　イスラーム銀行の中小企業向け貸出比率[1)]

	地場銀行											外資系銀行				
	Affin[2)]	Alliance[2)]	Am	CIMB	Hong Leong	May	Public	RHB	BIMB	BMMB	MBSB	Al Rajhi	Kuwait	HSBC	OCBC	Standard
2005 年	26.7	44.3	n.a.	n.a.	n.a.	n.a.	n.a.	5.9	13.4	18.0	n.a.	n.a.	0	n.a.	n.a.	n.a.
2006 年	17.4	35.8	n.a.	n.a.	7.6	n.a.	n.a.	12.8	11.6	11.1	n.a.	0	29.1	n.a.	n.a.	n.a.
2007 年	21.1	34.0	7.7	n.a.	7.7	n.a.	n.a.	11.9	10.7	15.7	n.a.	0	33.0	n.a.	n.a.	n.a.
2008 年	18.8	30.4	9.0	n.a.	7.9	22.1	n.a.	10.9	11.6	16.2	n.a.	2.5	30.6	n.a.	17.9	6.0
2009 年	17.3	27.7	9.4	3.8	5.9	13.5	n.a.	7.9	8.1	16.6	n.a.	3.8	17.3	n.a.	15.7	5.6
2010 年	13.1	17.6	9.6	5.6	6.5	7.0	5.9	7.9	3.3	16.5	n.a.	3.0	17.2	22.1	15.3	5.3
2011 年	13.1	16.3	10.4	4.7	8.2	12.0	6.8	6.3	2.7	9.3	n.a.	3.6	11.8	23.5	17.8	4.9
2012 年	8.2	16.6	11.0	4.1	7.1	13.0	7.7	3.9	2.5	4.4	n.a.	2.6	12.9	19.8	25.2	12.3
2013 年	7.8	17.1	12.4	5.4	6.3	10.0	9.9	4.0	2.6	2.5	n.a.	2.2	15.1	18.4	32.9	14.2
2014 年	8.8	15.4	15.2	13.8	7.1	10.4	14.6	4.7	2.2	2.7	n.a.	1.8	19.4	18.3	31.1	15.0
2015 年	11.6	21.8	15.4	15.4	15.8	11.0	17.3	7.6	2.7	1.6	0.8	1.5	16.2	16.5	28.5	16.0
2016 年	14.8	25.4	16.6	14.1	11.4	11.4	18.7	7.4	2.2	0.9	0.5	0.7	8.7	15.2	24.7	14.9
2017 年	14.7	28.4	16.7	13.7	12.5	19.1	19.3	7.2	4.4	0.6	0.0	0.6	9.3	14.3	19.8	14.5
2018 年	10.7	26.3	18.9	14.8	12.2	19.6	18.6	6.3	4.5	0.5	7.3	0.6	8.1	13.7	19.2	14.8
2019 年	9.9	25.1	19.8	13.2	13.5	12.0	18.5	7.6	4.0	2.1	5.3	0.5	6.8	7.0	17.1	20.0
2020 年	10.2	25.1	19.9	13.6	13.1	12.7	17.5	7.9	3.2	2.8	6.2	0.4	6.0	7.9	21.4	19.3

（注）1）2005 年以前の各行財務諸表には中小企業貸出の内訳が掲載されていないことがあるため、本表は 2005 年から作成している。各行の中小企業向け貸出比率＝中小企業向け貸出／貸出総額×100 で算出。銀行により財務諸表の公表項目が異なったり、銀行単体の財務諸表が公表されていないことがあるため、データが取得できない年については n.a.（not available）と表した。

2）イスラーム銀行単体のデータが公表されていない年についてはグループ全体から商業銀行のデータを除して算出。

3）各銀行略称の意味は次の通り。Affin：Affin Islamic Bank Bhd.、Alliance：Alliance Islamic Bank Malaysia Bhd.、Am：AmIslamic Bank Bhd.、CIMB：CIMB Islamic Bank Bhd.、Hong Leong：Hong Leong Islamic Bank Bhd.、May：Maybank Islamic Bhd.、Public：Public Islamic Bank Bhd.、RHB：RHB Islamic Bank Bhd.、BIMB：Bank Islam Malaysia Bhd.、BMMB：Bank Muamalat Malaysia Bhd.、MBSB：MBSB Bank Bhd.、Al Rajhi：Al Rajhi Banking & Investment Corporation (Malaysia) Bhd.、Kuwait：Kuwait Finance House (Malaysia) Bhd.、HSBC：HSBC Amanah Malaysia Bhd.、OCBC：OCBC Al-Amin Bank Bhd.、Standard：Standard Chartered Saadiq Bhd.

（出所）各イスラーム銀行“Financial Statements”および“Annual Report”各号より筆者作成。

に伴う情報収集の難しさが関係しているのではないかと考えられる。貸出市場において情報の非対称性の問題が深刻になりやすい中小企業に対するビジネスでは、親銀行からノウハウの移転が期待できるOCBC Al-Amin Bank Bhd.の方が優位である可能性が高いといえよう。

5 むすび

本章では、商業銀行およびイスラーム銀行の中小企業向け貸出動向について、中央銀行が公表している集計データと、商業銀行およびイスラーム銀行各行の財務諸表データから考察し、その特徴を明らかにした。2003年から2020年の中央銀行の集計データによれば、企業規模別貸出額（実行ベース）は、大企業と中小企業ともに増加傾向にあるが、大企業に比べると中小企業の貸出金額の伸びがやや鈍化していることを指摘した。銀行に対する中小企業の貸出申請額と承認額の推移からは、2003年から2013年の貸出申請額の増加に勢いがある一方で、2014年以降は相対的に大きな変動は観察できなかった。また、承認額については申請額ほど大きな増加は示していなかった。2012年に775億リンギまで増加し、その後は減少傾向をたどり2014年以降は600億リンギ台を維持していた。このように、承認額は申請額ほど増加していないため、申請額と承認額の差が拡大している。このことから、中小企業の銀行借入環境が年々厳しくなりつつあることが判明した。

このことは、貸出承認率（承認額／申請額）の変化からも指摘することができる。2003年から2020年までの企業規模別の貸出承認率では、2008年から2014年頃まで大企業、中小企業ともに低下傾向であったが、2015年を境に変化が生じた。特に2017年以降は、大企業に対する貸出承認率が回復基調となったのに対し、中小企業に対する貸出承認率は緩やかに低下し続けたため、大企業と中小企業の貸出承認率の乖離が拡大しつつある。このことは、中小企業の銀行借入が厳しくなりつつある状況を示している。

次に、商業銀行およびイスラーム銀行の各行財務諸表より収集したデータを用いて、2005年から2020年までの中小企業向け貸出の動向を銀行別に考察した。商業銀行については、26行のうち20行が中小企業向け貸出を行っており（地場銀行8行、外資系銀行12行）、資本別（地場・外国）でみると地場銀行の方が比較的中小企業向け貸出を積極的に行っていた。特にAffin Bank Bhd.、Alliance Bank Bhd.、Public Bank Bhd.は、貸出に占める中小企業向けの割合が20%を超える年が多く、Hong Leong Bank Bhd.、Maybank Bhd.、RHB Bank Bhd.の3行も15%を超える年が多い。

一方、外資系銀行については、中小企業向け貸出に積極的な銀行と消極的な銀行とで明確な差が確認できた。前者はBangkok Bank Bhd.、OCBC Bank (Malaysia) Bhd.、United Overseas Bank (Malaysia) Bhd.の3行であり、貸出に占める中小企業の割合は地場銀行と同程度で推移している。これらの銀行の共通点は、ASEAN域内の国の資本であることがあげられる。これに対し、ASEAN域外資本の外資系銀行は中小企業向け貸出の割合が低かった。

イスラーム銀行については、16行全てが中小企業向け貸出を実施しており、うち5行が外資系銀行であった。イスラーム銀行の中では、商業銀行の子会社として設立されたイスラーム銀行の方が中小企業向け貸出に積極的であることが判明した。特に、Alliance Islamic Bank Bhd.、Am Islamic Bank Bhd.、Public Islamic Bank Bhd.の3行が中小企業向け貸出をけん引している。外資系イスラーム銀行の貸出に占める中小企業の割合については、シンガポール資本のOCBC Al-Amin Bankが2008年から15%以上の比率を維持しており、外資系銀行の中では比較的積極的に中小企業に貸し出しを行っている。ところが、中東資本のAl Rajhi Banking & Investment Corporation (Malaysia) Bhd.は中小企業向けの貸出が非常に相対的に非常に少ないことが判明した。

外資系銀行において中小企業向けの貸出が二極化している点については、各銀行の戦略やマレーシアでのビジネス経験などが深く関係していると考えられる。マレーシアに比較的早い段階で進出した商業銀行やその子会社として設立されたイスラーム銀行は、ビジネス経験も豊富であり、顧客情報や中小企業向けビジネスに関するノウハウの蓄積がある。したがって、中小企業貸出のビジネスを優位に展開している可能性がある。

最後に、本章の限界としてデータの制約について言及しておこう。まず、中央銀行の集計データが公開されているのは2003年以降のことである。また、商業銀行およびイスラーム銀行の財務諸表についても、貸出金額の内訳（大企業・中小企業・個人）が示されるようになったのは2005年以降であり、それ以前の中小企業向け貸出のデータを収集することが極めて難しい。マレーシアでは中小企業育成が1970年代から政策課題として重要な位置づけを占めているにもかかわらず、データの制約により当時からの銀行の役割を分析することが叶わない点は非常に残念である。

〔注〕

1) 2019年12月、中国湖北省武漢市で検出された病因不明の肺炎が世界保健機構中国事務所に報告された（世界保健機関ウェブサイト、“COVID-19: China,” January 5, 2020、https://www.who.int/emergencies/disease-outbreak-news/item/2020-DON229、2021年7月23日アクセス）。2020年2月11日、この原因不明の肺炎は世界保健機関（World Health Organization：WHO）によりCOVID-19と称することが発表された（WHOウェブサイト、“Timeline: WHO's COVID-19 response,” https://www.who.int/emergencies/diseases/novel-coronavirus-2019/interactive-timeline#!、2021年8月3日アクセス）。
2) COVID-19の影響で経済が悪化したことにより、政府は各種の経済刺激策を実施した。銀行に対しては、中央銀行がローン返済猶予の設定や流動性の供給、バーゼルⅢの規制の一時的な緩和等の諸策を講じている。これらの詳細については、稿を改めて論じることとしたい。
3) 2004年以前の各行財務諸表には中小企業向け貸出の内訳が掲載されていない銀行が存在するため、本表は2005年から作成している。
4) 英国資本のHSBC Bank Malaysia Bhd.は、2015年まで15%以上を占めていたが次第に比率が下がり、2019年からさらに大きく縮小している。この変化が一時的なものであるのか、ビジネス戦略が関係しているのか、より詳細な考察が必要である。
5) HSBC Amanah Malaysia Bhd.は2019年から中小企業向け貸出の比率が大きく縮小しており、親銀行（HSBC Bank Malaysia Bhd.）と同様の傾向を示している。この変化が一時的なものであるのか、ビジネス戦略が関係しているのか、親銀行の動向と同様に詳細な検討が必要であろう。

第9章

開発金融機関の改革と貸出動向

1 はじめに

政策目標を達成するために政府の資金を原資として設立された金融機関は、マレーシアでは「開発金融機関」とよばれる[1]。マレーシアの銀行システムは比較的よく発展しており、それと比較すると開発金融機関の規模は小さい。そのため、開発金融機関に注目が寄せられることはあまり多くない。しかし、相対的に規模が小さくても政府から託された役割というものがあり、それを確実に実行することが求められる。また、近年は開発金融機関の効率性や貸出の効果などについて、納税者に対して説明責任を果たすことも必要となってきている。

中央銀行は、2001年から開発金融機関の改革を行ってきた。そのきっかけは、1997年のアジア通貨危機である。アジア通貨危機の経済への影響はタイやインドネシアと比較すると軽微ではあったものの、中央銀行は外的ショックに強く、競争に耐えうる金融セクターの構築を目指して諸改革を行っている。開発金融機関も一連の改革の対象となっているのである。

以上の背景より、本章は次の2つの点を明らかにすることを目的としている。ひとつは、金融セクター改革の中で中央銀行は開発金融機関に対してどのような改革を行ってきたのかを整理することである。いまひとつは、開発金融機関の活動状況の特徴を明らかにすることである。

本章の構成は次のとおりである。2では、アジア通貨危機後の金融セクター改革において、金融セクターマスタープラン（2001年～2010年）と金融セクターブループリント（2011年～2020年）で開発金融機関の改革がどのように描かれているのかを整理する。3では、開発金融機関の規模を明らかにする。4では開発金融機関の活動状況について資金調達面と運用面から考察する。ここでは、各金融機関の貸出先についていくつか特徴的な点がみられることを指摘する。最後に本章をまとめ、今後の研究課題について述べ、結論とする。

2 アジア通貨危機後の開発金融機関改革

2-1 金融セクターマスタープラン（2001年〜2010年）

マレーシアにおいて開発金融機関とは、政府が定めた特定の部門の発展や、社会的目標を達成するために設立された金融機関のことを指す（Bank Negara Malaysia [2001], p. 87)。2001年に発表された金融セクターマスタープラン（以下、マスタープラン）[2] では、開発金融機関の改革において以下の5つを達成するとしている（Bank Negara Malaysia [2001], p. 89)。

(1) 銀行サービスを受けることができない部門を支援するための効率的でショックに強い開発金融機関の構築
(2) インフラプロジェクト、農業、資本および技術集約的産業、サービス業に対する支援を行うための専門機関への発展
(3) 単一の規制当局による効果的かつ状況に応じた監督
(4) ターゲット部門に対するアドバイザリー、コンサルタント、マネジメントサービスの提供
(5) 簡便で広範なアクセスを可能にするインフラと通信ネットワークを構築するための技術強化

マスタープランでは以上を達成するために8つの勧告（recommendation）が提示された（**表9-1**)。その最初に示されたのは、開発金融機関の重点業務と役割を明確にするべきであるとの勧告である。このことは、従来、開発金融機関の役割があいまいであり、業務の重複を看過してきたことを示唆する。この点を改善するため、マスタープランでは、開発金融機関は自力で銀行や資本市場から資金調達を行うことができる企業には関与せず、銀行部門を補完する役割を担うものであると述べられている（Bank Negara Malaysia [2001], p. 89)。

表 9-1. 開発金融機関の改革に関する勧告

(1) 開発金融機関の重点業務と役割を明確に規定する
(2) 金融機関としての能力と経営構造を強化する
(3) 業績の計測を強化する
(4) 資金調達の計画的な枠組みを導入する
(5) 開発金融機関に対する政府のサポートは継続する
(6) コーポレートガバナンスを強化する
(7) 開発金融機関の規制・監督の法的枠組みを確立する
(8) 開発金融機関を規制・監督する単一の機関を設ける

（出所）Bank Negara Malaysia [2001], pp. 89-93 より引用。

マスタープランの勧告を受けて、最初に行われた改革は一部の開発金融機関を中央銀行の監督下に置いたことである。従来、マレーシアの開発金融機関は管轄省庁の規制・監督下にあったが、これを一元化するため、2002 年に開発金融機関法（Development Financial Institutions Act 2002）が制定された。この法律の下に置かれた開発金融機関は**表 9-2** に示した 6 機関である。2004 年には、Bank Pertanian Malaysia Bhd. が加えられた（Bank Negara Malaysia [2005], p. 178）。2002 年開発金融機関法が施行されたことにより、開発金融機関の管理・監督は中央銀行に一元化されることとなった（Bank Negara Malaysia [2002], p. 155）。これは、商業銀行等と同水準の情報開示やガバナンス等が求められることを意味する。例えば、流動性管理の義務付けがあげられる。2003 年、中央銀行は開発金融機関に対する流動性管理に関するガイドライン（Guidelines on Liquidity Management Framework for Development Financial Institutions）を発表し、それを Bank Simpanan Nasional Bhd. と Bank Kerjasama Rakyat Malaysia Bhd. に適用するとした（Bank Negara Malaysia [2004], pp. 205-206）[3)]。

表 9-2. 2002 年開発金融機関法の下に置かれた開発金融機関（制定当時）

Bank Pembangunan dan Infrastruktur Malaysia Bhd.
Bank Industry & Teknologi Malaysia Bhd.
Malaysia Export Credit Insurance Bhd.
Export-Import Bank of Malaysia Bhd.
Bank Kerjasama Rakyat Malaysia Bhd.
Bank Simpanan Nasional Bhd.

（出所）Bank Negara Malaysia [2003], pp. 194-195 より筆者作成。

2004 年には開発金融機関の効率化を目的とした再編が行われた。中央銀行は

Export-Import Bank of Malaysia Bhd. と Malaysia Export Credit Insurance Bhd. の統合を発表した（2005年に統合）。また、Bank Pembangunan dan Infrastruktur Malaysia Bhd. と Bank Industri & Teknologi Malaysia Bhd. の合理化も発表した（Bank Negara Malaysia [2005], p. 129）。2005年10月、中央銀行はこれらの金融機関から中小企業に関連する業務を切り離し、Bank Perusahaan Kecil & Sederhana Malaysia Bhd. を設立した（Bank Negara Malaysia [2006], p. 174）。

2006年になると、一定の条件を満たす開発金融機関はインターバンク市場に参加することが許可された[4)]。また、譲渡可能預金証券（Negotiable Instrument of Deposits）を発行することも可能となり、開発金融機関が多様な手段で資金調達を行うことが可能となった（Bank Negara Malaysia [2007], p. 49）。

2009年には健全経営規制が強化され、信用リスク管理に関するガイドラインが発表された[5)]。ガイドラインには、開発金融機関が信用リスク管理の際に注意すべき原則や手法が明示されている。これに加え、同年、開発金融機関は一部の業務を外部委託することが認められるようになった（Bank Negara Malaysia [2010], p. 94）。

以上のように、開発金融機関が中央銀行の監督下に置かれることにより、健全経営規制の導入やリスク管理の実施、ガバナンス強化などの取り組みが進められた。また、各開発金融機関の業務の重複を可能な限り調整し、業務範囲の特徴を明確にすることで専門性の高い金融機関へと再編が行われた。更には、インターバンク市場への参入を許可するなど、資金調達および運用の手段の多様化も進められた。

2-2 金融セクターブループリント（2011年〜2020年）

マスタープランが2010年に終了すると、中央銀行は2011年に金融セクターブループリント（以下、ブループリント）を発表し、更なる改革を進めている[6)]。ブループリントには、開発金融機関の役割として家計と中小企業に対する金融仲介という点（Bank Negara Malaysia [2011a], p. 58）、さらには貧困対策としての金融仲介という点が強調されている（Bank Negara Malaysia [2011a], p. 122）。ブループリントでは、2020年までに行う改革として以下の5つをあげている（Bank Negara Malaysia [2011a], pp. 63-86）[7)]。

(1) 中小企業向けのリースとファクタリングの促進
(2) 指定部門に対する伝統的融資（特に農業、共同組合、中小企業）
(3) 指定部門に対するリスクキャピタルの提供
(4) 政府機関、産業界、資本家などとの協力による情報交換プラットフォームの設立
(5) 貧困対策としての小口の貯蓄動員、零細企業向けマイクロファイナンスの役割強化

このことから、開発金融機関の対象となるのは、政府の指定部門、中小・零細企業および、過去に金融取引にあまり関与していなかった貧困層（もしくは小口預金者）という点に集約されていることがわかる。開発金融機関が担うべき「特定部門の発展」と「社会的目標の達成」という役割がより明確になったといえよう。

また、開発金融機関の最大の出資者である政府とのリスク分担や説明責任の取り決めを強化すること、ガバナンスとリスク管理の具体的な手法を導入し、各金融機関が独自に資金調達を行うことも示された（Bank Negara Malaysia [2011a], p. 128）[8]。中央銀行はこの勧告に沿って改革を順次進めている。

2012年5月、2つの開発金融機関に適用されていた流動性要件をBank Pertanian Malaysia Bhd.、Bank Perusahaan Kecil & Sederhana Malaysia Bhd.、Bank Pembangunan Malaysia Bhd.の3行にも適用することとなった（Bank Negara Malaysia [2013], p. 97）。また、同年11月、中央銀行は商業銀行等に適用されていたデータおよび情報システム管理のガイドラインを開発金融機関にも適用するとした（Bank Negara Malaysia [2013], p. 100）。これは、貸出先の経営の健全性やリスク管理において、開発金融機関の内部情報の管理能力を強化するためである。さらに、同年12月には、財務報告書および開示に関する要件を強化した[9]。開発金融機関の業務の透明性を向上させること、政府と開発金融機関の間のリスク分担にかかる取り決めを強化することが目的である（Bank Negara Malaysia [2013], p. 69）。

2013年になると、中央銀行は金融機関における取締役会の役割、リスク選好やリスク戦略などに関するガイドライン[10]を発表し、資金運用面でのリスクテイクに関する基本的な考え方を示した（Bank Negara Malaysia [2013], p. 98）。

このように、中央銀行は金融システム全体の強化を目指し、マスタープランおよびブループリントに沿って漸進的な改革を行ってきた。今後は2002年開発金

融機関法の改正[11] なども含め、開発金融機関の一層の強化が進められることになる（Bank Negara Malaysia [2015a], p. 85）。

3 開発金融機関の規模

本節では、まず開発金融機関の規模について確認しておきたい。**表 9-3** は開発金融機関の総資産の規模（対 GDP 比）を示したものである。これをみると、中銀監督下 6 行は 2006 年の時点で 14.4%であった。この割合は少しずつ拡大し、2014 年には 18.1%となった。政府監督下 7 機関は、2006 年にはわずか 4.7%であるが、2014 年には 6.6%に拡大した。開発金融機関全体では、2014 年には 24.7%となり、経済規模の約 4 分の 1 を占めるようになっている。一方で、銀行システムと比較すると、資産規模は大きな差があることがわかる。2006 年の銀行システム資産の対 GDP は 183.1%であり、開発金融機関の約 9.6 倍にあたる。この差は年々ゆるやかに縮小し、2014 年には 8.5 倍となった。それでも、銀行システムの資産規模に比べると、開発金融機関のそれは相対的に小さいことがわかる。

この点は、1980 年代の分析においても奥田・三重野 [2004] によって指摘されている。1980 年と 1987 年の商業銀行総資産に占める政策金融機関総資産の比率は、それぞれ 6.8%（1980 年）、5.3%（1987 年）であった。これより、政策金融機関の比重はそれほど大きくないと言及している（奥田・三重野 [2004]、pp. 72-73）[12]。

表 9-3. GDP に対する開発金融機関総資産の比率（%）

	2006 年	2007 年	2008 年	2009 年	2010 年	2011 年	2012 年	2013 年	2014 年
中銀・6 行[1]	14.4	14.6	14.0	17.5	17.9	18.1	17.7	18.1	18.1
政府・7 機関[2]	4.7	4.8	4.7	5.8	5.3	5.2	5.8	6.5	6.6
参考：銀行システム[3]	183.1	178.4	169.1	195.2	189.8	197.0	199.8	208.6	210.5

（注）1) 中銀・6 行は、中銀監督下の 6 行（Bank Pembangunan Malaysia Bhd.、Bank Kerjasama Rakyat Malaysia Bhd.、Bank Simpanan Nasional Bhd.、Export-Import Bank of Malaysia Bhd.、Bank Pertanian Malaysia Bhd.、Bank Perusahaan Kecil & Sederhana Malaysia Bhd.）を指す。
2) 政府・7 機関は、政府監督下の 7 機関（Malaysian Industrial Development Finance Bhd.、Sabah Development Bank Bhd.、Borneo Development Corporation (Sabah) Sdn. Bhd.、Borneo Development Corporation (Sarawak) Sdn. Bhd.、Credit Guarantee Corporation Malaysia Bhd.、Sabah Credit Corporation、Lembaga Tabung Haji）を指す。
3) 銀行システムは商業銀行、イスラーム銀行、投資銀行の合計。

（出所）開発金融機関については Bank Negara Malaysia［2009, 2011b, 2014, 2015a］、銀行システムおよび GDP については Bank Negara Malaysia［2008, 2015b］を参考に筆者作成。

4 開発金融機関の活動状況

4-1 資金調達と運用

1998年から2014年までの開発金融機関の資金調達と運用は**図7-1**に示した通りである。資金調達は、1998年は431億リンギであったが、2014年には2,842億リンギに大きく増加した（**図9-1**（1）①）。2003年以降の増加率は実質で10％～18％と2桁の伸び率が続いている（ただし2012年は9.1％）。全体に占める割合が最も大きいのは「預金」で、50％以上を占める。これを規制監督機関別でみると、中銀監督下6行の預金による資金調達金額は政府監督下7機関よりも大きい。中銀監督下6行の1998年と2014年の資金調達はそれぞれ244億リンギと1,935億リンギであった（**図9-1**（2）①）。一方、政府監督下7機関はそれぞれ187億リンギと707億リンギである（**図9-1**（3）①）。

特徴的な点は、2013年から中銀監督下6行が債券を発行して資金調達を行っていることである。一連の改革の中で独自に資金調達を行うことが可能となった成果であるといえるだろう。

資金運用面については、開発金融機関全体では「貸出」が大きな割合を占めており（**図9-1**（1）②）、特に2007年以降は50％を超えた。貸出の割合が大きい点は、中銀監督下6行も同様の傾向を示している（**図9-1**（2）②）。2007年の割合は62.3％と6割を超えた。ところが、政府監督下7機関をみると傾向はやや異なっていることがわかる。**図9-1**（3）②をみると、最も大きな割合を占めるのは「投資」であり、国債や株式などで運用されている。「投資」は1998年の時点で45.1％を占めており、2002年には36.7％までシェアが縮小したが、2010年以降は50％を超えるようになった。

(1) 開発金融機関全体

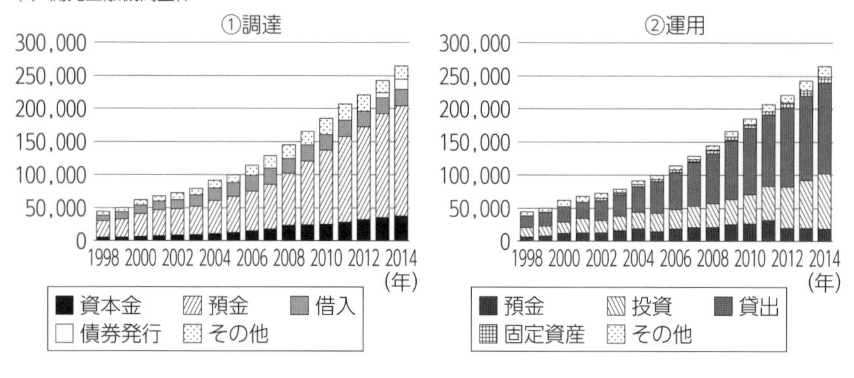

(2) 中央銀行監督下の開発金融機関（6 行）

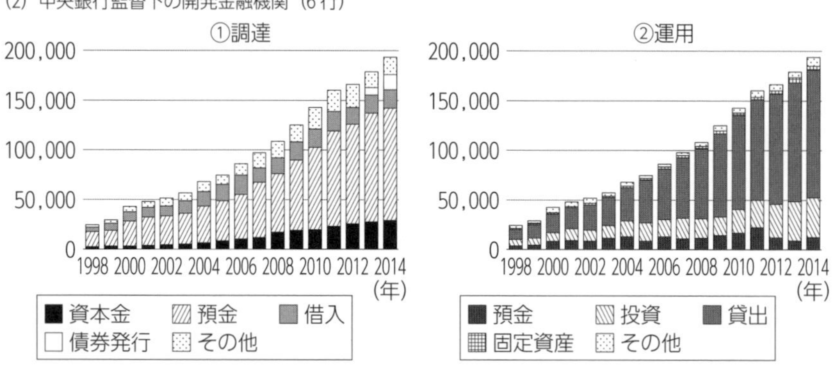

(3) 政府監督下の開発金融機関（7 機関）

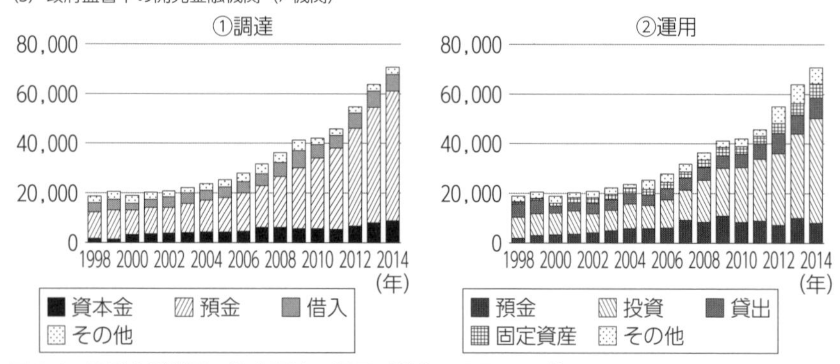

図 9-1. 開発金融機関の資金調達と運用（単位：百万リンギ）

（出所）Bank Negara Malaysia ［2003, 2004, 2005, 2006, 2009, 2011b, 2014, 2015a］より筆者作成。

4-2 貸出の動向

4-2-1 時系列でみた傾向

開発金融機関の貸出は、2005年～2014年の間、平均13.5%で増加し、2005年の475億リンギから2014年には1,368億リンギとなった（**図9-2**）。部門別に分類すると、大きなシェアを占めるのは消費者金融と広義の不動産である。消費者金融の中でも伸び率が顕著であったのは、クレジットカード（41.0%、10年間平均）であった。広義の不動産には、建設、居住用不動産購入、非居住用不動産購入、その他不動産の４部門が含まれ、この中では特に建設と居住用不動産購入の割合が大きい。10年間の伸び率はクレジットカードの伸び率よりも小さいが、建設業は13.4%、居住用不動産購入は6.8%であった。

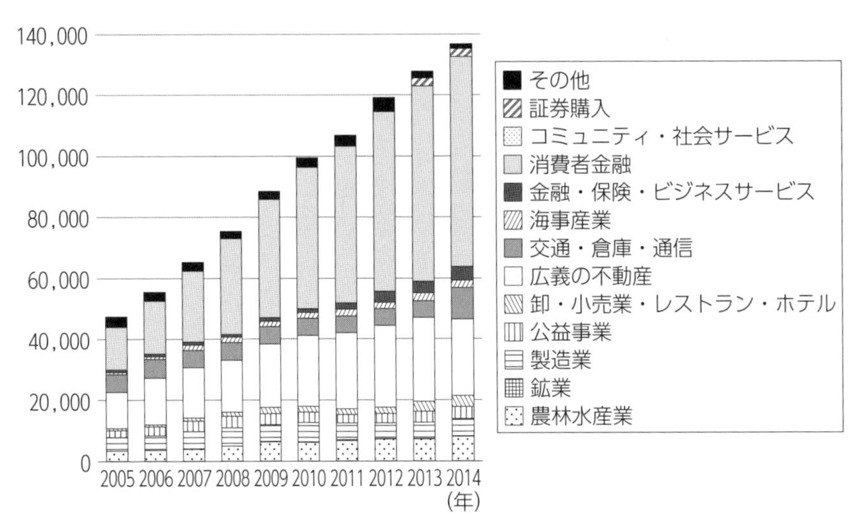

図9-2. 部門別貸出（単位：百万リンギ）
（出所）Bank Negara Malaysia［2007, 2009, 2011a, 2015a］より筆者作成。

4-2-2 開発金融機関別の動向

ここでは、開発金融機関別の貸出の特徴をみてみたい。データの制約から2014年のみの観察となることをあらかじめ記しておく。まず、中銀監督下６行の部門別貸出を示した**表9-4**をみると、消費者金融と広義の不動産の金額が大きい。消費者金融はRakyat（Bank Kerjasama Rakyat Malaysia Bhd.、549億リンギ）とBSN（Bank Simpanan Nasional Bhd.、117億リンギ）の2行が提供している。これらの開発金融機関にみられるもうひとつの特徴は、居住用不動産購入の貸出が多いことである。Bank Kerjasama Rakyat Malaysia Bhd.は、1948年協同組合法令（Cooperative Ordinance 1948）[13]に基づき、1954年に組合員の貯蓄動員と融資を目的として設立された。1978年には非組合員に対する融資が解禁され、2002年からはイスラームベースでの業務を行っている[14]。Bank Simpanan Nasional Bhd.は1974年に個人かつ少額貯蓄者に対する金融サービスを提供するために設立された。また、これらの2行は、貧困対策としてマイクロファイナンスの提供機関に指定されている（本章注3参照）。このことから、RakyatとBSNはリテールを中心とした業務を行っており、消費者金融や居住用不動産購入に対する貸出が多いものと考えられる。

表9-4. 中銀監督下6行の部門別・金融機関別貸出（2014年、単位：百万リンギ）

	Rakyat	BSN	Pembangunan	Agrobank	EXIM	SME	合計
農林水産	437.2	—	—	6,866.6	392.8	10.8	7,707.4
鉱業	87.3	—	—	—	—	38.3	125.6
製造業	299.3	155.3	2,275.3	—	1,522.3	910.2	5,162.4
公益事業	100.1	—	2,073.7	—	1,363.4	17.1	3,554.3
卸・小売、レストラン・ホテル	164.8	317.6	1,119.3	—	518.2	1,292.2	3,412.1
広義の不動産	3,663.1	6,436.3	8,857.4	—	2,146.8	637.2	21,740.8
建設業	1,403.8	—	8,857.4	—	1,804.8	575.0	12,641.0
居住用不動産購入	1,119.6	6,384.4	—	—	—	—	8,296.0
非居住用不動産購入	159.6	51.9	—	—	—	—	211.5
その他不動産	188.1	—	—	—	342.0	62.2	592.3
海事産業	—	—	2,401.2	—	41.3	—	2,442.5
交通・倉庫・通信	297.3	4.0	8,329.8	—	829.6	773.8	10,234.5
金融・保険・ビジネスサービス	2,009.7	115.1	—	—	1,624.9	365.7	4,115.4
消費者金融	54,920.4	11,736.0	—	—	—	—	66,656.4
自動車購入	1,118.5	338.2	—	—	—	—	1,456.7
クレジットカード	468.8	335.5	—	—	—	—	804.3
コミュニティ・社会・その他サービス	41.1	…	1,996.5	—	—	788.3	2,825.9
証券購入	84.1	0.9	—	—	—	—	85.0
その他	—	1.3	11.3	—	346.7	29.3	388.6
合計	62,104.4	18,766.5	27,064.5	6,866.6	8,786.0	4,862.9	128,450.9

（注）…は金額が極めて少ないことを意味する。
（出所）Bank Negara Malaysia [2015a], p. P15, Table A18より引用。

次に特徴的な金融機関はAgrobank（Bank Pertnian Malaysia Bhd.）である。Agrobankは、1969年に農業の発展を目的として設立された。金融サービスの対象は、農林水産業関係の中小・零細企業、個人事業主である。このことからも明らかなように、貸出は農林水産業に限定されている。Agrobankの年次報告書によると、2013年の貸出の内訳は食料作物33.5%（12.5億リンギ）、パーム油27.1%（10.1億リンギ）、家畜18.7%（7億リンギ）、漁業11.7%（4.4億リンギ）、農業関連加工業（1.2億リンギ）、林業0.9%（3,450万リンギ）であった（Bank Pertanian Malaysia Bhd. [2014], p. 51）。

残る3行は企業向けの貸出が中心となる。Bank Pembangunan Malaysia Bhd.は、1973年に国家開発政策に則ったインフラプロジェクトや海事産業、資本集約型産業、ハイテク産業などに中長期の資金を提供することを目的として設立された。このことから、建設業（88.6億リンギ）、交通・倉庫・通信（83.3億リンギ）、公益事業（20.7億リンギ）といったインフラに関連する部門への貸出が多いことがわかる。また、海事産業（24.0億リンギ）や製造業（22.8億リンギ）への貸出も他の金融機関より多い。

EXIM Bank（Export-Import Bank of Malaysia Bhd.）は、1995年に貿易に携わる企業あるいは、海外プロジェクトに関与する企業に対して融資を行うために設立された。貿易や海外投資の保険や保証の提供も行っている。貸出が多い部門は、建設業（18.0億リンギ）、金融・保険・ビジネスサービス（16.2億リンギ）、製造業（15.2億リンギ）となっている。

SME Bank（Bank Perusahaan Kechil & Sederhana Malaysia Bhd.）は、2005年に業務の合理化と専門化により誕生した中小企業向けの専門銀行であり、特にブミプトラ起業家を重点的にサポートする。比較的貸出が多い部門は、卸・小売り、レストラン・ホテル（12.9億リンギ）、製造業（9.1億リンギ）、コミュニティ・社会・その他サービス（7.9億リンギ）交通・倉庫・通信（7.7億リンギ）である。

このように、各開発金融機関の貸出先には特徴がみられ、ある程度の棲み分けができているといえるだろう。

次に、政府監督下7機関の状況を確認してみよう（**表9-5**）。中銀監督下6行と比較すると、貸出の規模はそれほど大きくはない。そのうち最も貸出金額が大きいのは、SDB（Sabah Development Bank Bhd.）の57.2億リンギである。SDBは、1972年にサバ州政府の開発銀行として設立された。州政府の開発プロジェクトの資金調達や、州政府に対する助言、州政府の資金運用を行っている[15]。**表9-5**からも明らかなように、建設業（18.9億リンギ）とその他不動産（13.0億リンギ）の比重が大きいが、SDBの対象が商業・居住用不動産開発業、農業、製造業、インフラ関連産業[16]であることと関係している。

次に貸出金額が大きいのは、SCC（Sabah Credit Corporation）の22.8億リンギである。SCCもサバ州政府の金融機関であり、1955年にNorth Borneo Credit Corporationとして設立された。1972年に現在の名称に変更し、農業、軽工業、農村および都市の住宅開発、公益事業の開発を目的として活動するとされている[17]。ところが、**表9-5**を見る限り、消費者金融が圧倒的に多く（21.6億リンギ）、設立目的とやや相違があるように見受けられる。SCCは住宅ローンや起業ローンなど、設立目的と合致する貸出を提供しているが、実は個人向けローンも提供しているのである。近年は、この個人ローンを利用する顧客が増加してきたものと推測される[18]。

CGC（Credit Guarantee Corporation Malaysia Bhd.）は比較的多様な部門に貸出を行っているが、その総額は2.6億リンギにとどまっている。CGCの主要な業務は中小企業に対する信用保証の供与であるが、ブミプトラ起業家向けに直接貸付も行っている。

MIDF（Malaysian Industrial Development Finance Bhd.）の場合、貸出金額はCGCの半分以下である（1.2億リンギ）。そのうち、製造業が6,750万リンギ、卸売・小売、レストラン・ホテル向け貸出が2,670万リンギであった。MIDFは、1960年、製造業の中小企業に対する融資を行うことを目的として設立された。アジア通貨危機後の金融再編により、いくつかの金融機関と合併・統合し、現在は投資銀行業務やアセットマネジメントも行っている。また、製造業のみならずサービス業向けに中長期の融資を提供している[19]。このことが関係し、製造業とサービス業向けの融資実績があるものと考えられる。

表 9-5. 政府監督下 7 機関の部門別・金融機関別貸出（2014 年、単位：百万リンギ）

	LTH	CGC	SDB	MIDF	SCC	BDC Sarawak	BDC Sabah	合計
農林水産	—	4.2	268.4	—	0.2	—	—	272.8
鉱業	—	0.6	37.0	—	—	—	—	37.6
製造業	—	53.2	392.0	67.5	—	—	—	512.7
公益事業	—	0.6	468.0	—	—	—	—	468.6
卸・小売、レストラン・ホテル	—	96.8	…	26.7	—	—	—	123.5
広義の不動産	—	69.4	3,193.5	—	116.2	2.9	1.8	3,383.8
建設業	—	69.4	1,890.9	—	—	2.9	—	1,963.2
居住用不動産購入	—	—	0.5	—	87.7	—	1.8	90.0
非居住用不動産購入	—	—	—	—	28.5	—	—	28.5
その他不動産	—	—	1,302.1	—	—	—	—	1,302.1
海事産業	—	—	—	—	—	—	—	—
交通・倉庫・通信	—	7.2	28.3	5.0	…	—	—	40.5
金融・保険・ビジネスサービス	—	14.6	291.7	16.0	—	—	—	322.3
消費者金融	—	—	—	—	2,159.7	—	—	2,159.7
自動車購入	—	—	—	—	1.9	—	—	1.9
クレジットカード	—	—	—	—	—	—	—	—
コミュニティ・社会・その他サービス	—	6.1	—	—	—	—	—	6.1
証券購入	—	—	—	—	—	—	—	—
その他	—	3.7	1,039.9	5.0	—	—	—	1,048.6
合計	—	256.4	5,718.8	120.2	2,276.1	2.9	1.8	8,376.2

（注）…は金額が極めて少ないことを意味する。
（出所）Bank Negara Malaysia [2015a], p. P16, Table A19 より引用。

5　むすび

本章では、マレーシアにおける開発金融機関の改革とその活動状況についてまとめてきた。アジア通貨危機後の金融セクター改革の流れは開発金融機関にも影響し、避けられないものであった。中央銀行は、金融セクター全体の強化を目指して開発金融機関の改革を行ってきた。特筆すべき点は、開発金融機関の一部を中央銀行の管理・監督下に置き、商業銀行やイスラーム銀行、投資銀行などと同水準の規制を課してきたことである。これにより、開発金融機関はガバナンスやリスク管理、健全な経営の追及が求められるようになった。また、ブループリントでは、開発金融機関の役割として、家計と中小企業、さらに貧困層に対する金融仲介機能を果たすものと明示された。このような中央銀行の認識のもと、一連の改革の中で開発金融機関の再編も行われ、各金融機関の役割が明確になったといえる。

では、マレーシア経済において、開発金融機関の規模はどの程度のものなのであろうか。開発金融機関の総資産の大きさは銀行システムに比べると小さいが、2014 年の時点で 24.7%（対 GDP 比）であることが判明した。

開発金融機関は、資金調達の大部分を預金で賄い、主に貸出によって運用していることも明らかになった。ただし、中銀監督下6行と政府監督下7機関に分けると、後者の運用は投資が主であった。

2005年～2014年の貸出総額は次第に増加しており、2014年には1,368億リンギとなった。部門別に分類すると、大きなシェアを占めるのは消費者金融と広義の不動産である。消費者金融の中でも伸び率が顕著であったのは、クレジットカード（41.0％、10年間平均）であった。広義の不動産には、建設、居住用不動産購入、非居住用不動産購入、その他不動産の4部門が含まれ、この中では特に建設と居住用不動産購入の割合が大きい。10年間の伸び率はクレジットカードの伸び率よりも小さいが、建設業は13.4％、居住用不動産購入は6.8％であった。

さらに、開発金融機関別の貸出状況からは、それぞれの金融機関により特徴があることがわかった。個人向け金融サービスを主要な業務としている金融機関は、消費者金融や居住用不動産の購入に対する貸出が多く、インフラ開発を主体とする金融機関は建設や交通・倉庫・通信への貸出が多い。本章の観察から、改革により開発金融機関に期待される役割や、その下で各開発金融機関の貸出先（業種等）の棲み分けも明確になった。

では、改革の結果、開発金融機関の経営は効率的になったのであろうか。本章でも説明したように、一部の開発金融機関は中央銀行の監督下に置かれ、商業銀行等と同水準のルールが導入された。その結果、経営面の効率性が改善すれば、納税者への説明責任を果たすことが可能となるだろう。政策目標の達成を課されている開発金融機関と、コマーシャルベースで活動する商業銀行等を同等に論じることは困難であるかもしれない。しかし、政府の資金を投入して活動する以上、開発金融機関は税金の効率的な使用という側面から、ある程度の経営の効率化を追及することが求められるだろう。

〔注〕

1）政策目標を達成するために政府の資金によって設立された金融機関は、我が国では政策金融機関ないし政府系金融機関とよばれるが、マレーシアでは「政策金融機関」にあたる英語あるいはマレー語の表現は使用されていない。また、「政府系金融機関」については、商業銀行やイスラーム銀行などに政府および政府系機関（年金基金など）の資本が入っていることもあるため、マレーシアの文脈からみると正確性を欠く用語である。そのため、本章では「政策金融機関」、「政府系金融機関」という言葉は使用しない。さらに、同様の理由で民間金融機関という言葉も読者に誤解を与える可能性が否定できないことから、商業銀行、イスラーム銀行、投資銀行のようにマレーシアで採用されている銀行の分類に沿った用語を用いる。

2) 金融セクターマスタープランは、1997年にタイで発生した通貨危機の影響を受けて経済状況が悪化したことが契機となり、金融セクター改革を行う目的で策定された。

3) 2006年から貧困対策の一環として開始された政府のマイクロファイナンス振興において、Bank Simpanan Nasional Bhd. は、政府の指定金融機関として零細企業や個人事業に対して融資を提供する義務が課されている。マイクロファイナンスは、Bank Kerjasama Rakyat Malaysia Bhd. や Bank Pertanian Malaysia Bhd. も提供している。参考までに、マレーシアのマイクロファイナンスは、個人あるいは零細企業を対象とし、貸出金額は500～50,000リンギ、商業ベースの金利で提供される。貸出期間は1ヶ月から最大5年であり、基本的には担保が必要である（Bank Negara Malaysia [2007], p. 54）。マレーシアのマイクロファイナンスの詳細については、別の機会に論じることとしたい。

4) 2006年12月に発表された開発金融機関のインターバンク市場への参加に関するガイドライン（Guidelines on Participation in the Interbank market by DFIs）による。

5) 開発金融機関における信用リスク管理のためのベストプラクティスに関するガイドライン（Guidelines on Best Practices for the Management of Credit Risk for DFIs）。

6) 金融セクターブループリントは2011年から2020年までの改革を示したものである。

7) 改革の内容は、金融セクターマスタープランと同様に、勧告（recommendation）という形で掲載されている。本章にリストアップした（1）と（2）は勧告2.1.1、（3）は勧告2.1.2、（4）は勧告2.1.4、（5）は勧告2.3.2に該当する。

8) 勧告4.1.5に該当。

9) 開発金融機関に対して出された財務報告書の要件に関するガイドライン（Guidelines on Financial Reporting Requirements）では、次の3つの公開を求めている。第1に開発金融機関の使命、戦略的目的、行動計画、主要統計、第2に開発金融機関が実施したスキームの実行状況、第3に支援している戦略部門の展望である。

10) Guidelines on Risk Governance for Banking Institutions, Insurance Companies, Takaful Operators, and Development Financial Institutions。

11) 中央銀行によれば、2014年10月時点で開発金融機関法2002の改正案は、（1）ガバナンスおよびリスク管理にかかる精度を高めること、（2）政府の指定分野に対する業務の強化、（3）営業効率の改善、（4）シャリーア原則遵守の確認、（5）効果的な執行と監督の強化、の5項目が焦点になると述べている（Bank Negara Malaysia [2015a], p. 91）。

12) ただし、第6章でも明らかにしているように、政策目標を達成するために設置されている中央銀行の特別ファンドは、開発金融機関だけでなく商業銀行やイスラーム銀行をつうじて提供されている。そのため、政策的な支援としての資金は、実質的には開発金融機関をつうじて供与されている金額よりも大きいことに留意する必要がある。

13) 後の1993年協同組合法（Cooperative Societies Act 1993）。

14) Bank Kerjasama Rakyat Malaysia Bhd. ウェブサイト（http://www.bankrakyat.com.my/milestones、2015年4月30日アクセス）。

15) Sabah Development Bank Bhd. ウェブサイト（http://www.sabahdevbank.com/company-background/、2015年4月30日アクセス）。

16) Sabah Development Bank Bhd. ウェブサイト（http://www.sabahdevbank.com/service/、2015年4月30日アクセス）。

17) Sabah Credit Corporation ウェブサイト（http://www.sabahcredit.com.my/about_us.html、2015年4月30日アクセス）。

18) ただし、SCCの個人向けローンの借入が可能であるのは、(1) サバ州政府の公務員であること、(2) 政府関連企業の従業員であり返済にあたり給与天引きが可能であること、(3) サバ州から設立許可を得た民間企業の従業員であること、という3つの資格要件がある（Sabah Credit Corporation ウェブサイト、http://www.sabahcredit.com.my/iEXECUTIVE.html、2015年4月30日アクセス）。

19) MIDF ウェブサイト（http://www.midf.com.my/index.php/about-us-our-profile/about-us-our-profile、2015年4月30日アクセス）。

第 10 章

中小企業の公的金融支援アクセスに関する分析

1 はじめに

マレーシアの中小企業育成は、第 3 章でまとめたとおり国の経済開発の枠組みに組み込まれている。とくに 2000 年以降は 2020 年ビジョンの達成に向けて中小企業育成に一層の力を入れるようになった。2004 年には中小企業育成の政策を包括的に議論する最上位組織として、国家中小企業開発評議会（National SME Development Council：NSDC）が設置された。NSDC のもと、中小企業育成プログラムは（1）能力向上、(2) インフラ整備、(3) 資金調達の 3 つの分野に焦点があてられている（Bank Negara Malaysia [2006], p. 54)。これらのプログラムをより機動的に発動するため、NSDC は 2007 年に中小企業公社（Small and Medium Enterprise Corporation Malaysia：SME Corp. Malaysia）の設立を決定した。この公社は中小産業開発公社（Small and Medium Industries Development Corporation、通称 SMIDEC）と NSDC の機能を取り込む形で 2009 年に業務を開始した。

2012 年には SME Corp. Malaysia が中小企業マスタープランを発表した。これは、2020 年までの中小企業育成政策の方向性をまとめたものである。中小企業育成に関する過去の支援策を整理・合理化し、それに加えて新たな視点が取り入れられている。その内容は第 4 章で述べたとおりである。

以上の背景より、本章は政府による中小企業向け金融支援がどのような企業に提供されているのかを明らかにすることを目的とする。本章の分析においては、株式の非公開会社（Sendirian Berhad）および公開会社（Berhad）の財務データを使用し、質的変数を被説明変数とするプロビットモデルの推定を行う。

本章の構成は次の通りである。2 では政府の中小企業向け金融支援の概要をまとめる。3 では先行研究について整理する。続く 4 では、プロビットモデルの推定を行う。5 では本章をまとめ、結論とする。

2 政府の中小企業向け金融支援

第5章で明らかにしたように、中小企業の資金調達で重要な手段となっているのは、自己資金と友人・家族からの借入である。金融機関については商業銀行やイスラーム銀行を利用している企業が多く、開発金融機関からの借入を利用している企業数は相対的にそれほど多くなかった。

その一方で、政府による中小企業向け金融支援は比較的充実している。政府による中小企業向け金融支援は主に開発金融機関を通じて提供されているが、それ以外の機関が関与しているケースもある。**表10-1**は政府による中小企業向け金融支援プログラムを提供している機関を示したものである。プログラムは中小企業が対象となっていないものを除くと2017年3月時点で145件あり、開発金融機関（87件）のほか、政府系機関（50件）、中央銀行（4件）、省庁（3件）、州政府機関（1件）を通じて提供されている。いくつかのプログラムでは、開発金融機関以外に商業銀行やイスラーム銀行を通じて提供されている。

支援は、ローン、信用保証、贈与、ベンチャーキャピタルなどで提供されている。最も多い支援方法はローンで105件である。ローンは中小企業の発展ステージに応じて提供される。このうち操業開始支援は8件、成長支援は71件、業務拡張が58件となっている[1)]。ローンの使途は運転資金と生産設備の購入や固定資産購入が多い。

これらの支援において特徴的な点は、支援の申請資格に民族要件が指定されているプロジェクトが複数存在することであろう。具体的には、企業の所有者ないし取締役にブミプトラが指定されているものが29件（全件数の20%）、インド系が指定されているものが2件（同1.4%）ある。

3 先行研究

政府の金融支援を受けている企業の属性分析は、一般的に政策評価の準備段階に行われることが多い[2)]。その分析結果より政府の金融支援を受けた企業を介入群と、支援を受けていないものの介入群と類似した属性を示す企業を対照群に分類する。そのうえで、政策効果の計測を行っている。

企業の属性分析においては、主にプロビットモデルが用いられる。プロビットモデルは、分析対象となるデータの数値を得ることができないが、分析対象があ

表 10-1. 中小企業向け金融支援プログラム提供機関

機関名	機関の種別	支援方法	件数	機関名	機関の種別	支援方法	件数
Amanah Ikhtiar Malaysia	政府系機関	ローン	1	Malaysian Green Technology Corporation[5]	政府系機関	ローン	2
Bank Kerjasama Rakyat Malaysia Bhd.[1]	開発金融機関	ローン	3	Malaysian Industrial Development Finance Bhd.	開発金融機関	ローン	6
Bank Negara Malaysia	中央銀行	ローン	4	Malaysian Technology Development Corporation[6]	政府系機関	ローン、贈与、ベンチャーキャピタル	7
Bank Kerjasama Rakyat Malaysia Bhd.[1]	開発金融機関	ローン	2				
Bank Kerjasama Rakyat Malaysia Bhd.[1]	開発金融機関	ローン	14	Ministry of Science, Technology, and Innovation	省	贈与	3
Bank Simpanan Nasional	開発金融機関	ローン	3	Perbadanan Nasional Bhd.[2]	政府系機関	ローン、贈与、ベンチャーキャピタル	9
Cradle Fund Sdn Bhd.[2]	政府系機関	贈与	1				
Credit Guarantee Corporation	開発金融機関	ローン、信用保証	10	Perbadanan Usahawan Nasional Bhd.	政府系機関	ローン	5
Export-Import Bank of Malaysia Bhd.	開発金融機関	ローン、信用保証	30	PROKHAS Sdn. Bhd.[2]	政府系機関	信用保証	2
Kumpulan Modal Perdana Sdn Bhd.[2]	政府系機関	ベンチャーキャピタル	1	Syarikat Jaminan Pembiayaan Perniagaan Bhd.[2]			
Majlis Amanah Rakyat[3]	政府系機関	ローン、信用保証	5	Sarawak Economic Development Corporation	州政府機関	ローン	1
Malaysia Debt Ventures Bhd.	政府系機関	ベンチャーキャピタル	2	SME Bank Malaysia Bhd.	開発金融機関	ローン	19
Malaysia Venture Capital Management Bhd.	政府系機関	ベンチャーキャピタル	5	SME Corporation Malaysia	政府系機関	ローン	3
Malaysian Biotechnology Corporation[4]	政府系機関	ローン	1	TEKUN Nasional	政府系機関	ローン	6

（注）1）プログラム内容ごとに集計した。
2）財務省（Ministry of Finance Malaysia）傘下の組織。
3）農村・地域開発省（Ministry of Rural and Regional Development）傘下の組織。
4）科学・技術・イノベーション省（Ministry of Science, Technology, and Innovation）傘下の組織。
5）エネルギー・環境技術・水道省（Ministry of Energy, Green Technology and Water, Malaysia）傘下の組織。
6）政府系ファンドのカザナ・ナショナル（Kazanah Nasional Bhd.）所有の組織。なお、カザナ・ナショナルは財務省傘下の組織。
（出所）SME Corp. Malaysia ウェブサイトより筆者作成（https://www.smecorp.gov.my/index.php/en/programmes/2015-12-21-09-39-08/access-to-financing、2017年3月21日アクセス）。データはアクセス年月日時点の情報による。なお、中小企業を対象としていないものについては除外した。なお、注に記した省庁の邦語訳は金子［2017］に従った。

るカテゴリーに属しているか否かが判明している場合に用いられる（縄田[2001], p. 156)。そのカテゴリーに属している場合を1、属していない場合を0とするダミー変数を被説明変数とし、それに影響を及ぼすと考えられる変数を説明変数として分析を行う[3)]。

本章では、政府の政策支援を受けている企業を1、受けていない企業を0とするダミー変数を被説明変数とし、それに影響を及ぼすと考えられる変数を説明変数とするプロビットモデルを推定する。このような手法を用いた企業の属性分析は、Jarmin [1998]、Roper and Hewitt-Dundas [2001]、Aerts and Czarnitzki [2004]、Chudnovsky, López, Rossi, and Ubfal [2006] など、政策評価を行っている文献の多くで採用されている。

Jarmin [1998] は、1987年から1992年のアメリカ製造業向け政策の効果を分析した研究である。説明変数は産業、州、企業規模、立地（都市と地方)、工場の所有状況を使用している。一方、Roper and Hewitt-Dundas [2001] は雇用者数、輸出売上、操業年数、産業ダミー、オーナー経営者の特徴（ダミー変数）を含めたプロビットモデルの分析を行って政府の補助金を受けた企業の属性を明らかにしている。また、Aerts and Czarnitzki [2004] は1998年から2000年のベルギーにおけるR＆Dの補助金支援を受けた企業の特徴を分析した。説明変数には雇用者数、特許、輸出集約度、従業員あたりキャッシュフロー、総資産に対する負債の比率、企業所有（政府か外資か）を使用して補助金を受けている企業の特性を分析した。Chudnovsky, López, Rossi, and Ubfal [2006] は、1998年から2001年のアルゼンチンにおいて政府の資金支援が企業イノベーションとパフォーマンスに与える影響について、プロビットモデルを用いて支援プログラムを受けている企業の売上、雇用者数、産業などの特徴を明らかにした。

プロビットモデルによる分析は、政策評価において介入群と対照群を分類するために用いられることが多いため、その結果が論文に明記されているとは限らない。そのような中、根本・深沼・渡部 [2006] では企業の属性分析の結果も報告されている。創業期に政策金融機関から融資を受けた企業を1、受けていない企業を0とするダミー変数を被説明変数とするプロビットモデルの分析を行ったところ、次の2点が明らかになった。第1に、政策金融機関の貸出比率は資産をあまり保有しておらず、事業経験のない創業者に提供される割合が高かった。第2に、創業期の企業においては政府系金融機関と民間金融機関の貸出の競合性は発生していないということであった。また、Mole, Hart, Roper, and Saal [2008]

は2003年から2005年のイギリスを対象に、プロビットモデルの分析により政府の支援プログラムに参加した企業の特徴を明らかにした。その結果、操業年数が若い有限責任会社ほど支援を受けている点を明らかにした。

4 実証分析

4-1 モデル[4)]

本節では先行研究に倣い、プロビットモデルを用いて政府の金融支援を受けた企業の属性を明らかにする。プロビットモデルは、第3節で述べたとおり、分析対象があるカテゴリーに属している場合を1、属していない場合を0とするダミー変数を被説明変数とし、それに影響を及ぼすと考えられる変数を説明変数として分析を行う二項選択モデルである[5)]。

二項選択モデルの被説明変数（y）は0か1をとるダミー変数である。説明変数x_kが与えられた時にyが1となる条件付きの確率は以下のように表すことができる。

$$P(y=1|x)=P(y=1|x_1,x_2,\cdots,x_k) \qquad (式1)$$

確率を決定する変数の一次関数として変数Zを表す場合、式1は以下のように表すことができる。

$$Z=\beta_0+\beta_1 x_1+\beta_2 x_2+\cdots+\beta_k x_k \qquad (式2)$$

プロビットモデルは$F(Z)$のS字相関となるような累積標準正規分布となるため、変数Zの確率は式3として表すこともできる。

$$P_i=F(Z_i) \qquad (式3)$$

モデルのパラメータは最尤法で推定され、x_iの限界効果（$\partial P/\partial x_i$）は式4によって算出することができる。

$$\frac{\partial P}{\partial x_i}=\frac{dP}{dZ}\cdot\frac{\partial Z}{\partial x_i}=f(Z)\beta_i \qquad (式4)$$

なお、$F(Z)$は累積標準正規分布であり、その導関数$f(Z)$は標準正規分布に従う。$f(Z)$は式5によって表すことができる。

$$f(Z)=\frac{1}{\sqrt{2\pi}}e^{\frac{1}{2}Z^2} \qquad (\text{式} 5)$$

プロビットモデルによる推定結果においては、説明変数の係数の符号は効果の向き（正か負か）を表しており、効果の程度を表すものではないことに留意する必要がある（松浦・マッケンジー [2009]、p. 72)。したがって、効果の程度を知りたい場合は限界効果を算出する必要がある[6]。まず、説明変数の平均値として Z を算出し、式5から $f(Z)$ を計算したのちに $f(Z)\beta_i$ を計算すればよい。

4-2 データの特性とサンプル・セレクション

本項の分析では、マレーシアにおける中小企業の1999年以降の財務データを使用する。分析対象の中小企業は、SME Corp. が公開している中小企業ディレクトリ[7]より、株式の非公開企業（Sendirian Berhad）と公開企業（Berhad）を無作為に抽出した[8]。対象年を1999年以降としたのは、1997年から1998年にかけて隣国タイで発生したアジア通貨危機が関係している。マレーシアではアジア通貨危機の影響により、多くの企業が悪影響を受けたことから異常値が観察される可能性が高い。そのため、本章の分析では1999年以降のパネルデータを使用する[9]。

本項で分析に使用する変数は次の通りである。被説明変数は開発金融機関ないし政府系機関を通じて金融支援を受けている企業を1、受けていない企業を0とするダミー変数である。説明変数は、金融支援において基準となると予想される取締役の民族構成（race）を取り入れた。これは、取締役にブミプトラが含まれている場合は1、含まれていない場合は0とするダミー変数である。また、金融機関の一般的な貸出業務に影響を及ぼすと予想される変数を設定した。具体的には、操業年数（age)、固定資産（FA)、売上高（rev)、総資産利益率（ROA)、自己資本利益率（ROE）である。なお、操業年数、固定資産、売上高は対数値をとっている。これらの他に、製造業を1、それ以外を0とする産業ダミー（dm）を使用した。また、地域の特性を示すダミー変数を使用している。地域はマレーシア政府の分類にしたがい、州を北部（North)、中部（Central)、南部（South)、東部（East)、ボルネオ（Borneo）の5の地域に分類した[10]。

プロビットモデルでは変数の符号が重要となる。モデルの推定結果における各変数の符号は次のように予想される。第1に、操業年数は長いほど企業情報が蓄積されるため、金融機関の貸出審査にプラスの影響を及ぼすと考えられる。しかしながら、中小企業育成の観点から、政府は操業年数が短く若い企業を重点的に支援することも考えられる。そのため、操業年数（age）の符号はプラスにもマイナスにもなり得ると推測できる。第 2 に、担保の保有状況を表す固定資産については、一般にはプラスの符号が期待される。それは、金融機関からの借入では担保が重要な役割を果たすことと関係している。担保が多いほど支援を受ける機会が広がるため、この係数にはプラスの符号が期待される。しかし、十分な担保を保有してれば商業ベースでの銀行借入の可能性が高いため、政府はあえて十分な担保を保有していない企業を支援することも考えられるだろう。したがって、符号はプラス、マイナスのどちらの可能性もある。第 3 に、企業の業績の良し悪しを示す指標である売上高、ROA、ROE も同様にプラス、マイナスの両方の可能性が考えられるだろう。業績が良好であれば商業ベースによる借入が可能であるため、政府は業績があまり良くなく、商業ベースによる金融機関からの借入が困難な企業を支援するかもしれない。そのような場合は、符号がマイナスになると考えられる。

表 10-2 は、本章の分析で使用する変数の記述統計を示したものである。データについては、スミルノフ・グラブス検定[11]で外れ値を除外したのちに基本統計量を算出した。標準偏差をみると、固定資産（1.870）と売上（1.373）は平均からの差が大きいことがわかる。とくに固定資産の尖度は 3.636 と変数の中では中程度であるが歪度が−0.583 と最も大きい。このことから、固定資産についてはデータのばらつきが相対的に大きいことがわかる。つまり、固定資産を保有する企業とあまり保有していない企業の差が大きいということになる[12]。

表 10-2．記述統計

変数	gov	race	ln（age）	ln（FA）	ln（rev）	ROA	ROE
平均	0.120	0.470	2.329	13.430	15.165	0.024	0.114
中央値	0	0	2.303	13.534	15.254	0.023	0.094
標準偏差	0.325	0.499	0.706	1.870	1.373	0.104	0.359
歪度	2.344	0.122	0.145	−0.583	−0.288	−0.517	0.149
尖度	6.493	1.015	2.502	3.636	3.614	7.542	7.199
n	1,312	1,312	1,312	1,312	1,312	1,312	1,312

（出所）企業登記局で収集した中小企業の財務データより筆者作成。

4-3 推定結果

分析においては、開発金融機関を通じて政府の金融支援を受けている企業を1、受けていない企業を0とする質的変数を被説明変数とするプロビットモデルの推定を行った。分析結果は**表10-3**に示した通りである。先述のとおり、プロビットモデルの推定結果においては説明変数の係数の数値よりも符号の向き（プラスかマイナスか）が重要である。数値そのものは効果の大きさを意味するものではないため、留意が必要である。この点を踏まえたうえで、推定結果を確認してみたい[13)]。

表10-3より、政府による中小企業向け金融支援を受けている企業の属性として、次の4点が明らかになった。第1に、取締役会の民族構成（race）は統計的に有意に正の関係が確認できた。民族構成については、取締役にブミプトラが含まれている企業ほど支援を受けていることを示す。第2に、固定資産保有額（ln（FA））も統計的に有意に正の関係が確認できた。これより、開発金融機関を通じた支援では、担保の保有状況が大きく関係している可能性があると考えられる。第3に、売上高（ln（rev））とROAは統計的に有意に負の関係が確認できた。売上高やROAの面でみた企業業績があまり良好でない企業が金融支援を受けている傾向があると理解することができるだろう。第4に、操業年数とROEは統計的に有意な結果を得ていない。したがって、これらの変数は政府による金融支援にはあまり影響を及ぼさないものであると考えられる。産業ダミーは統計的に有意にならなかったことから、産業による相違は確認できなかった。一方、地域ダミーは東部（East）のみが統計的に有意に正の関係が確認できた。他の変数を所与とすると東部は中部よりも多くの政府の金融支援を受けていることになる。東部はクランタン州、トレンガヌ州、パハン州にあたり、これらの州はマレーシアの中でも相対的に所得水準が低い州である。一方、中部（Central）はスランゴール州、ヌグリ・スンビラン州、マラッカ州および連邦直轄領（首都クアラルンプール、プトラジャヤ、ラブアン）である[14)]。これらの地域はマレーシアの中でも相対的に所得水準が高い。このことから、政府の金融支援は比較的貧しい州に提供されている可能性を示唆する。

以上の分析結果より、開発金融機関を通じた政府の金融支援は、担保は保有しているものの業績が芳しくない中小企業に提供されているといえそうである。そのような企業はそもそも商業ベースでの銀行借入にアクセスすることが難しいことから、政府の金融支援にアクセスしていると考えられる。この意味においては、政府の金融支援は一定の役割を果たしているといえよう。しかし、本来は市場から淘汰されるべき中小企業が支援を受けている可能性があるかもしれない。そして、支援においては取締役の民族構成にブミプトラが含まれている企業ほど政府の金融支援にアクセスしている。これは、中小企業育成の政策形成の背景および経緯と関係があるものと考えられる。第 2 節で述べたように、中小企業向け金融支援のプログラムのうち 20%がブミプトラ向けのものであることから推測すると、マレーシアにおける政府の中小企業支援はブミプトラ支援の意味合いが依然として強いといえるかもしれない。このようなことから、ブミプトラのアクセスが比較的多いのではないかと考えられる。

表 10-3. プロビットモデルの推定結果

被説明変数	gov			
説明変数	(1)	(2)	(3)	(4)
race	1.166 ***	1.163 ***	1.128 ***	1.127 ***
ln（age）	0.007	0.010	−0.004	−0.010
ln（FA）	0.198 ***	0.200 ***	0.204 ***	0.197 ***
ln（rev）	−0.144 **	−0.145 **	−0.140 **	−0.136 **
ROA	−1.280 **	−1.128 **	−1.288 **	−1.274 **
ROE	−0.126	−0.126	−0.114	−0.116
dm		−0.024		0.053
North			0.081	0.085
South			−0.191	−0.201
East			0.323 *	0.331 *
Borneo			0.256	0.263
C	−2.422 ***	−2.425 **	−2.544 ***	−2.532 ***
Log likelihood	−402.747	−402.659	−398.859	−398.703
McFadden	0.162	0.160	0.170	0.169
観測数	1,312	1,304	1,312	1,304

（注）***、**、*はそれぞれ 1%、5%、10%の水準で統計的に有意であることを表す。
（出所）筆者作成。

5 むすび

本章では、政府の金融支援を受けた企業の属性分析を行った。プロビットモデルの推定結果から、次の 4 つの点が明らかになった。第 1 に、取締役会の民族構成としてブミプトラが含まれているほど支援を受けていることである。第 2 に、固定資産保有額が多いほど支援を受けていることである。第3に、売上高やROAなどの企業業績が芳しくない企業ほど金融支援を受けている傾向がある。第4に、操業年数とROEは統計的に有意な結果を示していないため、操業年数とROEは政府による金融支援にはあまり影響を及ぼしていないと考えられる。これらを総合すると、開発金融機関を通じた政府の金融支援は、担保は保有しているものの業績があまり良好でない中小企業に提供されているとみられる。これは、商業ベースでのローンを得ることが難しい企業に支援が行われていることを示唆するものであり、政府として一定の役割を果たしているといえよう。

本章の分析結果より特筆すべき点は次の2つがあげられる。ひとつは、開発金融機関を通じた政府の金融支援が取締役の民族構成に関係していることである。第3章でも明らかにしたように、マレーシアにおいて中小企業育成が重視されるようになった背景には、ブミプトラの発展および所得水準の底上げがあった。また、第10次マレーシアプラン（2011年～2015年）の時点でも「ブミプトラ系中小企業の促進」が重要なトピックとして掲げられている（The Economic Planning Unit [2010]）。これらのことを鑑みると、中小企業育成政策の重点はブミプトラに置かれていると理解することができる。取締役の民族構成にブミプトラが含まれている企業ほど政府の金融支援にアクセスしているという分析結果により、この点を再確認することができたといえるだろう。

いまひとつは、商業ベースでの銀行借入が難しい中小企業ほど政府の金融支援を受けていることである。これは、いわゆる幼稚産業保護論に通じる面がある。政府の金融支援によって中小企業が順調に成長し、商業ベースでの銀行借入ができるようになれば政府の支援は有意義であったといえる。しかし、問題は支援した中小企業が確実に成長するとは限らないことである。政府が確実に成長する中小企業を見極めることができなければ、支援に投じた資金は無駄となり国民に説明責任を果たすことができない。政府は政策の正当性を主張するためにも政策評価を行い、それを公表してくことが求められる。そして、それを支援の改善に結び付けることが必要であろう。政府自らの政策評価を行うことはもとより、外部の研究者による中立的な評価を行うことが望まれる。

ここで本章の限界についてもあらかじめ記しておきたい。本章は政府の中小企業向け金融支援の実態の一部を解明しており、全貌を明らかにするには至っていない。その理由は次の2つによる。ひとつは、本章で使用しているデータに関係している。本章の分析には中小企業の財務諸表に掲載されているデータを使用しているため、そこに記載されていない情報については把握することはできない。マレーシアにおける中小企業の財務諸表は、国内の会計基準に沿って作成されているために最低限の情報は開示されているが、それ以上の詳細な情報開示の状況は企業により差がある。また、欠損データも存在する。いまひとつは、マレーシアには政府の中小企業向け金融支援が開発金融機関以外の金融機関から提供されるケースが存在することである。財務諸表上、商業銀行やイスラーム銀行などから提供される政府のソフトローンと、商業ベースのローンを区別して掲載している中小企業はほとんどないのが現状である。

〔注〕

1) 支援目的が複数あるものが存在するため、合計は105件にならない。
2) 傾向スコア分析や差の差分析を行う前にプロビットモデルの分析が行われる。
3) このケースは被説明変数が0か1をとるダミー変数となるため、二項選択モデル（binary choice model）という。文献によっては、二値的選択モデルあるいは二項反応モデル（binary response model）、と表現しているものもある。例えば、女性の就業について労働する（ダミー変数=1）、労働しない（ダミー変数=0）の2つの選択がある場合である。なお、二項選択モデルを最小二乗法で推定すると問題が生じることが知られている。詳細は松浦・マッケンジー［2009］第2章を参照されたい。
4) 本節の内容は縄田［2001］およびDougherty［2011］に依拠する。
5) この他に、3つ以上の選択肢がある場合を多項選択モデル（multinomial choice model）とよばれる。文献によっては、多肢的選択モデルあるいは多項反応モデル（multinomial response model）、と表現しているものもある。例えば、通学の交通手段としてバスを利用するか（ダミー変数=1）、自転車を利用するか（ダミー変数=2）、歩くか（ダミー変数=3）のような場合に該当する。
6) 松浦・マッケンジー［2012］は、統計ソフトにより限界効果を自動的に計算するものがあるが、この解釈には注意が必要である旨を指摘している（松浦・マッケンジー［2012］、pp. 385-388）。
7) SME Corp. Malaysiaウェブサイト、List of Companies（http://www.smecorp.gov.my/index.php/en/guides/2015-12-21-10-49-38/list-of-companies）より検索、2015年10月26日アクセス）
8) ただし、個人事業（sole proprietorship）と合資会社（partnership）は除外している。これらは法的地位がなく、会計監査の義務がない（HERO VENTURES SDN BHDウェブサイト、http://www.daftarniaga.com/differences-between-enterprise-sdn-bhd.htm、2017年3月21日アクセス）。そのため、企業登記局に財務諸表が提出されていない。また、金融持株会社および企業登記がされているものの事業を開始していない企業も除外している。
9) 冒頭でも述べたように、企業によりデータが公表されていないものもあるため、本章の分析は不完備パネルデータとなることを記しておきたい。
10) 各地域に属する州は次の通りである。北部（North）はプルリス州、クダ州、ペナン州、ペラ州、中部（Central）はスランゴール州、ヌグリ・スンビラン州、マラッカ州、南部

（South）はジョホール州、東部（East）はクランタン州、トレンガヌ州、パハン州、ボルネオ（Borneo）はサバ州とサワラク州となっている。連邦直轄領であるクアラルンプール、プトラジャヤ、ラブアンは中部に含まれる。

11）スミルノフ・グラブス検定は、平均値から最も遠い値を検定して外れ値か否かを判断するものである。本章では、エクセル統計を用いて有意水準5%で検定を行った。

12）一般的に、製造業は生産設備を保有しているため、固定資産保有額はサービス業よりも大きくなる。

13）本分析にはE-Views9.5を使用した。なお、McFaddenは疑似決定係数（Pseudo R2）と呼ばれる。最小二乗法における決定係数（R2）のように数値は0から1の間をとり、当てはまりの良さを表す。モデルが全く説明力がない場合、McFaddenのR2は0になる。ただしWooldridge［2010、2013］は、疑似決定係数で示される当てはまりの良さは、説明変数の統計的有意性ほど重要ではないと述べている（Wooldridge［2010］、pp. 574-575、同［2013］、pp. 590-591）。また、松浦・マッケンジー［2001］は、「McFaddenのR2はOLSの決定係数とは全く意味が異なることに留意する必要はある」（松浦・マッケンジー［2001］、p. 339）と述べている。

14）他の地域の定義については、注10を参照されたい。

第11章

政府の中小企業向け直接貸出の効果に関する実証分析
—先行研究レビュー—

1 はじめに

中小企業は雇用創出や市場での競争面で重視される一方、市場においては不利な立場に置かれることが多いことから、政府による多様な支援が行われてきた。とくに金融支援は、政府および政府系金融機関のみならず、民間金融機関も支援を行うケースがみられる。そして、政府による企業支援が効果的であったのか否かが問われる機会も増えてきた。この分野の実証分析について金融支援に限定すると、主に2つのアプローチがとられている。ひとつは、金融の分野における中小企業金融の視点からの分析であり、いまひとつは、プログラム評価の視点からの分析である。

中小企業金融の分野における実証分析は、主に次の3つに分類することができる[1)]。第1に、政策金融の実施主体である政府系金融機関の貸出が民間金融機関の貸出の誘因となっているか否かを検討するものである。これは、いわゆる「カウベル効果」を検証する研究である。すなわち、ある企業への政府系金融機関の貸出が「情報」となり、民間金融機関の貸出にプラスの影響を及ぼすことを確認する分析である。第2に、中小企業向け貸出と企業の売上や設備投資などのパフォーマンスの関係を分析するものである。金融機関からの借入を得た企業において資金制約が緩和され、パフォーマンスにプラスの影響を及ぼす結果となれば、中小企業金融の有効性を確認することができる。第3に、中小企業向け銀行貸出の需要関数と供給関数の推定するものがある。

プログラム評価に関しては、近年、さまざまな手法により政府が実施するある特定のプログラムの効果を計測するものである。プログラム評価の手法については、第2章で簡単に触れたが、無作為化フィールド実験法（randomized field experiment）と非無作為化準実験法（quasi-experiments）が提唱されている。この手法は、従来、労働経済学や開発経済学の分野で比較的よく用いられているが[2)]、中小企業を育成ないし活性化するための政府のプログラムの効果に関する実証分析はそれほど多くないことが指摘されている（McKenzie［2009］, p. 227）[3)]。いずれの手法においても、前提となる条件や手法の利点・欠点があり、それらを十分理解したうえで手法を選択することが重要となる。

本章は、以上の２つのタイプの研究の蓄積があることを踏まえつつ、既存文献を整理して実証分析の方向性を明らかにすることを目的とする。特に本章では、政府の中小企業向け金融支援に関するプログラム評価に焦点をあてることとしたい[4)]。

本章の構成は次のとおりである。２では政府による中小企業金融に対する金融支援の実証分析をレビューする。ここでは、1990年代と2000年以降に分けてまとめる。2000年代以降の分析では、セレクション・バイアスや内生性の問題に対処するために様々な工夫が加えられつつあることを示す。またプログラム評価の手法が多様になり、より厳密な効果の測定が行われるようになってきたことを明らかにする。３では評価手法の選択方法と各手法の長所と限界をまとめる。プログラムの効果を分析するには、プログラムがどのように策定されていたかということが大きく関係する。そして、プログラムの策定段階であらかじめ評価が計画されている場合、評価手法の選択の幅が広がることを示す。４では、本章をまとめ、開発途上国における政府の中小企業向け金融支援の実証分析を行う際のインプリケーションを導出する。

2 政府による中小企業に対する金融支援の効果に関する実証分析

Storey［1998］は、「OECD加盟国のプログラム評価は、評価というよりもただの監視にすぎない」と述べている（Storey［1998］, p. 35）。この指摘が意味することは、Storey［1998］以前は、プログラムの評価が厳密に行われてきたとは言い難いということになる。そこで本章では、1990年代後半以降に発表された実証分析を中心にレビューすることとしたい。

2-1 1990年代後半の実証分析

Sarder, Ghosh, and Rosa［1997］は、1990年から1992年におけるバングラ

デシュ政府による中小企業向け支援の効果を多変量分散分析により検証した。本論文の特徴は、金融、マーケティング、マネジメント、人材育成、アドバイザリーなど多岐にわたる政府の支援の効果を分析している点である。支援を受けた企業 93 社、受けていない企業 68 社のデータを使用し、被説明変数としてサポートのタイプあるいは金額を、説明変数として売上伸び率、雇用伸び率、従業員 1 人あたり売上、フルタイム従業員 1 人あたり付加価値を用いて分析を進めている。この結果、特に金融支援を受けた企業の方が、受けない企業よりもパフォーマンスが良好であることを見出した。Sarder, Ghosh, and Rosa［1997］で用いられた多変量分散分析は、グループ間の変数の平均の差が有意であるか否かを検証する手法である。つまり、本研究ではグループ間の平均処置効果[5]（Average Treatment Effect：ATE）を計測していることになる。これが意味を持つには、介入群と対照群の選択が無作為に行われている必要があるが、本研究はサンプルの選択においてバングラデシュの首都（ダッカ）に立地している中小企業しか選択されていない。そのため、母集団に偏りがあると考えられ、本研究はサンプル・セレクション・バイアス[6]が発生している可能性が否めない。この問題は論文中でも認識されており、中小企業のパフォーマンスの変動は支援の影響であることを完全に説明することはできないと言及している（Sarder, Ghosh, and Rosa［1997］, p. 34）。また、この研究は反事実的状況（counterfactual）[7]に対する配慮がなされてない点も問題があるだろう。この背景には、データの整備状況や選択した手法の限界が大きく関係していると考えられる。

プログラムの評価においては、プログラムを実施したグループ（介入群：treatment group）と実施していないグループ（対照群：control group）をどのように割り当てるかが重要となる。これについて、Storey［1998］は、操業年数、部門、所有者、立地などの情報を用いて介入群と類似する企業を対照群として特定し、両者の比較を行うことを提唱した（Storey［1998］, pp. 25–30）。この視点を取り入れた研究が Lerner［1999］である。Lerner［1999］は、アメリカ製造業のうち、1985 年～1995 年の間に補助金を受けた中小企業 1,435 社を対象に、補助金の効果（雇用および売上）を計測した。産業、企業規模、売上、立地などの情報から補助金を受けた中小企業（介入群）と受けていない中小企業（対照群）を分類し、それぞれの雇用と売上伸び率を比較した。その結果、補助金を受けた企業においては雇用、売上の両方にプラスの効果がもたらされたことが判明した。特に、ハイテク産業において効果が顕著であったことも明らかにした。

2-2 統計的手法による介入群と対照群の選択

Storey［1998］以降のプログラム評価では、企業属性から対照群を選択する際に統計的手法を用いて実現させようとする傾向スコアマッチング（Propensity Score Matching：PSM）を用いる研究が行われるようになってきた。PSMは差の差（Difference-in-Difference：DID）分析などの他の手法と合わせて使用される場合が多い[8)]。

Benavente, Crespi, and Maffioli［2007］は、1998年から2000年のチリにおける技術開発関連の補助金の効果を計測した。この補助金は中小企業に特化したものではないが、参加企業6,000社のうち85%（5,100社）が中小企業であることが指摘されている（Benavente, Crespi, and Maffioli［2007］, p. 1）。まずPSMによって介入群と対照群に分け、DIDで両群の比較を行った。その結果、補助金はプロセスイノベーションに正の効果があったが、新製品開発への効果は確認できなかった。また、雇用、売上、輸出には統計的に有意に正の効果があることが明らかになったが、生産性への効果は統計的に有意な結果を得ることができなかった。これより、研究開発の成果が現れるのは時間を要することが想定されるため、長期的な効果の計測が重要であるとしている（Benavente, Crespi, and Maffioli［2007］, p. 23）。

Lopez-Acevedo and Tinajero［2010］は、1994年～2005年のメキシコ政府が行った中小企業支援策の効果について計測した。本研究で分析に取り上げられたのは、労働省、経済省、輸出入開発銀行、CONACyT、その他が実施したプログラムである[9)]。本研究ではDIDを用いて参加企業の付加価値、売上、輸出、雇用に対する分析を行った。その結果、これらの変数が有意に正を示したのは、経済省のSector Promotion Programs、連邦政府のCOMACyTと、連邦環境保護弁護士の監督の下で実施されたNational Environment Audit Programであることが明らかになった。

Castillo, Maffioli, Monsalvo, Rojo, and Stucchi［2010］は、1999年～2007年のアルゼンチンにおける中小企業支援プログラム[10)]の効果に関する研究である。このプログラムは、(1) 情報提供を通じて既存の公的・民間の支援プログラムの利用促進、(2) 個々の企業に合わせた市場開発のための専門的サービス、(3) 直接金融支援、の3つの要素から成る。とりわけ、(3) については、専門サービスと技術支援のコストを政府が50%負担するというものである。本研究は、PSM と DID を用いて上記プログラムの評価を行った。その結果、雇用、実質賃金、輸出において正の効果がみられたが、雇用に対する効果が最も大きかったことを見出した。また、効果は支援を受けてから 1~2 年、中には 3 年程度のタイムラグがあることを示した。

植杉・内田・水杉［2014］は、中小企業向け日本政策金融公庫（以下、公庫）の貸出効果を検証した。本研究の着眼点は、(1) 公庫がどのような中小企業に貸出を行っているのか、(2) 公庫貸出が設備投資、雇用、利益率にどのような影響を及ぼしたのか、(3) 公庫の情報生産機能、の 3 点である。本研究は日本政策投資金融公庫の内部資料を使用しているため、一般には公開されていない情報を利用して分析を行っている。本研究でも PSM により公庫からの借入を得た中小企業（介入群）と得ていない中小企業のグループ（対照群）を作成し、DID を用いた分析を行っている。その結果、全般的に内部格付けを考慮して信用度のより高い企業に資金供給を行っていることが明らかになった。ただし、景気低迷期においては、他の金融機関からの貸出が減少する一方で、公庫貸出が増加していたことも判明した。公庫貸出の効果については、設備投資と雇用に正の効果をもたらしたことが示された。情報生産機能については、独自の内部格付け情報を用いることにより、財務状況の悪化を招きにくい企業を選別して貸し付けているとしている。

DeNegri, Maffioli, Rodrigues, and Vázquez［2011］は、1997 年~2007 年のブラジルにおける公的信用の効果を分析した研究である。具体的には、ブラジル最大の開発銀行（BNDES）と研究プロジェクト融資機関（FINEP）の信用限度額が企業の雇用、輸出、労働生産性に対する効果を検証した[11]。これらの融資は大企業も利用することが可能であるが、本研究の報告によれば、利用企業の大半は零細・小企業[12]となっている。本研究においても手法は PSM と DID が用いられており、融資の効果を計測している。その結果、雇用と輸出には正の効果が確認できたものの、労働生産性は統計的に有意な結果とならかなった。

2-3　サンプル・セレクション・バイアスと内生性への対処

これまで整理してきたように、プログラム評価の手法が多様になり、より厳密な分析が可能となったものの、それでもサンプル・セレクション・バイアスと内生性は常につきまとう問題である。Storey［1998］はサンプル・セレクション・バイアスの対処法として、ヘックマンの2段階推定[13]と無作為パネルデータを使用することを提唱した（Storey［1998］, pp. 32-33）。

Roper and Hewitt-Dundas［2001］は1991年から1994年のアイルランド共和国および北アイルランドにおける政府の中小企業向け補助金の効果について、クラスター分析とヘックマンの2段階推定によって企業パフォーマンスに対する影響を検証した。クラスター分析では、補助金を受けた企業の方が受けていない企業よりも成長が早く、利益を上げていることが明らかになった。さらに、この違いがサンプル・セレクション・バイアスによるのか、あるいは純粋に政府の支援の効果によるのかを検討した。その結果、アイルランドについては、パフォーマンスが良い企業が支援対象になっているという証拠は確認できなかった。しかし、北アイルランドについては、生産性の伸び率が高い企業が支援対象になっていることが判明した。これは、アイルランドではサンプル・セレクション・バイアスが生じていないが、北アイルランドでは発生していることを示唆する。さらに、資金支援に限ってみると、両方とも雇用には影響を及ぼしているが、売上と利益率には影響がないことも判明した。この分析結果より、長期的観点からは支援企業の競争力に問題が生じる可能性があると言及している。

Ibarrarán, Maffioli, and Stucchi［2009］は、2006年のラテンアメリカ・カリブ諸国16ヵ国のデータ[14]を用いて、中小企業に実施された政策が生産性に及ぼす影響の検証を行った。一般に、プログラム評価はある1カ国の特定のプログラムを対象にする[15]ことが多い。しかし、本研究は複数の国の中小企業に対する政策全般を対象にしたクロスセクション分析を行っている点が特徴的である。セレクション・バイアスに注意を払いながら分析を進めたものの、その結果は手法によって異なるものとなった。例えば、企業サイズを考慮した最小二乗法による分析では、中小企業の生産性は大企業よりも統計的に有意に低いことが確認できたが、操作変数法を用いると統計的に有意な結果とならなかった。2段階最小二乗法とPSMを用いた分析では、政策の影響を受けるとされる変数のうち、トレーニング、国際標準化機構の国際規格（ISO）の取得、製品イノベーションについて、中小企業の方が大企業よりも政策の影響を受ける傾向にあるが、信用アクセスについては大企業に対する影響の方が大きいことが明らかになった。これらの分析結果を受けて、Ibarrarán, Maffioli, and Stucchi［2009］は、特定の中小企業の生産性に対する中小企業向け政策の効果をシミュレーションした。すると、政策を中小企業に特化するのではなく全ての企業に適用した方が生産性が拡大するという結果を得た。このように、Ibarrarán, Maffioli, and Stucchi [2009] では、中小企業政策の効果については安定した分析結果が得られていない。これは、クロスセクション分析の限界であるように思われる。Storey [1998] および Tan and Acevedo [2005] が指摘するように、プログラム評価においてはパネルデータによる分析が重要となることを示唆している。

一方、内生性の問題については、ミクロ計量経済学で扱う変数は内生であることが多いため、推定方法の工夫が求められる点が指摘されている（北村 [2009]）。具体的には、ある変数が内生か否かを調べるには、(1) 内生性検定の利用、(2) 計量モデルの拠り所となる理論モデルからの推測、の 2 つの方法が考えられる（北村 [2009], pp. 63-64）。また、内生性を考慮した推計方法のひとつとして、操作変数法もある。操作変数法の最も難しい点は、適切な操作変数を探すことである。一般に、操作変数は被説明変数に直接影響を及ぼさず、説明変数を通してしか被説明変数に影響を与えないことが必要である。また、誤差項とは相関しないことを確認する必要もある。このような変数を見つけることは容易ではない。しかし、既存研究の中には操作変数法を用いた分析も存在する。例えば、Wallsten [2000]、根本・深沼・渡部 [2006]、Behr, Norden, and Noth [2013] などがあげられる。

Wallsten [2000] は、アメリカ政府による中小企業向け研究開発（R & D）の補助金の効果を分析した研究である。本研究はそれまでの研究と異なり、操作変数法と 3 段階最小二乗法を用いた点が新しい。まず、被説明変数として 1993 年の雇用数（対数値）を、説明変数として 1990 年～1992 年の補助金金額を使用し、コントロール変数も含めて最小二乗法による分析を行った。ここでは、補助金を受けた企業の雇用伸び率が受けていない企業よりも多いことが判明した。次に、内生性の問題をコントロールするために操作変数法を用いた分析も行った。その結果、補助金と雇用の間には正の相関がみられることを見出した。しかしながら、補助金により、企業が R & D 支出のために独自で行う資金調達を減少させたことも明らかになった。これより、本研究は補助金が民間資金のクラウディングアウトにつながっている可能性が高いことを指摘している。

根本・深沼・渡部 [2006] では、1980 年～2003 年に開業した企業の創業期における政策金融の役割を明らかにした。この研究では中小企業庁が行った調査による個票データを使用し、プロビット分析で政府系金融機関から借入を行っている企業の属性を分析した。被説明変数は政府系金融機関借入ダミー変数とし、説明変数は経営者の属性、企業属性、産業属性、地域属性などを使用した。その結果、政府系金融機関を利用している傾向が高いのは、担保力が脆弱で事業経験のない創業者であることが明らかになった。続いて、政策金融の影響について雇用成長率を被説明変数とし、プロビット分析と同様の説明変数に政府系金融機関借入ダミー、公的賞受賞ダミーを加えた最小二乗法を行った。この分析では、政府系金融機関借入ダミーは統計的に有意な結果を示さなかった。これを受けて、政府系金融機関借入ダミーと創業年数（対数）の交差項を含めた操作変数法による追加的な分析を行った。すると、創業年数（対数）と創業時従業員数（対数）は有意に負となり、先の交差項も有意に負の結果を示した。これより、根本・深沼・渡部［2006］は、「政府系金融機関のみから借り入れた企業の成長率は、民間金融機関のみから借り入れた企業と比較して平均的には低いものの、創業年数の経過とともにゆるやかに上昇していくという傾向」（根本・深沼・渡部［2006］, p. 12）があるとの結論を示した[16)]。この論文は、非公開のデータ（すなわち内部データ）を使用していることから、研究のオリジナリティとしては高く評価できるが、再現性の問題が残るだろう[17)]。

Behr, Norden, and Noth［2013］は、1995年～2007年のドイツにおける州立銀行からの借入が中小企業の資金制約をどの程度緩和したかを検証した研究である。本研究の特徴的な点は、キャッシュ・フローに着目したことと、セレクション・バイアスの問題を考慮して操作変数を用いて分析を行っている点である。分析の結果、全銀行借入に対して州立銀行からの借入が10%増加すると、当該中小企業の資金制約は3～10%緩和されることが明らかになった。同時に、民間銀行からの借入を増やしても資金制約の緩和効果はみられなかった。

3 評価手法の選択

3-1 プログラム実施方法に即した評価手法の選択

前節では、中小企業に対する政府の金融支援の効果に関する実証分析を整理した。そこで明らかにされたように、分析手法は多様である。最も理想的であるのは実験的な手法であるが、現実にそれを行うとなると倫理的な問題がともなう。また、プログラムの実施の仕方や、プログラムの実施前に評価することが決定していたか否か、という状況も評価手法に影響することがある。そのため、プログラム評価の分野では、準実験的手法も用いられるようになった。

実証分析の蓄積が進むにつれて、各分析手法の利点と限界も明らかになってきた。世界銀行は、2012年に中小企業に対する金融支援プログラムの評価に焦点をあて、評価手法を整理した（World Bank [2012]）[18)]。プログラムの実施前に評価することが決定していれば手法の選択肢の幅は広がる。また、プログラムの実施の仕方によって適切な評価手法も異なってくる。**表11-1**は、その一例として、プログラムの実施の仕方（または介入の仕方）と適切な評価手法をまとめたものである。例えば、プログラム評価が事前に決定している場合は、対象者を無作為に割り当てることが可能であるから、評価手法は無作為化比較試験などが望ましい（**表11-1**（1））。

Storey [1998] が「OECD加盟国のプログラム評価は、評価というよりもただの監視にすぎない」（Storey [1998], p. 35）と指摘していることからも明らかなように、過去に実施されてきたプログラムは事前に評価を行うことを想定していなかったため、厳密な評価を行うことが難しかったのではないかと考えられる。一方、中小企業に対する金融支援という性質を考慮すると、プログラムの応募条件が事前に定められている場合が多く、対象企業を無作為に割り当てるということは現実的ではない。さらに、応募する中小企業は、プログラム実施後の状況[19)]を想定してプログラムに応募するか否かを決定することが考えられる。このことから、セルフ・セレクション（self-selection）[20)]の問題が発生する。したがって、多くの場合は、無作為標本が得られないことを前提に評価を行うことが求められる。

表 11-1. プログラムの実施の仕方とそれに適した評価手法の例

プログラムの実施の仕方	評価手法
(1) 評価が事前に計画されている場合	
・政策が無作為に割り当てられた場合	無作為化比較試験 (Randomized control trial)
・政策が地域横断的に無作為に開始される場合[1]	無作為化段階法 (Randomized phase-in)
・無作為に一部の SME にプログラム参加を奨励する場合	奨励デザイン (Encouragement design)
・プログラムに応募した SME の中から無作為にプログラム参加が選抜される場合[2]	オーバーサブスクリプション・デザイン (Oversubscription design)
(2) 評価が事前に計画されていない場合	
・政策が地域ごとに段階的に開始される、もしくは特定の地域に実施される場合	差の差法 (Difference-in-difference)
・一定の理由によりプログラムの成功と無関係に対象となる SME が定められている場合	操作変数法 (Instrument variable)[3]
・プログラム中止の資格が明確に定められている場合	回帰分断法 (Regression discontinuity)
・プログラム参加資格と選抜ルールが明確な政策の場合	傾向スコアマッチング法 (Propensity score matching)

(注) 1) 同じプログラムが支援対象や地域によりその開始時期が異なる場合も含まれる。
2) 有資格者の全てがプログラムに応募可能なものの、参加者がくじ引き等でランダムに割り当てられる場合、また資源が限られている中でプログラムの需要が過剰な場合も該当する。
3) 頑強な操作変数を見つけることが前提となる。
(出所) World Bank [2012], pp. 16-17 より抜粋、引用。注については同 p. 12 および pp. 16-17 を参考に筆者により加筆。

では、無作為標本が得られない場合、どのように分析したらよいのだろうか。末石 [2015] は「セルフ・セレクションが生じているとき、標本は全く役に立たないかというと、必ずしもそうでない」(末石 [2015], p. 16) と言及する。末石 [2015] は、介入群と対照群の違いが観測可能な変数によってある程度説明できる場合は、類似した特性を持つ対象を比較することができると説明している。これを可能とするのが、DID、PSM、操作変数法である。**表 11-1** (2) にも示したように、事前に評価が計画されておらず、かつ無作為割り当てができない場合は、DID や PSM、操作変数法を利用することができる。

3-2 各手法の長所と限界

前項にも示したように、プログラムの実施方法により適した手法が存在するため、評価手法の選択には注意を要する。また、それぞれの評価手法の長所と限界も認識しておく必要があるだろう。**表 11-2** は、World Bank［2012］がまとめた主な評価手法の前提条件、長所と限界を示したものである。無作為化比較試験（RCT）の場合、主な前提条件として次の 2 点が指摘されている。ひとつは、プログラム対象者が介入を操作することができないこと、もうひとつは対照群がプログラムから恩恵を受けないということである。この手法は、プログラムの効果の信頼性の高い識別を可能とする比較対照群が存在する点が長所であるが、全てのプログラムに適した手法ではない。また、研究から得た知見をどこまで一般化できるかという点については慎重に熟考を重ねる必要があるだろう（外部妥当性の問題）[21)]。

差の差（DID）法は、介入前の介入群と対照群の傾向が一致していることが前提条件となる。そうでなければ、介入後の効果を正確に測ることが難しい。適切に介入群と対照群を選択することができれば、費用対効果の高い評価手法となる。実際には、介入前のデータが必要なため、データの整備状況がこの手法の使用可否に大きな影響を及ぼすと考えられる。

操作変数法については、操作変数がプログラムの参加と強い相関がある一方、プログラムの成果とは相関がないという前提条件がある。このような操作変数を見つけることができれば、プログラムのセルフセレクションに影響する情報をモデルに加味することができ、プログラムの効果を比較しやすくなる。しかし、操作変数法で使用した変数以外の要素で、プログラムの成果に影響を及ぼす要素がある場合、この手法は適切な分析結果を示すことが難しくなる。

回帰分断法の場合、介入がない場合においてもカットオフ値（成果指標の基準値）と成果は連続的な関係があるということが前提となる。この手法では、介入前のデータが必要ないこと、RCT の結果とも比較が可能な点が長所といえよう。その一方で、カットオフ値が介入効果の最大化と関係している場合や、対象者がプログラム参加資格を操作できるような局面においては、分析結果にバイアスをもたらす。また、この手法を用いるには、カットオフ値周辺の十分なデータが必要となる。そのため、この手法の使用可否は、データの整備や収集状況に大きく依存することとなるだろう。

傾向スコアマッチング（PSM）法は、近年の研究に比較的多く採用されている。この手法は、介入群と対照群の介入前の状態が一致している場合に採用することができる。また、プログラムの参加資格が複数の変数と関連していても対照群の特定が可能となる。ところが、プログラム参加と関連する未観察情報があ

表 11-2. 各評価手法の前提となる条件および長所と限界

手法	主な前提	手法の比較	
		長所	限界
無作為化比較試験 (Randomized control Trials)	・対象者が介入を操作することができない ・対照群がプログラムから利益を受けられないようにしなければならない	・介入の効果について、信頼性の高い識別ができる	・全ての政策がこの手法に適しているわけではない ・計測された効果は、プログラムが拡張された時の効果と異なる場合がある ・外部妥当性に問題がある可能性がある
差の差 (Difference-in-difference)	・介入がない場合の介入群と対照群の質が一致しなければならない	・時間とともに変化しない要素の比較もできる ・費用対効果の高い評価手法である	・一方のグループが時間とともに変化したり、両方のグループが介入前と異なる傾向を示す場合、この手法は無効である
操作変数 (Instrumental variables)	・操作変数は政策の参加に強い関連がある一方で、プログラムの成果には関連を持たない	・プログラムのセルフセレクションに影響する未観察情報を比較できる	・プログラムの実施前に計画されていない限り、操作変数法による評価は実施が難しい ・操作変数法はプログラムの部分的な効果しか推定できない
回帰分断 (Regression discontinuity)	・介入がない時でもカットオフ値と成果は連続している	・比較対照の基準になるデータ（ベースラインデータ）が不要 ・堅実な分析は無作為化比較試験と同様の分析結果を得られる	・次の場合は分析結果にバイアスが生じる (1)カットオフ値が介入効果の最大化と関係している場合 (2)対象者がプログラム参加資格を操作できる場合 ・カットオフ値の周辺の値が十分に収集できなければならない ・非連続回帰は部分的な効果しか計測できない
傾向スコアマッチング (Propensity Score Matching)	・介入群と対照群の介入前のプログラムの状態は一致していなければならない	・プログラムの参加資格が複数の変数と関連していても、対照群の特定ができる	・データ集約的な分析手法 ・プログラムの参加に関連する未観察情報によって生じるバイアスに対しては、頑健な推定結果を示すことができない（この場合、他の手法と合わせる必要がある） ・評価者が介入の基準を明確かつ詳細に理解されている場合に用いるべき
最低標準モニタリング (Minimal standard monitoring)	・介入対象の成果が政策以外の要素に影響されない	・相対的に実施が容易である（評価チームや分析者の技術的能力は不要）	・分析結果の扱いは注意を要する（政策以外の要素が結果に影響を及ぼしている可能性があるため）

（出所）World Bank［2012］, p.44, Appendix 4 より引用。

り、その変数を考慮していない場合は、分析結果にバイアスが生じるという限界もある。これは、成果に関連する情報は全てモデルの中に組み込んでおく必要があるという事を意味する。このような限界を補完するために、PSMは他の手法を合わせて使用することがある。また、PSMに含めることができるのは、介入前のデータに限定されるため、介入前のデータが必要となる。

最後に、最低標準モニタリングについては、対象者の成果は政策以外の要素の影響を受けないという前提が求められる。既に記した手法に比べて実施が容易である反面、分析結果の解釈は慎重さを要する。それは、得られた分析結果が本当に政策以外の影響を受けていないかという点を考慮しなければならないからである。現実問題として、政策以外の影響を受けているか否かの識別は、極めて難しいだろう。

4 むすび―開発途上国研究におけるインプリケーション―

本章では、政府の中小企業向け金融支援に関する実証研究を整理してきた。中小企業向けの金融支援に関する実証分析は、金融分野の視点から中小企業金融に関する研究と、プログラム評価の視点から政府のある特定のプログラムの効果を計測する研究が存在する。本章では、とくに後者に重点をおいて既存研究のレビューを行った。近年、プログラム評価に関する実証分析の手法は、疫学や薬学、医学の分野でよく用いられてきた実験的手法を取り入れるケースが増えてきた。プログラムを実施する介入群と、実施しない対照群を無作為に割り当て、プログラムの効果を比較するという手法である。

ただし、1990年代までの研究では、さまざまな工夫がなされているものの、介入群と対照群の割り当てについてやや厳密性を欠いているように見受けられる。2000年以降の研究では、介入群と対照群を統計的な手法で選択しようとするPSMが用いられるようになってきた。また、PSMはDIDなどの他の手法と合わせて使用される研究も増えてきた。同時に、内生性やセレクション・バイアスの問題に配慮した実証研究も行われるようになってきた。

このように、さまざまな評価手法が取り入れられる中で、プログラム評価を行う者の関心は、いかにして最適な評価手法を選択するかということであろう。本章ではこの点について、World Bank［2012］が参考になるポイントを整理していることに言及した。プログラム策定時点であらかじめ評価が計画されている場合は、無作為化比較試験などを使用することが可能である。また、これ以外にも評価手法の選択肢は多い。政府による中小企業に対する金融支援という性質を考慮すると、応募資格があらかじめ定められているケースが多いことから、セルフ・セレクションの問題が発生する。しかし、セルフ・セレクションが生じている標本であっても分析は十分可能であることが明らかになった（末石［2015］）。例えば、DID や PSM、操作変数法はセルフ・セレクションの問題が発生している場合でも使用可能な手法である。

ただし、各手法にはその前提条件や長所、限界があることを認識しておく必要があるだろう。また、データの整備状況やプログラムの実施状況により、プログラムの効果を厳密に計測することが難しいことも認識する必要がある。政策の原資となる税金を効果的に使用しているか否かを知るためにも政策の効果を正確に計測することが理想的である。しかし、既述のように、現実的な問題として多少の誤差が発生することを認識したうえで評価を行うことが望まれる。

開発途上国では、国際機関による援助の策定時に評価を行うことを計画している場合がみられ、プログラム評価は比較的よく行われるようになった。しかしながら、国際機関の援助プロジェクトでない場合、プログラム評価にはいくつかの困難が伴うことが想定される。最も深刻な問題は、データの取得であろう。開発途上国においては、評価に必要なデータが十分に蓄積されていないことが多い。プログラムの策定時点で評価を計画している場合であっても、データを収集することは困難がともなう。例えば、プログラムの実施中に対象者がグループから脱退したり、さまざまな要因によって介入群と対照群の質を維持できなくなる場合もあるだろう。したがって、開発途上国を対象とした分析は不完全、多少の誤差が生じる可能性あることは否めない。収集可能なデータで、いかに工夫して評価を行うかという視点が必要となるであろう。

〔注〕

1）この分野では日本を対象にした実証分析の蓄積が多い。例えば、堀内・大滝［1987］、堀内・随［1994］、福田・照山・神谷・計［1995］、松浦［1995］、井上・宮原・深沼・山中［2000］、曲［2006］、石川［2012］など。Rashiah［2011］はマレーシアを対象とした分析である。

2）労働経済学の分野では賃金に対する教育の効果の計測や、人材育成の政策プログラムの効果計測において用いられているようである。また、開発経済学の分野では援助やマイクロファイナンスの効果の計測において研究蓄積がある（例えば Takahashi, Higashikata, and Tsukada［2010］、Kaboski and Townsend［2012］など）。もともと、無作為化フィールド実験法や非無作為化準実験法は、疫学や薬学、医学の分野でよく用いられていたが、それが経済学でも使われるようになったという経緯がある。

3) このほか、金融教育と消費者保護、ビジネストレーニングの分野に関する実証分析もあまり多くないと指摘している（McKenzie [2009], p. 227）。

4) プログラム評価の観点から中小企業に対するトレーニングやアドバイザリー支援などの効果の分析や、企業規模を限定しないで提供される企業向け支援のプログラム評価を行う分析も発表されるようになってきた。例えば、Jarmin［1998, 1999］、Wren and Storey［2002］、Roper and Hart［2005］、Chudnovsky, López, Rossi, and Ubfal［2006］、Mole, Hart, Roper, and Saal［2008］などがあげられる。

5) 文献によっては、平均処理効果と表現しているものもある。

6) サンプル・セレクション・バイアスは、サンプルが無作為に抽出されていない場合に生じるサンプルの偏りのことを指す（Heckman [1979], p. 160）。Heckman［1979］によれば、サンプル・セレクション・バイアスが発生する理由は主に2つあるとされている。第1に、分析対象がセルフ・セレクションを生じさせてしまう場合である。第2に、分析者やデータ加工者がサンプルの決定の際にセルフ・セレクションと同じ状態を作ってしまう場合である（Heckman [1979], p. 153）。

7) 本章では、counterfactualの邦語訳は外務省にしたがっている。外務省ウェブサイトによれば、反事実的状況（counterfactual）とは「開発インターベンションが行われなかったとしたら、当該個人、組織、グループが置かれたであろうと想定される状況あるいは状態」と説明している。詳細は外務省ウェブサイトを参照されたい（http://www.mofa.go.jp/mofaj/gaiko/oda/kaikaku/hyoka/dac_yogo.html、2016年2月14日アクセス）。なお、「開発インターベンション」という言葉を本章の文脈に照らし合わせると、中小企業に対する政府プログラムの実施と置き換えることができるだろう。

8) Tan and Acevedo［2005］は1991年～1995年のメキシコにおける中小企業に対するComprehensive Quality and Modernization Programの生産性への効果を分析した。本研究では、介入群と対照群を分類する手続きが省かれている。それは、既存研究で分類されている介入群と対照群のデータを使用しているからである。そのうえでDIDを用いて分析したところ、既存研究と異なる結果となった。具体的には、セルフ・セレクションに対処すると、支援の生産性に対する効果は統計的に有意な結果は得られなかった。これより、Tan and Acevedo［2005］は、評価においては適切な対照群を選択すること、プログラム参加前と後の成果を比較するために両グループのパネルデータを収集することの重要性を唱えている（Tan and Acevedo [2005], p. 14）。

9) CONACyTは、分権化により連邦政府から分離された機関であり、科学技術政策を担当する。提供するプログラムは、人材トレーニング、特定研究プロジェクトのサポートや科学技術の情報普及などが中心となる（Lopez-Acevedo and Tinajero [2010], p. 8）。また、その他には、連邦政府の他のプログラムや、州や地方政府のプログラムなどが含まれる。なお、これらのプログラムが選択されたのは、本論文中で使用するデータと関係している。本研究で使用するパネルデータは、筆者らが複数の資料を組み合わせて作成し、PSMで介入群と対照群を選択した。すると、介入群の中小企業が最も多く参加していたプログラムが上記に記したものであったことが判明した。そのため、評価するプログラムを上記に絞り込んだということである。これらのプログラムには、中小企業に対する直接的な金融支援以外も含まれている。

10) 名称はPrograma de Apoyo a la Reestructuración Empresarial（PRE）という。貿易自

由化が生産性の低い企業（特に中小企業）の脅威となっていたことから、中小企業の競争力を向上させることを目的として、1990年代末に策定されたプログラムである（Castillo, Maffioli, Monsalvo, Rojo, and Stucchi [2010], p. 5）。

11）前者の正式名称はBanco Nacional do Desenvolvimento、後者はFinanciadora de Estudos e Projetosである。

12）例えば、2001年の時点では約80％が中小企業であった（De Negri, Maffioli, Rodrigues, and Vázquez [2011], p. 11）。

13）ヘックマンの2段階推定は、プロビット法と最小二乗法によって推定する方法である。第1段階において、ある事柄について2項選択モデルを推定する。続いて第2段階として、第1段階で得たパラメータを最小二乗法に代入して推定する方法である。初歩的な解説は牧［2008］第8章、北村［2009］第10章を参照のこと。

14）一部の国は2003年や2004年、2005年のデータを使用している。

15）例えば、R＆D促進のための補助金などがあげられる。

16）この研究では、付録にマッチング推計の結果も記載されている。サンプルサイズが小さくても成立する手法を採用したものの、この分析においても、政府系金融機関の借入ダミーの係数は負となったが、統計的に有意ではなかった。しかし本論と同様の分析結果を得たとしている。

17）非公開のデータが計量分析の変数として重要な情報を含んでいる場合、より真に迫った分析が可能である。研究者の立場からみると、そのようなデータは非常に魅力的である。しかし、非公開のデータを使用した分析は他者が再現することができないため、信頼性に欠けるという議論もある。

18）世界銀行はプログラム評価をインパクト評価（impact assessment）と表現している。

19）例えば、資金繰りが良くなって売上が伸びる、あるいは設備投資が可能となり生産が拡大するということ等が考えられる。

20）セルフ・セレクションとは、「個人が自らの意思によってどのような行動を取るかを選択すること、あるいは、その選択の結果、ある行動を取る人たちのグループと取らない人たちのグループの間で特性の差が生じる」（末石［2015］, p. 16）ことを意味する。

21）そのためにも、介入群と対照群の選択に際しては、母集団に偏りがないことが求められる。

第12章

開発金融機関による中小企業向け金融支援の雇用創出効果

1 はじめに

開発途上国では、民間部門の育成および活性化が重要な課題となっている。しかし、起業初期は保有資産、雇用、市場シェア等の面で規模が小さく、そのような企業が自然に成長するとは限らない。中小企業は市場において不利な立場に置かれることが多いため、市場における効率的な資源配分がうまくいかない市場の失敗が観察されることが多い。政府は、市場の失敗に対応すべく、中小企業に対する支援を行う必要がある。

Asian Development Bank [2009] は、中小企業が雇用創出の源泉になりうる点に着目し、ここに政府が中小企業支援を行う妥当性を主張する。雇用をつうじて所得を得ることができれば、貧困緩和にもつながることが期待できる。経済全体の活性化のみならず、雇用創出の面からも中小企業支援の重要性を指摘することができる。特に金融面の支援は必要不可欠となる。中小企業は情報の非対称性の問題により、民間金融機関からの融資を得ることが難しいことが多い。民間金融機関は中小企業が進めようとしているプロジェクトの実行可能性やリスクを判断するための情報を完全に入手することが困難である。また、融資金額も大企業に比べて少額であるため、規模の経済が働きにくく、民間金融機関にとって高い利益を見込むことも難しい。このような理由から、民間金融機関は中小企業への融資に積極的になりにくいという事態が生じる。ゆえに、中小企業がビジネスを行ううえで金融面の制約を緩和ないし撤廃するために、政府の金融支援が求められる。

マレーシア政府は、中小企業支援のための融資プログラムを実施してきた。この特徴は、政府の中小企業向け金融支援が開発金融機関だけでなく、商業銀行やイスラーム銀行、中央や州レベルの政府機関を通じて提供されてきた点である。中小企業が多様なルートから金融支援にアクセスできる点は一見すると望ましいかもしれないが、政策の効果を検証する観点からは障害にもなりうる。

以上の背景から、本章の目的は次の2つである。第1に政府による中小企業向け金融支援が雇用に及ぼす影響を分析することである。第2に、分析結果から開発途上国政府に対する政策インプリケーションを導出することである。本章で展開される実証分析は、政府の支援を受けた中小企業が雇用機会を生み出したかどうかを評価するものである。マレーシア政府による中小企業向け金融支援が雇用増加に貢献したのであれば、政府はその支援を拡大することが望まれる。一方、雇用増加に結びついていないのであれば、政府は当該支援制度の改革の必要性を示唆することになる。本章では、開発金融機関に焦点をあて、政府の中小企業向け金融支援の雇用創出効果を分析する。

本章の構成は次のとおりである。2では先行研究を整理する。実証分析の先行研究については第11章で詳細なレビューをまとめてあるため、本章ではそれらのエッセンスを簡単に振り返る。続く3では分析の枠組みを提示する。4では開発金融機関をつうじた政府の中小企業向け金融支援が雇用創出につながったのか否かについて、操作変数法による実証分析を行う。5では本章をまとめ、若干の政策インプリケーションの導出を試みる。さらに、本分析の限界を示し、結論とする。

2 先行研究

本章冒頭で述べたように、本章の目的はマレーシア政府の中小企業向け中小企業支援が雇用創出に結びついたか否かを評価することである。政策評価は、政府が自国の政策の説明責任を果たすために重要といえる。しかし、Storey［1998］が指摘するように、政策評価は先進国でも不適切に行われていることがある。OECD諸国における中小企業促進策において、政府は監視するだけで効果を計測していないと主張した（Storey［1998], p. 35)。

1990年代以降、政策評価の手法に関する研究が進むと、政策の効果を検証することが可能となった。評価手法には、無作為化フィールド実験法と非無作為化準実験法の2つに大別される。これらの手法は労働経済学や開発経済学で利用されることが多く、中小企業支援の政策評価に適用された研究はほとんどなかったとされる（McKenzie［2009], p. 227)。実験的手法では、対象を無作為に2つのグループに分け、一方には介入を行い（介入群)、もう一方には介入を行わない（対照群）。そして、対照群と介入群の差を観察することで介入の効果を観察する。この分析手法は、介入群と対照群の間の政策の影響の違いに焦点を当てているため、差の差法（DID）とよばれている。

プログラム評価を行う上で最も難しい点は、適切な方法を選択することである。中小企業に対する金融支援プログラムを定量的に評価する手法をまとめたThe World Bank［2012］によれば、支援前に評価を行うことがあらかじめ計画されている場合は、評価手法の選択の幅が広がることを指摘した。実験的手法はプログラム評価[1)]で最も理想的な手法だが、実際には倫理的な問題が生じる場合があることに留意が必要である。しかしながら、ほとんどの場合は支援を受ける国の政府はプログラム評価を想定していない。ここにプログラム評価の難しさがある。これは、国際機関ないし政府の支援前に評価を行うことが決まっている場合は、収集すべきデータの種類やサンプルサイズ、最適な評価手法の選定を行うことができる。しかし、評価の実施が想定されていない場合は、データや情報が不足する場合もあり、評価手法の選択の幅が狭められてしまう。加えて、政府の中小企業融資プログラムの性質上、セルフ・セレクション・バイアスの問題に対処する必要がある。

Lerner［1999］は、介入群と対照群のグループ分けに傾向スコアマッチング使用し、米国の製造部門における中小企業の雇用と売上に対する補助金の影響を分析した。その結果、補助金が雇用と売上にプラスの効果があったことがわかった。Benavente, Crespi, and Maffioli［2007］は、チリの技術開発プログラムに対する補助金のプログラム評価を行った。その結果、補助金がプロセスイノベーションにプラスの効果をもたらしたことが判明したが、新製品開発に対する効果は統計的に有意にはならなかった。さらには、政府の金融支援は雇用、販売、輸出に効果があったものの、生産性には効果が確認できなかったとしている。De Negri、Maffioli、Rodrigues、Vázquez［2011］は、1997年から2007年までのブラジルの雇用、輸出、労働生産性に対する政府の融資プログラムの影響を分析した。この分析では、政府の融資プログラムが雇用と輸出にプラスの効果をもたらしたことを見出したが、労働生産性に対する効果は統計的に有意とならなかった。

植杉・内田・水杉［2014］は、政府系金融機関である日本政策金融公庫を通じた中小企業融資プログラムが業績に及ぼす効果を分析した。この研究では、固定資産への投資、雇用、収益性への効果に焦点をあてている。介入群と対照群のグループ分けにはPSMを使用し、DIDによる分析を行った。その結果、融資プログラムが固定資産への投資と雇用にプラスの影響を与えたことが明らかになった。本研究は日本政策金融公庫が保有する中小企業のデータを使用しており、日本における中小企業の実態を解明した点で示唆に富む分析であるが、未公開の内部データであることから分析の再現性は極めて難しいだろう。

プログラム評価において深刻な問題は、セルフ・セレクション・バイアス（self-selection bias）の問題である。Wooldridge［2013］は、「文字通り、この用語は個人が特定の行動やプログラムを自ら選択するという事実から来ているため、プログラムへの参加がランダムに決定されるわけではない」と説明する（Wooldridge［2013］, p. 255）。政府による中小企業向け金融支援の場合、その応募条件が設定されている場合が多く、その条件に合致することがあらかじめわかっている中小企業しか応募しない。プログラム評価ではランダムサンプリングが求められるが、このような場合はランダムサンプリングが不可能なため、分析結果にバイアスが生じてしまう。プログラム評価では、セルフ・セレクション・バイアスをどのように修正するかが極めて重要になる。

Storey［1998］は、セルフ・セレクション・バイアスの問題に対処する方法として、ヘックマンの2段階推定（Heckit）を提案している。Heckitによる研究として、Roper and Hewitt-Dundas［2001］があげられる。この研究は、1991年から1994年のアイルランドにおける中小企業に対する補助金の効果を分析したものである。分析の結果、補助金プログラムが国内の中小企業の業績全体にプラスの影響を及ぼしたが、売上高と利益率への影響については統計的に有意とならなかったことが確認された。

Ibarrarán, Maffioli, and Stucki［2009］は、クロスセクションデータを用いて2006年のラテンアメリカおよびカリブ海諸国の中小企業政策の生産性に対する影響を分析した。この論文の特徴的な点は、操作変数法とHeckitの2つの方法で分析を行ったことである。まず、操作変数法による分析では、推定結果は統計的に有意とならなかった。一方でHeckitによる分析では統計的に有意な結果を示した。中小企業に対する人材育成やISO（国際標準化機構）認証取得、製品イノベーションなどに対する政府の支援は、大企業よりも大きな効果を示した。Ibarrarán, Maffioli, and Stucki［2009］は2つの重要な視点を提示している。第1に、分析手法によって結果が異なることを示した点である。第2に、クロスセクションデータによる分析結果は、誤解を招く可能性である。政府によるプログラムは、効果が出るまで1年以上の時間差があるかもしれない。そのため、プログラム評価にはクロスセクションデータではなく、パネルデータの方が適切であることを示唆している。

セルフ・セレクション・バイアスの問題に対処するひとつの方法として、操作変数法（IV）がある。IVでは適切な操作変数を使用することが求められるが、実際にはそれを見つけることは難しい。操作変数は推定するモデルの説明変数をつうじて被説明変数に影響を及ぼすものであるため、適切な操作変数は次の3つの条件を満たす必要がある。第1に推定するモデルの説明変数にはならないこと、第2にモデルの誤差項と相関関係がないこと、第3に内生の説明変数と相関関係があることである（Wooldridge [2013], p. 850）。

Wallsten［2000］は、適切な操作変数を見つけて説得的な分析を行った研究のひとつである。この論文では、1990年と1992年の中小企業の研究開発活動に対する米国連邦補助金の影響を分析した。その結果、補助金と雇用の間には正の関係があることが判明した。また、根本・深沼・渡辺［2006］は、操作変数法により1980年から2003年までの操業年数が浅い中小企業に焦点を当て、政府の金融支援プログラムの影響を明らかにした。パネルデータを用いた分析の結果、中小企業の操業初期の段階に着目すると、政府の金融支援を受けた中小企業の方が民間銀行機関から融資を受けている中小企業よりも成長率が相対的に低かったことを示した。ところが、時間の経過につれて政府の金融支援を受けた中小企業の成長率が次第に増加し始めたことも判明した。さらに、Behr, Norden, and Noth［2013］は、1995年から2007年までのドイツの企業データを用いて操作変数法による分析を行った。この研究によると、中小企業が借入総額に占める国有銀行からの借入を10%増加させると中小企業の資金制約は3～10%緩和させた一方で、民間金融機関の融資は中小企業の資金制約を緩和させなかったことを示した。

3 分析の枠組み

3-1 操作変数法および二段階最小二乗法

本章では、第11章で示された多様な評価手法とその選択方法を鑑みて、操作変数法（IV）による分析を行う。IV法を選択する理由は次のとおりである。第

1に、開発金融機関をつうじた政府の中小企業向け金融支援は、事前に計量的な評価を行うとされていない点である。そのため、無作為化フィールド実験法を採用することは難しい[2)]。第2に、本研究のデータはランダムに抽出した中小企業の財務諸表から収集したものであり、介入群と対照群を分類するのに十分な情報が得られていない点である。第3に、本研究においては条件を満たした中小企業に金融支援を行うという性質上、セルフ・セレクション・バイアスの問題が存在する。この問題に対処するには、第11章で説明したとおり操作変数法が適している。

本章の分析モデルは、以下の式で表すことができる。ここで、x と u は相関する[3)]。

$$y=\beta_0+\beta_1 x+u, \text{ where } \mathrm{Cov}(x,u)\neq 0 \qquad (\text{式}1)$$

最小二乗法（OLS）の場合 x と u の相関が生じることは望ましくないが、IVの場合は、x が u と相関している場合に次の2つの条件を満たす別の変数 z を観測することができれば、z を x の操作変数として使用することができる。2つの条件とは、第1に z と u に相関がないこと、第2に z が x と相関していることである。

$$\text{Condition 1: } \mathrm{Cov}(z,u)=0 \qquad \text{条件（1）}$$
$$\text{Condition 2: } \mathrm{Cov}(z,x)\neq 0 \qquad \text{条件（2）}$$

これらの条件を満たすと、z が x を通じて推定式の被説明変数 y に影響を与える可能性が出てくるため、z を操作変数として使用することができる。ここで z と x の相関を確認するには、下記の簡単な回帰を行う（式2）

$$x=\pi_0+\pi_1 z+v \qquad (\text{式}2)$$

$\pi_1\neq 0$ の場合、π_1 は $\mathrm{Cov}(z,x)/Var(z)$ で表されるため、帰無仮説（$H_0{:}\pi_1=0$）は棄却され、条件（2）が成立する[4)]。

社会科学分野の実証研究では、最適な操作変数を見つけるのは困難であることは既に述べたとおりである。たとえば、経済問題にはさまざまな要因が関係しており、それらの要因が相互に関連して複雑に絡み合っている場合が多い。また、モデルの説明変数が多くなるうえに、それぞれの説明変数に対する操作変数も複数あることが想定される。ひとつの説明変数に対して3つ以上の操作変数を持つ可能性がある場合、二段階最小二乗法（two-stage least squares methods：2SLS）が適している[5)]。

$$y_1 = \beta_0 + \beta_1 y_2 + \beta_2 z_1 + \beta_3 z_2 + u_1 \qquad (式3)$$

式3の z_1 と z_2 は外生であり、式3に含まれていない外生変数がさらに存在すると仮定する（例えば z_3、z_4 など）。y_2 が u_1 と相関しない場合、式3はOLSによって推定できる。Hausman［1978］が示したように、y_2 が内生であるかどうかを確認するには、OLSと2SLSの推定結果を比較すればよい。OLSと2SLSの推定結果が異なり、かつ統計的に有意であるならば、y_2 は内生であることが示される。これは同時に、z_j が外生であることを意味する。この点を検証するために、次の式4を推計する。

$$y_2 = \pi_0 + \pi_1 z_1 + \pi_2 z_2 + \pi_3 z_3 + \pi_4 z_4 + v_2 \qquad (式4)$$

式4で確認することは、v_2 と u_1 に相関があるか否かである。v_2 が u_1 と相関しない場合、z_j は u_1 と相関しないため y_2 は u_1 と相関しないことが証明される。u_1 は式5で表すことができ、ここでは e_1 と v_2 の間には相関がなく平均がゼロとなり、$\delta_1=0$ のもとでは u_1 と v_2 は相関しない。

$$u_1 = \delta_1 v_2 + e_1 \qquad (式5)$$

ただし、誤差項 v_2 は観測されないため、OLSによって y_2 を推定して誘導系の残差 $\hat{v}_2$ を得る必要がある。その上で、式5を式3に代入して式6となる。

$$y_1 = \beta_0 + \beta_1 y_2 + \beta_2 z_1 + \beta_3 z_2 + \delta_1 \hat{v}_2 + error \qquad (式6)$$

帰無仮説（H_0:$\delta_1=0$）が統計的に有意なレベルで棄却されれば、v_2 と u_1 は相関しないことが示され、y_2 の外生性が確認できる。説明変数が複数ある場合、モデルの誘導形から残差を得ることで推計される。その後、構造形の残差をF検定でテストする。

3-2　過剰識別性の検定

前項で説明したように、モデル内に複数の内生変数が存在しうる場合は2SLSが適した手法となる。ただし、それは説明変数の数と、操作変数および外生変数の数が同じでないことが想定されるため、過剰識別性を考慮しなければならない。そのため、操作変数が過剰に設定されていないかどうかを検証する必要がある[6)]。

過剰識別性の問題が発生しているか否かは、操作変数の数から内生変数の数を差し引いた値（q）が正になるかどうかで判断することができる。例えば、例えば、1つの内生変数に対して3つの操作変数が考えられる場合、$q=3-1=2$となり、過剰識別性の問題が発生する。一般に、qが2より大きい場合、2SLSの残差に基づいて簡単な検定を行うことができる。この根底にある考え方は、すべての操作変数は外生変数であれば、2SLSの残差は各操作変数と相関しないということである（Wooldridge［2013］、p. 536）。

過剰識別性の判定は、操作変数が構造形モデルの誤差項と相関がないことを調べるSargan検定で確認することができる。Wooldridge［2013］によれば、過剰識別性のテストは次の3つの手順で行われる。まず、構造形のモデルを2SLSによって推計し、残差を得る。次に、外生変数の残差を用いて回帰分析を行い決定係数（R^2）を確認する。そして、帰無仮説、すなわち全ての操作変数が残差と相関しないという点を棄却できるか否かを調べる。もし、nR_1^2がカイ二乗分布に従い5%の臨界値よりも大きければ、帰無仮説は棄却され、操作変数は外生であることが確認できる（Wooldridge [2013], p. 537）。

4 実証分析

4-1 モデル

政府の金融支援を受けることができた中小企業は、経営上の資金制約が緩和される。その結果、事業を拡大するためにより多くの労働力を雇用できる可能性がでてくる。このような背景から、本章の分析は下記のモデルによる分析を行う。

$$\mathrm{G}(emp)_{i,t}=\beta_0+\beta_1\mathrm{gov}_{i,t}+\beta_2 G(FA)_{i,t}+\beta_3 G(rev)_{i,t}+u_{i,t} \qquad (\text{式}7)$$

被説明変数は中小企業の雇用伸び率（G(emp)）である。右辺には、政府の金融支援（gov）を受けている場合は1、受けていない場合は0とするダミー変数、固定資産増加率（G(FA)）、収益増加率（G(rev)）とする。さらに、モデルにはマレーシア半島部の4地域（北部、中部、南部、東部）とボルネオ島部の地域ダミーを含む[7)]。

このモデルの関心は、政府の金融支援ダミー（gov）の係数（β_1）である。政府の金融支援を受けた中小企業の雇用が増加していれば、プラスになることが予想される。なお、固定資産増加率の係数（β_2）はプラス、マイナスのどちらにもなりうる。民間企業が業務効率化を促す機械・設備への投資を増やすと、雇用の減少をもたらす可能性がある。その一方、一定の労働力を要する機械・設備への投資を増加すれば、雇用の増加を引き起こすこともありうる。また、収益が増加すると企業の資金制約が緩和され、業務拡大を進めようとしている企業は雇用を増やす可能性があることから、収益増加率の係数（β_3）はプラスをとなることが予想される。

表12-1は、本分析で使用するデータの記述統計である[8)]。総資産利益率（Return on Asset：ROA）の標準偏差が0.1024と最も小さく、GDPの標準偏差が2.2652で最大であった[9)]。

表12-1. 記述統計

	G(emp)	gov	G(FA)	G(rev)	race	DFI_ratio	ROA	bank	GDP
平均	0.0309	0.0974	0.0796	0.0710	0.4000	2.2908	0.0207	0.5500	5.0835
中央値	0	0	−0.0169	0.0568	0	2.4463	0.0208	1	5.5
最大値	1.5163	1	2.1559	2.3313	1	3.1892	0.5012	1	7.4248
最小値	−1.1632	0	−1.9790	−2.1225	0	0.8580	−0.4503	0	−1.5137
標準偏差	0.3052	0.2966	0.4509	0.4249	0.4901	0.6603	0.1024	0.4977	2.2652
観測数	1,140								

（注）各変数の意味は次の通りである。empは従業員数、govは政府の中小企業向け金融支援ダミー、raceは取締役会メンバーにブミプトラが含まれている場合のダミー変数、FAは固定資産額、revは収益、DFI_ratioは州ごとの銀行支店総数に対する開発金融機関支店数の割合、ROAは資産収益率、bankは商業銀行あるいはイスラーム銀行との取引ダミー、GDPはGDP成長率である。なお、G（・）は各変数の成長率を表す。
（出所）筆者作成。

本研究で用いる操作変数は、第10章で行った分析結果に基づいて設定する。式7で示された3つの被説明変数に対して、7つの操作変数を設定した。まず、raceとROAはそれぞれ政府の中小企業向け金融支援ダミー（gov）と正の相関関係にあることが明らかになったため、これらの変数は操作変数として適切である。次に、Behr, Norden, and Noth [2013] に従い、州ごとの全銀行支店の総数に対する開発金融機関（DFI）の支店の割合（DFI_ratio）を適用する。同じ州内に開発金融機関の支店が増えれば、中小企業は政府からの財政支援を受ける機会が広がる。Bankは、商業銀行およびイスラーム銀行と中小企業との取引関係がある場合は1、ない場合は0をとるダミー変数である。商業銀行やイスラーム銀行と取引関係がある中小企業は、ビジネス上の資金制約を緩和する可能性が高い。また、企業の売上高は経済状況に影響を受けることから、GDP成長率も用いる。操作変数法には説明変数に時差のあるラグ変数が含まれることが多いため、固定資産増加率と収益増加率のラグ変数を使用する。

まず、確実な分析結果を得るために、式7の説明変数の内生性の検定を行った。ここでの帰無仮説（H_0）は、説明変数は外生ではないということである。**表12-2**は、Wald検定によって内生性の検定結果を示したものである。これより、各説明変数は有意水準5%で帰無仮説が棄却されることが明らかになった。

表12-2. Wald検定の結果

帰無仮説：$\beta_1=\beta_2=\beta_3=0$			
F-statistic	3.6023	Probability	0.0131
Chi-square	10.8069	Probability	0.0128

（出所）筆者作成。

4-2 データ

本章の分析に用いるデータは、筆者がマレーシア企業登記局（Suruhanjaya Syarikat Malaysia：SSM）[10] に提出された監査済み財務諸表から収集したものである。監査済みの財務諸表には、貸借対照表、損益計算書、キャッシュフロー計算書、資本変動計算書、および財務諸表の注記が含まれている。SSMには各企業の取締役会メンバー、操業開始日、企業の重要な変更に関する情報も提出されている。

データ収集については、マレーシア中小企業公社（SME Corp. Malaysia）のオープンアクセスディレクトリから無作為に341社を抽出し、1999年から2015年までの財務諸表から収集を行った。マレーシアでは、上場企業に関しては会計および開示の制度が十分に整備されているが、中小企業を含む非上場企業では必ずしも十分ではない。したがって、データの開示状況は中小企業によって異なり、本章の分析に必要なデータを公開していない中小企業も存在するため欠損データがある[11]。このような理由から、本分析は不完備パネルデータ（unbalanced panel data）による分析となる。

4-3 推定結果

表 12-3（1）は、最小二乗法、同（2）は操作変数法の推定結果を示したものである。**表 12-3**（2）によれば、当該ダミー（gov）の係数はプラスを示したものの、統計的に有意な結果とはならなかった。このことから、政府の中小企業向け金融支援は、それを受けた中小企業の雇用増加に貢献していない可能性が高いといえる。本章冒頭に説明したように、Asian Development Bank［2009］は、政府の支援によって雇用が拡大したことをもって、その正当性を主張するものであったが、マレーシアの場合はそれを支持する結果とならなかった。

その一方で、統計的に有意な結果を得た変数は、固定資産増加率（G（FA））である。**表 12-3**（2）が示すように、固定資産増加率（G（FA））と雇用増加率（G（emp））は有意水準 1%のレベルでプラスの関係を示した。筆者は、前項で固定資産増加率と雇用増加率の関係はプラスにもマイナスにもなりうることを述べたが、推定結果はプラスとなった。その理由のひとつとして考えられるのは、マレーシアの中小企業が所有する固定資産のほとんどが店舗や工場であり、ロボットや工場のオートメーションなどの作業省力化の設備ではないことがあげられる。したがって、分析結果はマレーシアの中小企業が売上（需要の高まり）に応じて固定資産への投資を増加させ、それとともに従業員数を増加させている可能性を示唆している。

表 12-3. 推定結果

被説明変数	G(emp)					
	(1) OLS			(2) IV		
説明変数	係数	標準誤差		係数	標準誤差	
gov	0.0427	0.0236	*	0.1629	0.1554	
G (FA)	0.0764	0.0206	***	0.5972	0.2313	***
G (rev)	0.1248	0.0206	***	−0.3500	0.2368	
定数項	0.0097	0.0109		−0.0136	0.0242	
地域ダミー	Yes			Yes		
F 値	12.2944		***	3.6388		***
F-test first stage (gov) 2)				13.3787		***
F-test first stage (G(FA)) 2)				7.4620		***
F-test first stage (G(rev)) 2)				6.9670		***
回帰の標準誤差				0.4041		
誤差の二乗和				87.9708		
Prob (J-statistic)				0.3488		
サンプル期間	1999-2015			2004-2015		
観測数	1,429			1,060		
操作変数				race, DFI_ratio, ROA, G(FA(-1)), BANK, G(REV(-1)), GDP, NORTH, SOUTH, EAST, BORNEO		

(注) 1) ***、**、*はそれぞれ有意水準 1%、5%、10%を表す。

2) 1 段階目の回帰で操作変数の係数がすべてゼロという帰無仮説に対する F 値。

(出所) 筆者作成。

さて、本章の分析は説明変数の数よりも多くの操作変数を設定しているため、過剰識別性のテストを行う必要がある。第 3 節の分析の枠組みで述べた Sargan 検定を用いて判別を行ったところ、**表 12-4** に示したように Sargan 統計は 4.4812 (p 値 0.3448) となり帰無仮説が棄却された。これより、操作変数は外生であることが確認され、過剰識別性の問題は生じていないと結論づけることができる。

表 12-4. Sargan 検定の結果

Sargan statistic	4.4812
p-value	0.3448

(出所) 筆者作成。

5 むすび

本章では、政府による中小企業向け金融支援の雇用創出効果の評価を行った。政策目標を達成するために設立された開発金融機関を通じた金融支援に着目した。政府による金融支援プログラムは、セルフ・セレクション・バイアスの問題が発生することから、それを解決する手法として操作変数法を採用した。分析の結果、開発金融機関をつうじた政府の中小企業向け金融支援は、雇用の拡大に結び付いていなかったことが明らかになった。また、固定資産への投資が中小企業の雇用にプラスの効果をもたらしていたことも判明した。これらの分析結果は、マレーシア政府の中小企業向け金融支援は、成長過程にありながら資金制約に陥っている中小企業に対する支援に結びついていない可能性を示している。したがって、マレーシア政府は、事業拡大が見込まれ、労働力確保が必要な中小企業に対してより積極的に金融支援を行うことが求められよう。そのためには、政府は中小企業のプロジェクト内容、経営状況、社長や役員の人柄、財務状況などを精査し、慎重に中小企業を審査する必要がある。これは、政府の説明責任を強化するという側面からも必要であろう。

ここで本章の限界についても記しておきたい。政府の中小企業向け金融支援の雇用への有効性は、開発金融機関だけでなく商業銀行をつうじた支援にも着目する必要がある。第 6 章で述べたように、政府の中小企業向け金融支援は、様々なチャネルを通して提供されている。銀行部門をつうじた支援の効果の全体像に迫るには、商業銀行にも焦点をあてる必要があるといえよう。

〔注〕

1）世界銀行などの国際開発金融機関はインパクト評価という用語を使うことが多いが、これは本研究におけるプログラム評価と同じ意味である。

2）無作為化フィールド実験法や非無作為化準実験法については、第 2 章、第 10 章を参照されたい。

3）本項の内容は Wooldridge [2013], Chapter 15, pp. 514-515 に依拠する。

4）対立仮説は、H_1:$\pi_1 \neq 0$ である。

5）本項の内容は、Wooldridge [2013], Chapter 15, pp. 534-535 に依拠する。

6）Matuura & Mckenzie [2001] は、推定式全体の内生変数と外生変数の数をそれぞれ M、K とし、ある特定のモデルにおける内生変数と外生変数の数をそれぞれ m、k とすると、次の 3 つのケースが考えられると説明する（Matuura & Mckenzie [2001], pp. 196-197)。
ケース 1：m+k−1<K、あるいは M−1<（M+K）−（m+k）の時は過剰識別
ケース 2：m+k−1>K、あるいは M−1>（M+K）−（m+k）の時は過小識別

ケース3：m+k−1=K、あるいはM−1=（M+K）−（m+k）の時は識別性の問題は生じない。

7）半島を4つの地域に分けているが、それぞれの地域をカバーする州は次の通りである。北部はプルリス州、クダ州、ペナン州、ペラ州の4州である。中央部はスランゴール州、ヌグリ・スンビラン州、マラッカ州、連邦政府管轄領のクアラルンプール、プトラジャヤ、ラブアンの3州と3都市である。南部はジョホール州のみで、東部はクランタン州、トレンガヌ州、パハン州の3州である。ボルネオはサバ州とサラワク州の2州である。

8）データの中に外れ値を検出するグラブス検定（grubbs test）を行い、外れ値を除去してある。

9）本章の分析はEViews 9.5を使用した。

10）マレーシア企業登記局（SSM）は国内取引・協同組合・消費者省の傘下にある機関として2002年4月に業務を開始した。根拠法に基づいて設立された企業はSSMに登録する必要があり、上場企業および未上場企業は監査済み財務諸表等の書類をSSMに提出することが求められる。詳細はSSMウェブサイトを参照されたい（https://www.ssm.com.my/en）。

11）例えば、従業員数は監査済み財務諸表や年次報告書で公開が義務とされていないため、開示していない中小企業が存在する。

第13章

COVID-19の中小企業への影響と政府・中央銀行の対応

1 はじめに

2019年12月、中国湖北省武漢市で確認された原因不明の肺炎が世界保健機関中国事務所に報告された（World Health Organization ウェブサイト）[1]。マレーシアの国営通信ブルナマ（Bernama）によると、マレーシアで最初に報告された原因不明の肺炎感染者は、2020年1月18日にマレーシアに入国した中国籍の人物であった。マレーシア人として最初の感染者が確認されたのは同年2月3日であり、その人物は1月16日から23日までシンガポールで国際会議に参加していたこと、そこには中国からの参加者も含まれていたことが明らかになっている（Bernama ウェブサイト）[2]。世界保健機関（World Health Organization：WHO）のデータによれば、2月中はマレーシア国内での感染拡大が確認されなかったが、3月に入ると1日の新規感染者数が3桁に急増し、死者数も3月中旬ごろから増加した（World Health Organization ウェブサイト）[3]。これを受けて2020年3月16日、ムヒディン・ヤシン首相[4]は移動制限令（Movement Control Order：MCO）を同月18日から31日まで発令すると発表した（Tang［2020］）。

経済活動を制限するMCOは国全体の経済に影響を及ぼした。ビジネス環境の悪化は、企業や銀行の経営を圧迫する。一般に、景気悪化時においては中小企業がそのバッファーの役割を果たすといわれていることから、マレーシアにおいても中小企業が大きな影響を受けた可能性がある。大企業に比べて資金調達手段が限定的な中小企業にとって、経済活動の制約は企業の存続に関わる。この事態を打開するために、中央銀行はあらゆる手段を用いて支援を行ってきた。銀行に対しても、規制を一時的に緩和する等の措置を講じて対処している。

マレーシアの企業数のうち中小企業は約5割を占めることから、中小企業の経営悪化をつうじて生じる家計への影響は計り知れない。そのため、政府は補正予算を組み、複数回にわたり景気刺激策を発動してきた。さらには、2022年予算においても、新型コロナウイルス感染症（以下 COVID-19）からの景気回復を目指して予算が組まれた。

以上の背景から、本章の目的は COVID-19 の中小企業への影響を明らかにし、中央銀行および政府の対応策を整理することである。本章の構成は次の通りである。2 では COVID-19 が中小企業に及ぼした影響を生産、雇用、輸出の観点から明らかにする。3 では中央銀行が 2020 年～2021 年に行った中小企業および銀行に対する施策を整理する。4 では 2022 年予算のうち、中小企業に焦点をあてた施策をまとめる。最後に 5 として本章をまとめ、結論とする。

2 COVID-19 の中小企業への影響

2-1 生産

マレーシア統計局が発表した『中小企業 2020』（*Small and Medium Enterprises 2020*）から、COVID-19 が中小企業に与えた影響を確認してみよう。**表 13-1** は、2016 年から 2020 年までの生産伸び率を示したものである。合計の欄をみると、2016 年から 2019 年まではプラス成長であり、中小企業の伸び率の方が国全体よりも大きかった。ところが、2020 年は中小企業（－7.3%）も国全体（－5.6%）もマイナス成長となり、中小企業への負の影響の方が大きいことがわかる。

産業別にみると、2019 年までは農業、鉱業、製造業、サービス業で中小企業の生産伸び率の方が国全体よりも大きい（**表 13-1**）。2020 年は COVID-19 の影響により、すべての産業でマイナスとなった。最も大きな影響を受けたのは建設業であった（中小企業－15.4%、国全体－19.4%）。農業と鉱業は中小企業のマイナス値の方が国全体よりも小さく、COVID-19 の影響は相対的に軽微であったといえよう。製造業とサービス業は中小企業のマイナス値の方が国全体よりも大きかったことがわかる。とりわけ、中小企業におけるサービス業の－9.2%は建設業の－15.4%に次いで大きなマイナス値となった。

表13-1. 生産伸び率（%）

	中小企業					国全体				
	2016年	2017年	2018年	2019年	2020年	2016年	2017年	2018年	2019年	2020年
農業	−0.5	6.2	0.4	2.3	−0.3	−3.7	5.9	0.1	2.0	−2.2
鉱業	8.2	8.9	5.2	19.5	−7.1	2.2	0.4	−2.2	−0.6	−10.6
製造業	4.9	6.8	5.5	4.5	−2.9	4.4	6.0	5.0	3.8	−2.6
建設業	6.7	6.6	4.0	0.3	−15.4	7.4	6.7	4.2	0.4	−19.4
サービス業	6.5	7.3	8.1	7.5	−9.2	5.7	6.3	6.9	6.2	−5.5
計	5.4	7.2	6.3	5.9	−7.3	4.4	5.8	4.8	4.4	−5.6

（注）国全体はGDP、中小企業は付加価値額。いずれも実質値。2019年は予測値、2020年は速報値。
（出所）Department of Statistics, Malaysia [2021], p. 29, Table 4A および 4B より引用。

表13-2は、2016年から2020年までの中小企業の生産伸び率について、各産業の部門別に示した表である。これによると、2020年の農業は−0.3%と他産業よりマイナス値が大きくないことがわかる。漁業および林業は2019年以前からマイナス成長であったが、中小農業が生み出した付加価値のうち80.5%を占めるゴム・パーム油・家畜・その他農業がプラス成長であったことが農業全体の生産を下支えした[5)]。2020年の製造業は−2.9%であったが、内訳の部門をみると石油化学・ゴム・プラスチック製品と食料・飲料・タバコはそれぞれ3.2%および2.0%とプラスであった。中小製造業の約5割を占めるこれらの部門がプラス成長であったことで製造業全体の生産が大きく落ち込まなかったのではないかと思われる[6)]。その一方で、COVID-19のサービス業への悪影響は大きい。2020年のサービス業は−9.2%であったが、部門別では金融・保険・不動産・ビジネスサービス（−10.6%）、輸送・倉庫・通信（−11.4%）、その他サービス業（−14.8%）が2桁のマイナス成長率であった。中小サービス業の65.2%を占める卸/小売・レストラン・宿泊[7)]は−7.8%とサービス業では相対的にマイナス値が小さいが、総じてサービス業の厳しい状況を読み取ることができる。

表 13-2. 中小企業における部門別生産伸び率（%）

	2016 年	2017 年	2018 年	2019 年	2020 年
農業	−0.5	6.2	0.4	2.3	−0.3
ゴム・パーム油・家畜・その他農業	−1.0	9.3	0.8	3.4	1.7
漁業	1.6	−0.1	−0.3	−0.4	−5.7
林業	−1.9	−15.1	−5.8	−8.3	−18.6
鉱業	8.2	8.9	5.2	19.5	−7.1
製造業	4.9	6.8	5.5	4.5	−2.9
石油化学・ゴム・プラスチック製品	5.5	4.4	5.9	4.3	3.2
食料・飲料・タバコ	3.0	11.0	3.7	3.2	2.0
非金属・金属製品	6.1	6.1	6.9	4.9	−13.1
その他製造業	5.2	6.2	5.6	5.3	−4.4
建設業	6.7	6.6	4.0	0.3	−15.4
サービス業	6.5	7.3	8.1	7.5	−9.2
卸 / 小売・レストラン・宿泊	6.8	7.6	8.6	7.7	−7.8
金融・保険・不動産・ビジネスサービス	6.0	7.6	7.7	7.8	−10.6
輸送・倉庫・通信	5.9	6.8	6.8	6.6	−11.4
その他サービス業	5.6	5.1	6.3	6.4	−14.8
合計	5.4	7.2	6.3	5.9	−7.3

(注) 実質付加価値額の伸び率。2019 年は予測値、2020 年は速報値。
(出所) Department of Statistics, Malaysia [2021], p. 33、Table 8 より引用。

2-2 雇用

表 13-3 は 2016 年から 2020 年までの中小企業と国全体の雇用伸び率を示している。2016 年から 2019 年までの合計をみると、国全体の雇用伸び率よりも中小企業の数値の方が大きいことがわかる。ところが、2020 年は国全体が−0.2%であるのに対して中小企業が−0.9%と、中小企業へのマイナスの影響が大きかった。産業別にみると、2020 年の農業は国全体の−0.4%対し、中小企業は 0.5%とプラスの伸びを示した。また、同年の鉱業は国全体の−2.3%に対して中小企業は−1.3%であり、中小企業への影響の方が若干軽微であった。その一方で、製造業、建設業、サービス業は中小企業の雇用の落ち込みが国全体よりも大きいことがわかる。特に建設業は、国全体で−4.4%、中小企業は−4.9%と減少率が最も大きかった。

2020 年の中小製造業および同サービス業の部門別内訳をみると、製造業については石油化学・ゴム・プラスチック製品や食料・飲料・タバコで雇用が増加した一方で、非金属・金属製品、その他製造業はそれぞれ−1.1%、−1.5%であっ

表 13-3. 部門別雇用伸び率（%）

	中小企業					国全体				
	2016 年	2017 年	2018 年	2019 年	2020 年	2016 年	2017 年	2018 年	2019 年	2020 年
農業	0.5	15.7	0.6	1.8	0.5	−5.4	3.6	0.2	1.6	−0.4
鉱業	0.4	2.1	−3.7	2.1	−1.3	−3.5	5.5	−6.0	−0.4	−2.3
製造業	2.2	4.0	2.3	2.2	−0.4	0.5	2.1	2.5	2.1	−0.1
石油化学・ゴム・プラスチック製品	4.3	3.4	2.9	2.4	1.5	1.2	2.0	1.6	1.8	2.0
食料・飲料・タバコ	6.5	7.5	1.6	1.4	1.0	5.8	2.4	3.1	2.4	1.4
非金属・金属製品	3.4	5.5	2.2	0.9	−1.1	2.0	5.7	2.2	0.5	0.2
その他製造業	−0.6	2.2	2.4	3.1	−1.5	−1.7	1.0	2.7	2.5	−1.2
建設業	−0.3	4.2	1.7	−3.4	−4.9	−1.3	−0.1	0.8	−3.1	−4.4
サービス業	2.7	1.2	4.1	4.4	−0.6	3.7	1.9	3.2	3.2	0.5
卸 / 小売・レストラン・宿泊	3.8	1.8	4.9	5.2	−0.9	6.0	3.6	5.0	5.0	0.5
金融・保険・不動産・ビジネスサービス	0.2	2.1	3.5	3.0	0.5	3.0	3.4	3.1	2.8	0.8
輸送・倉庫・通信	0.5	0.6	0.9	2.4	−0.4	2.7	2.3	2.4	3.4	0.9
その他サービス業	1.7	−4.8	2.4	2.7	−0.9	1.3	−1.1	1.1	0.7	0.1
計	2.1	3.4	3.2	3.0	−0.9	1.3	2.0	2.4	2.1	−0.2

（注）2019 年は予測値、2020 年は速報値。
（出所）Department of Statistics, Malaysia［2021］, pp. 39-40, Table 14B および 14D より引用。

た。また、サービス業のうち金融・保険・不動産・ビジネスサービス以外はマイナス成長となった（卸/小売・レストラン・宿泊−0.9%、輸送・倉庫・通信−0.4%、その他サービス業−0.9%）。マレーシアの労働者のうち約5割が中小企業に雇用されていることを鑑みると[8)]、2020年の中小企業の雇用伸び率がマイナスになったことによる家計への影響は無視することはできないだろう。

2-3 輸出

表13-4は2016年から2020年までの中小企業の輸出を産業別にまとめたものである。全輸出に占める中小企業のシェアは、2016年が18.6%、2017年から2019年は17%台を推移していたが、2020年は13.5%まで低下した。産業別でみると、製造業とサービス業のシェアはそれぞれ8%～9%台である。2020年は製造業が9.4%に拡大したのに比べ、サービス業は3.9%に縮小した。

輸出伸び率は製造業で2019年に増加率が前年の5.1%から2.0%に低下し、サービス業は2018年に前年の7.1%から1.9%に低下した。2020年は製造業、サービス業ともにマイナス成長（製造業−3.6%、サービス業−62.1%）となった。この要因としてCOVID-19により世界的にヒト・モノの流れが厳しく制限されたことが大きく関係しているといえよう。製造業では世界的な景気悪化による財の需要低下に加え、部品製造の遅延による製造ラインへの影響があるだろう。とりわけグローバル・バリュー・チェーンが進展している現状においては、海外で生産された部品供給の状況に国内製造業が影響を受けてしまう。また、サービス業の場合、外国人の入国制限により観光客のサービス消費が大きく落ち込んだことや、貿易関連サービス業の需要低下も関係しているだろう。それに対して、農業は異なる傾向を示している。2017年～2019年の輸出伸び率は連続してマイナス成長であったが、2020年は2.5%とプラスに転じた。この要因として、Department of Statistics, Malaysia［2021］は、「野菜、水産物、家禽類、フルーツ（バナナ、ドリアン）の輸出が増加した」（Department of Statistics, Malaysia［2021］, p. 14）と説明している。

表13-4. 中小企業の輸出(産業別)

	シェア(%)					伸び率(%)				
	2016年	2017年	2018年	2019年	2020年	2016年	2017年	2018年	2019年	2020年
農業	0.3	0.3	0.3	0.2	0.3	35.0	−6.3	−0.3	−10.1	2.5
製造業	8.8	8.3	8.4	8.6	9.4	4.6	7.8	5.1	2.0	−3.6
サービス業	9.5	8.9	8.7	9.1	3.9	8.5	7.1	1.9	3.5	−62.1
計	18.6	17.3	17.3	17.9	13.5	7.0	7.2	3.4	2.6	−33.1

(注)2019年は改定値、2020年は速報値。
(出所)Department of Statistics, Malaysia [2021], p. 38, Table 13B および13Cより引用。

3 中央銀行による中小企業および銀行部門への対応

世界的に猛威を振るっているCOVID-19は世界経済の悪化をもたらし、マレーシアの経済にも悪影響を及ぼした。冒頭でも述べた通り、中小企業は景気悪化のバッファーとなることが多く、売上の減少をつうじた急速な手許現金の減少は中小企業にとって重大な問題となる。そのため、中央銀行はあらゆる手段を用いて中小企業に対する救済策を講じてきた。本節では、2020年〜2021年に中央銀行が行った中小企業および銀行に対する諸策を整理したい。

3-1 中小企業に対する救済策

まず、中央銀行は個人および中小・零細企業のローン返済に対して6カ月の猶予期間を設けることを決定し、2020年4月1日から実施した(Bank Negara Malaysia [2021], p. 19)[9)]。この救済策の適用を受ける場合、中小企業が取引銀行に申告する必要がある(書類の提出は不要、零細企業は申告も不要)。これは、当初2020年9月までの措置とされたが、2021年7月7日から再度の返済猶予措置が講じられた(Bank Negara Malaysia [2021], p. 30およびBank Negara Malaysiaウェブサイト)[10)]。

これに加えて、中央銀行はCOVID-19の影響を受けた中小企業に対する支援を強化するために中央銀行ファンド(BNM's Fund)を新設し、また既存のファンドも増額した。**表13-5**は中小企業救済のための中央銀行ファンドの一覧である。2022年5月時点で9つのファンドが存在し、サービス業や観光業などの大きな影響を受けた産業の支援だけでなく、零細企業や自営業を対象としたファンドも設置された。貸出期間はMicro Enterprises FacilityとAll

Economic Sectors Facility が5年であるが、それ以外は7~10年と比較的長く設定されており、貸出金利は先述の2つの融資枠を除いて3~5%程度である[11)]。

さらに、2020年9月1日、政府は少額債務解決スキーム（Small Debt Resolution Scheme：SDRS）をクレジットカウンセリング・債務管理庁（Agensi Kaunseling dan Pengurusan Kredit：AKPK）[12)]に集約し、中小企業の債務再編支援を強化した（Bank Negara Malaysia, 2021, p. 30）。2020年11月には、AKPKに零細企業対象のヘルプデスクを設置し、債務返済支援と金融面の無料アドバイスのサービスを開始した。中央銀行によると、2020年4月に開始したローン返済猶予措置が同年9月に終了したことに伴い、同年9月から12月までにAKPKを利用した中小企業は同年1月~8月と比較して48%増加したと報告している（Bank Negara Malaysia, 2021, p. 30）。

3-2 金融緩和の実施

中小企業に対してローンの返済猶予を許可したことにともない、金融機関が流動性不足に陥る可能性があることから、中央銀行は次の3つの策を講じた[13)]。第1に、政策金利（Overnight Policy Rate：OPR）の引き下げを行った。まず、2020年1月22日に3.00%から2.75%に引き下げられた。その後も同年3月3日に2.50%、5月5日に2.00%、7月7日には1.75%まで段階的に引き下げられた（Bank Negara Malaysia ウェブサイト）[14)]。第2に、公開市場操作、FXスワップ、リバースレポ、常設ファシリティなどをつうじて流動性を市場に供給した。また、預金準備率（Statutory Reserve Requirements ratio：SRR ratio）を100ベーシスポイント引き下げたのに加え、プリンシパルディーラーに対するSRR ratioの適用も緩和した。中央銀行によれば、この措置で300億リンギの流動性が銀行部門に供給されるとしている。それに加えて、中央銀行は状況に応じて市場に合計1,600億リンギの流動性を供給する準備を整えており、うち1,000億リンギは公開市場操作を通じて供給する用意ができていると発表した（Bank Negara Malaysia ウェブサイト）[15)]。第3に、金融機関の法令順守および業務負担を軽減するため、2020年の規制監督業務を見直した。一時的に規制を緩和し、資本保全バッファー2.5%と流動性カバレッジ比率下限100%を下回る状態での営業を許可した（2020年12月31日までの措置）[16)]。安全調達比率も2020年7月1日から一時的に80%を下回ることが許容された（2021年9月30日までの措置）。

表 13-5. COVID-19 の影響を受けた中小企業を対象とした中央銀行ファンド

	Targeted Relief & Recovery Facility	Agrofood Facility	Business Recapitalisation Facility	Low Carbon Transition Facility	High Teck Facility - National Investment Aspirations	SME Automation & Digitalisation Facility	Micro Enterprises Facility	All Economic Sectors Facility	PENJANA Tourism Financing
金額（RM）	80 億	20 億	10 億	20 億	20 億	10 億	5 億	500 万	10 億
目的	サービス業救済（観光業および関連産業除く）	食品輸出支援	中小企業支援	低炭素操業支援	ハイテク・イノベーション部門支援	自動化・デジタル化支援	零細企業・自営業・ギグワーカー支援	中小企業支援（産業指定なし）	観光業支援
用途	運転資金 借入金額の 30% まで弁済への使用可	運転資金 設備投資 農業食品開発	運転資金 設備投資	運転資金 設備投資	運転資金 設備投資	設備、機械、コンピューター、ソフトフェア、IT ソリューションサービスなどの購入	運転資金 設備投資	運転資金 設備投資	運転資金 設備投資
借入上限金額（RM）	50 万（中小企業） 7.5 万（零細企業）	500 万	500 万	1,000 万	100 万（運転資金） 500 万（設備投資と運転資金）	300 万	5 万	500 万	50 万（中小企業） 7.5 万（零細企業）
金利（上限）	3.5%（保証料込み）	3.75%（保証料込み）	3.5%（保証なし） 5%（保証料込み）	5%（保証料込み）	3.5%（保証なし） 5%（保証料込み）	4%（保証料込み）	金融機関による	7%（保証料込み）	3.5%（保証料込み）
借入期間	7 年	8 年	10 年	10 年	7 年	10 年	5 年	5 年	7 年

（注）期限前であっても融資枠を使い切った場合は終了となる。
（出所）Bank Negara Malaysia ウェブサイト "Measures to Address COVID-19 Impact" より筆者作成（https://www.bnm.gov.my/covid19、2022 年 5 月 18 日アクセス）。

4 2022年予算からみた中小企業救済策

2020年2月にマレーシアで最初のCOVID-19感染者が報告されてから約2年経過しても事態が収束する見通しが立っていない。経済活動が制限される状態は、人々の生活に大きな影響を及ぼすため、マレーシア政府は2021年に引き続き2022年もCOVID-19からの経済回復を目指して予算編成を行った。本節では、2022年予算の全体像をまとめ、中小企業に対する救済策の概要を明らかにする。

4-1 2022年予算案の全体像

政府は2021年10月29日に2022年予算案を発表し、連邦議会に上程した。2022年予算の柱として、(1) 生命と生活の保護および回復促進、(2) 国家強靭性の再構築、(3) 改革促進の3つの目的が掲げられた（Ministry of Finance Malaysia [2021], p. 122)。

表13-6は、連邦財収支を示したものである。2021年の歳入は2,210億リンギで、前年比1.8%減となる（対GDP比は前年の15.6%から14.6%に縮小)。Ministry of Finance [2021] によれば、直接税は前年から6.7%増加したものの、投資収益が21.9%も減少したことが大きな要因であると説明している。2022年予算案の歳入は、2,340億リンギを見積もっている。景気回復により、歳入の過半を占める直接税の増加を期待しており、特に所得税の増加（法人所得税8.1%増、個人所得税3.0%増、石油所得税7.8%増、いずれも対前年比）を見込んでいる。

経常支出は2021年の2,196億リンギから2022年は2,335億リンギと前年比6.3%の増加を見込んでおり、歳入と経常支出の収支（経常収支）は、2021年の14.2億リンギから5.1億リンギに減少するものの黒字になる見通しを立てている。

2022年の開発支出は第12次マレーシアプラン実行のため756億リンギで[17]、前年比21.9%増となった（2021年は620億リンギ、対前年比20.7%増)。COVID-19による経済立て直しを目的として2020年に設置されたCOVID-19基金は、2021年の390億リンギから2022年は230億リンギ（41%減）となった[18]。

経常支出、開発純支出、COVID-19基金の合計で示される財政支出は2021年の3,198億リンギから2022年は3,315億リンギに増加する見通しである（前年比3.7%増）。

財政収支は、2021年の－988億リンギ（対前年GDP比－6.5%）から2022年は－975億リンギ（同－6.0%）に赤字が若干減少する。基礎的財政収支[19)]も－3.9%（2021年）から－3.3%（2022年）に少し回復する見込みである。

表13-6.　連邦政府財政収支（2020年～2022年）

	100万リンギ			前年比（%）			対GDP比（%）		
	2020年	2021年[3)]	2022年[4)]	2020年	2021年[3)]	2022年[4)]	2020年	2021年[3)]	2022年[4)]
歳入	225,076	221,023	234,011	－14.9	－1.8	5.9	15.9	14.6	14.3
経常支出	224,600	219,600	233,500	－14.7	－2.2	6.3	15.9	14.5	14.3
経常収支	476	1,423	511	—	—	—	0.0	0.1	0.0
開発支出（総額）	51,360	62,000	75,600	－5.2	20.7	21.9	3.6	4.1	4.6
(－）債権回収	1,259	800	600	－21.5	－36.5	－25.0	0.1	0.1	0.0
開発支出（純額）	50,101	61,200	75,000	－4.7	22.2	22.5	3.5	4.0	4.6
COVID-19基金[1)]	38,019	39,000	23,000	—	2.6	－41.0	2.7	2.6	1.4
財政収支	－87,644	－98,777	－97,489	—	—	—	－6.2	－6.5	－6.0
基礎的財政収支[2)]	－53,149	－59,777	－54,389	—	—	—	－3.8	－3.9	－3.3

（注）1）経済刺激パッケージおよび経済回復計画に充当するためTemporary Measures for Government Financing（Coronavirus Disease 2019（COVID-19））Act 2020に基づいて設置された特定信託基金
2）債務返済を除く。
3）修正概算。
4）予算概算。
（出所）Ministry of Finance Malaysia [2021], p. 121, Table 1.1. より引用。

4-2　中小企業向け施策

表13-7は、2021年10月29日に発表された2022年予算スピーチの中から中小零細企業向けの施策を抜粋したものである。国民の福祉の観点からは、中小企業の保険およびタカフル購入時の印紙税免税が提案された。また、中華系コミュニティの支援として、中小起業家促進スキームによる2億リンギの資金支援が提示された。同様に、インド系コミュニティ支援として、起業家促進スキームなどによる1.45億リンギの資金支援が示された。

ビジネス強化の観点からは、SME BankやAgrobank、MIDFなどの開発金融機関を通じた金融支援を実施するとし、債務返済のリスケジュールや繰り延べに対しても柔軟な対応が示された。また、投資促進策として、ブミプトラ中小企業を対象としたビジネスマッチングや、政府関連企業（Government-Linked

表 13-7. 2022 年予算：中小零細企業向け施策抜粋

1. 国民の福祉	金額（RM）	備考
保険購入時の印紙税免税	—	中小企業による 250 リンギ未満の保険、タカフル購入が対象
ブミプトラ発展	1,000 万	Waqf SME Halal、起業支援基金
コミュニティ支援	2 億	中華系コミュニティ対象、SME Entrepreneur Development Scheme
	1.45 億	インド系コミュニティ対象、MITRA、Indian Community Entrepreneur Development Scheme
2. ビジネス強化	**金額（RM）**	**備考**
マイクロクレジットスキーム	18 億	零細起業家支援（TEKUN, Agrobank, BSN, Bank Rakyat, BNM）
	2,000 万	i-TEKAD、零細企業支援（元入資本、マイクロクレジット、トレーニング）
金融支援	6 億	SME Bank
	5 億	BPMB（Rehabilitation and Support through Equity Scheme）
	20 億	BNM Fund（Targeted Relief and Recovery Facility）
	10 億	BNM Business Recapitalisation Fund
	142 億	SME Bank、PUNB、BPMB、AgroBank、MIDF、MARA、BNM Funds for SMEs による金融支援
信用保証	100 億	Syarikat Jaminan Pembiayaan Perniagaan による信用保証（債務返済リスケ用ローン、うち 20 億リンギはブミプトラ企業向け）
ビジネス環境の改善	—	法人所得税月払い 6 カ月繰り延べ（2022 年 6 月 30 日まで）
投資促進	1 億	ビジネスマッチング交付金。ブミプトラ SME 向け（宇宙産業のビジネス機会調査促進）
	2,500 万	Halal Development Corporation による Halal 中小零細企業向けプログラム
科学技術イノベーション促進	4,500 万	技術移転インセンティブ、Industry4WRD
GLC 投資イニシアチブ	50 億	零細起業家に対する GLC ネットワーク構築（コンサルテーション、金融支援）
小売り業促進	2,000/ 社	E コマース、マーケティングおよびデジタル決済トレーニングを実施する零細企業対象
農業、食料安全保障	1,000 万	SME インセンティブプログラム
3. 持続可能な経済	**金額（RM）**	**備考**
低炭素実務	10 億	BNM ファンド（Low Carbon Transition Facility）
デジタルコネクティビティプロジェクト	2 億	SME Digitization Grant Scheme（うち 5,000 万リンギは農村部ブミプトラ零細企業向け）

（出所）Secretary General of the Treasury, Ministry of Finance Malaysia［2021］より筆者作成。

Companies：GLC）とのネットワーク構築を進める。さらには、特定の産業（小売や農業）を対象とした資金支援も計画されている。

持続可能な経済の予算として、中小企業に対して低炭素実務やデジタル・コネクティビティ・プロジェクトの提供を明確に示したことは興味深い点といえよう。環境に配慮した経済への転換は地球規模の課題であり、ここに中小企業もコミットさせようとする政府の意向が反映されている。また、経済全体のデジタル化推進は急務であり、国をあげてデジタル化の対応を進めようとする政府の意欲が読み取れる。

5 むすび

本章では、2020年から世界的な広がりをみせているCOVID-19の中小企業への影響と、それに対する中央銀行の対応、そして2022年予算から中小企業に対する支援策を考察してきた。まず、COVID-19の中小企業への影響として、2020年の生産伸び率は中小企業が－7.3%、国全体が－5.6%であり、中小企業の方が厳しい状況であったことが明らかになった。産業別では全産業の成長率がマイナスとなり、建設業が最も大きな影響を受けた。しかし、中小企業と国を比較すると、農業、鉱業、建設業で中小企業への負の影響の方が国全体よりも若干軽微であったことが明らかになった。

2020年の雇用については、対前年比伸び率がマイナスとなった（中小企業－0.9%、国全体－0.2%）。農業と鉱業は、国全体よりも中小企業への影響の方が比較的軽微であったが、それ以外の全ての産業において中小企業のマイナス値の方が国全体よりも大きかった。

2020年の輸出については、国全体で－33.1%（対前年比）と大きな影響を受けたことが明らかになった。しかし、中小企業は農業、製造業、サービス業においてプラス成長となり、マクロでみた影響と異なる様相を呈していた。

これらを受けて、政府および中央銀行は中小企業に対する金融面での支援を実施してきた。中央銀行ファンドの新設および既存ファンドの増額、債務返済猶予の許容、債務再編、金利引き下げ等の手段を講じて中小企業の支援を行った。中小・零細企業の債務負担を軽減するために中央銀行ファンドの多くは借入期間が7～10年、上限金利が3～5%に設定された。また、一時的に銀行部門の流動性がひっ迫する可能性があることから、政策金利の段階的な引き下げや、公開市場操作などをつうじた流動性の供給を行った。加えて、バーゼルⅢに関連する規制を一時的に緩和し、金融機関への影響を最小限に抑える策を講じた。

マレーシア政府は、COVID-19収束の見通しが立たない状況であり、この影響が長期化していることを踏まえて予算編成を行ってきた。2022年予算の中小・零細企業に対する支援策では、コミュニティ支援の一環としてブミプトラだけでなく、中華系やインド系に対する支援も行うことを示した。ビジネス強化を目的とした支援では、マイクロクレジットスキーム、信用保証、ビジネス環境改善、投資促進、科学技術イノベーション促進、GLC投資イニシアチブ、特定産業支援（主に小売業、農業）などが提示された。また、持続可能な経済を構築するために、低炭素化の取り組みや、デジタルトランスフォーメーションを促進するための予算措置も行われた。

中小企業だけでなく国全体の経済が回復するには、今後のCOVID-19の感染状況や変異株の流行に左右されることが予想される。マレーシア政府および中央銀行は、経済への悪影響を最小限に抑える策を講じ、中小企業に対しても可能な手段を用いて支援を行う体制を整えている。これらの政策が機能し、早期に経済が回復するか否かは、今後の状況の変化を注視する必要がある。

〔注〕

1）"COVID-19: China," January 5, 2020（https://www.who.int/emergencies/disease-outbreak-news/item/2020-DON229、2021年7月23日アクセス）。
2）"First case of Malaysian positive for coronavirus," February 4, 2020（https://www.bernama.com/en/general/news_covid-19.php?id=1811373、2021年7月23日 アクセス）。同記事によると、当該マレーシア人は、シンガポールからの帰国後に発熱と咳で病院を受診し、2月2日に隔離、翌日3日に新型コロナウイルスの陽性が確認されたと報じている。
3）"Malaysia Situation,"（https://covid19.who.int/region/wpro/country/my、2021年8月3日アクセス）。
4）マレーシア第8代首相（在任期間2020年3月1日～2021年8月21日）。
5）中小農業を100％とした場合の2020年の数値。参考までに漁業は16.4％、林業は3.1％（Department of Statistics, Malaysia [2021], p. 36, Table 11）。
6）中小製造業を100％とした場合の2020年の数値。参考までに非金属・金属製品は16.4％、その他製造業は35.3％（Department of Statistics, Malaysia [2021], p. 36, Table 11）。
7）中小サービス業を100％とした場合の2020年の数値。参考までに金融・保険・不動産・ビジネスサービスは18.8％、輸送・倉庫・通信は9.5％、その他サービス業は6.5％（Department of Statistics, Malaysia [2021], p. 36, Table 11）。
8）2015年から2020年までのデータによれば、マレーシアの労働者のうち中小企業に雇用されている人の割合は、最も低くて46.6％（2015年）、最も高い割合は48.4％（2019年）である

(Department of Statistics, Malaysia [2021], p. 41, Table 14E)。この数値を見る限り、労働者の半数近くが中小企業で働いていることが分かる。また、中小企業に雇用されている労働者のうち、60%超がサービス業に従事している（Department of Statistics, Malaysia [2021], p. 41, Table 14E)。

9) 6カ月の返済猶予措置が不要な中小企業は、通常の返済スケジュールに従って返済することも可能である（Bank Negara Malaysia ウェブサイト "Measures to Assist Individuals, SMEs and Corporates Affected by COVID-19," March 25, 2020, https://www.bnm.gov.my/-/measures-to-assist-individuals-smes-and-corporates-affected-by-covid-19、2021年8月3日アクセス)。

10) "Loan Repayment Assistance"（https://www.bnm.gov.my/RA、2021年7月24日アクセス)。2021年にローン返済猶予の申請を行っても、中央銀行管理下にある信用情報システム（Central Credit Reference Information System）には影響を及ぼさないように配慮されている。

11) このほか、信用保証公社（Credit Guarantee Corporation：CGC）もパンデミック対策として中小企業支援を行っている。2020年3月6日に設置されたBizJamin Special Relief Facility（BizJamin SRF）では、短期的なキャッシュフロー改善を目的とした貸出を行っている。この融資枠にはイスラーム金融のスキーム（BizJamin-i SRF）もあり、両方合わせて250億リンギの貸出が提供された（SME Corp. Malaysia [2021], p. 210)。

12) 英語表記は、Credit Counselling and Debt Management Agency。2006年4月、消費者金融ブームにより返済不能に陥る消費者に対応するために中央銀行が設立した機関。個人を対象に金融教育、アドバイザリーサービス、債務管理プログラムを提供する（AKPK ウェブサイト、"About us," https://www.akpk.org.my/about-us#about-intro、2021年7月24日アクセス)。AKPKのサポートを受けることができる中小企業は、政府が定めた中小企業の定義に合致しており、マレーシア人が株式の過半（51%）を保有している必要がある（The Malaysian Administrative Modernaisation and Management Planning Unit ウェブサイト、https://www.malaysia.gov.my/portal/content/31018、2021年7月29日アクセス)。さらに、次の4つの条件を満たしていなければならない。(1) SDRSに参加している金融機関（商業銀行、イスラーム銀行、開発金融機関6機関）から借入があること、(2) 企業所有者が破産していないこと、(3) 事業清算していないこと、(4) 業務を停止しているが債務返済のために本業以外の所得があること（AKPK ウェブサイト、"Financing Repayment Assistance for SMEs through SDRs," https://www.akpk.org.my/sdrs、2021年7月29日アクセス)。

13) Bank Negara Malaysia ウェブサイト "Measures to Assist Individuals, SMEs and Corporates Affected by COVID-19," March 25, 2020（https://www.bnm.gov.my/-/measures-to-assist-individuals-smes-and-corporates-affected-by-covid-19、2021年8月3日アクセス)。

14) "OPR Decision and Statement,"（https://www.bnm.gov.my/web/guest/opr-decision-and-statement、2022年5月18日アクセス)。中央銀行のウェブサイトによれば、2020年7月7日にOPRが1.75%に引き下げられてから2022年5月10日まで据え置かれた。同年5月11日の金融政策委員会において、OPRの0.25%の引き上げが決定され2.00%となった。参考までに、マレーシアの金融政策委員会の開催回数は、2009年中央銀行法で1年間に最低6回と定められている（Central Bank of Malaysia Act 2009, First Schedule, https://www.bnm.gov.my/legislation、2022年1月12日ダウンロード)。

15) “Measures to Assist Individuals, SMEs and Corporates Affected by COVID-19,”（https://www.bnm.gov.my/-/measures-to-assist-individuals-smes-and-corporates-affected-by-covid-19、2021年8月3日アクセス）。

16) 資本保全バファーおよび流動性カバレッジ比率は、銀行の自己資本規制を強化する目的で定められた規制枠組みであるバーゼルⅢに関係する内容である。

17) 例えば、Gemas-Johor Bahru間の複線電化鉄道や、高速鉄道、ボルネオハイウェイなどのインフラプロジェクトがあげられる（Ministry of Finance Malaysia [2021], p. 122）。

18) COVID-19基金は2022年末までの時限措置で、賃金補助、現金支給、小規模プロジェクトなどの景気回復策に充てられる（Ministry of Finance Malaysia [2021], p. 122）。

19) 基礎的財政収支とは、「税収・税外収入と、国債費（国債の元本返済や利子の支払いにあてられる費用）を除く歳出と収支のことを表し、その時点で必要とされる政策的経費を、その時点の税収等でどれだけまかなえているかを示す指標」である（財務省ウェブサイト、https://www.mof.go.jp/faq/budget/01ad.htm、2022年5月17日アクセス）。

あとがき

開発途上国の経済発展を考えるとき、筆者は日本の経験を参照することが多い。開発途上国から先進国の仲間入りを果たした日本の経験が役に立つことがあるかもしれないと考えるからである。しかし、民間企業のスタートアップに関しては、研究すればするほど、現地を知れば知るほど、それは少し違うのではないかと感じるようになった。その理由は単純で、初期条件が違いすぎるからである。

マレーシアなどのアジア諸国では、植民地支配のもと、宗主国の都合のよい経済構造が人工的に作られた。そのため、開発途上国が植民地支配から独立した時点では、民間商業があまり発展しておらず、とくにスモールビジネスの芽が育つのに必要な良い土づくりから始めなければいけなかったという状況であったといえよう。加えて、当時の日本とは国際経済環境が異なっており、金融システムの構造も異なる。企業金融の観点からは、運転資金などの短期資金を調達する際に銀行借入が利用されることが多い。このように、民間企業の発展においては、日本とマレーシアの初期条件は違いすぎた。

アジアの国の多くは、海外直接投資によって多国籍企業を誘致し、輸出志向型工業化を進めることで急速な経済発展を実現したのであるが、当時のこの戦略は間違っていなかったと確信している。しかし、後にマレーシアは（タイとともに）世界銀行から「中所得のわな」に陥った国と名指しで指摘されることになる。マレーシアは中所得のわなからの脱却を目指して諸策を講じているのであるが、マレーシア経済の研究者として「本当にそれでいいのか」というモヤモヤ感を常に抱いている。海外直接投資の誘致は重要であるが、以前の開発戦略とは異なる発想が求められるのではないか、と。

では、以前の開発戦略と異なる発想とは何か。筆者は、開発途上国の経済発展のカギは民間の地場中小企業がどれだけ育つかであると考えている。スモールビジネスが成長して規模を拡大させ、中規模企業に育っていくかということが必要ではないだろうか。様々な産業に規模の異なる民間地場企業が多数存在することで、経済活動に深みが増していくだろう。スモールビジネスから発展して国を代表するようなリーディング企業となれば、外資への依存を減らして経済的に自立することも可能であるし、国や国民の自信にもつながる。スタートアップ、金融、人材育成、ビジネス環境の整備、マクロ経済安定化など、ビジネスの芽がしっかりと育つための政府の役割は大きい。

このような想いを抱いて中小企業の発展における金融の役割を研究してきたのであるが、一定の成果をまとめるまでに十余年の歳月がかかってしまった。まだ課題があることは否めないが、いったんここで区切りをつけて研究書として出版することにした。研究を進めるにあたり最も苦労したのは、データ収集である。本書の研究では、公開されたデータを使うことにこだわった。統計局に依頼すれば、中小企業のデータセットを作成してもらうことができたであろう。しかし、そこには政府に都合のよいデータのみが提供されるというリスクがともなううえ、筆者が必要とするデータを保有しているか不確実な点が多かった。また、政策評価で重要とされるランダムサンプリングもできない。そのため、使用するデータについては、誰でも入手可能、かつ、一般に公開されているデータとして企業登記局に提出されている中小企業の財務諸表を利用することにした。監査済みの財務諸表を利用することで、データの信頼性も担保できる。データ収集にあたっては、財務諸表のコピーをとることは可能であるが、膨大な量になるので1社ずつ、1年ずつ財務諸表を閲覧し（もちろん有料である）、手書きでデータをノートに写しとった。間違いがないように慎重に進めたため、データ収集だけで数年かかってしまった。

ここで本書の残された課題について2つ述べておきたい。ひとつは、同じデータを使って政策評価の他の手法による分析の可能性である。筆者は、分析結果の頑健性を検証するために他の手法でも分析する必要があることを十分認識している。しかし、第11章で示したとおり、それぞれの手法に短所・長所があり、その手法を採用するための前提条件がある。本書の研究ではデータの性質やさまざまな条件を検討した結果、操作変数法しか選択の余地がなかった。この点は本書の限界である。いまひとつは、信用保証制度の研究である。中小企業の資金繰りを支える重要な制度であるが、本書はそこまでカバーしていない。信用保証制度の研究は今後の課題である。

本書を執筆するにあたっては、中小企業研究の蓄積が多い日本の研究成果から多くのヒントを得た。中小企業支援やプログラム評価に力を入れている世界銀行、アジア開発銀行、米州開発銀行などの国際機関の知見も非常に参考になった。引用した文献については、巻末に各章ごとにまとめた。

最後に、本書の出版にあたり出版社を紹介してくださり、さまざまな面でお力添えくださった大妻女子大学大学院教授の服部孝彦博士に深く感謝申し上げたい。また、共同文化社の馬場康広氏には、丁寧な編集作業をしていただき、心よりお礼を申し上げる。また、本書の調査と研究は、筆者が在籍していた東洋大学の個人研究費、井上円了記念研究助成、JSPS科研費JP26380321の支援により行われた。2015年度は、東洋大学より長期海外研究として1年間University of California Berkeleyで研究を行う機会もいただいた。ここに記してお礼申し上げる。

2024年1月
アメリカ合衆国　ハワイ州　カイルア・コナにて

中川　利香

初出一覧

第1章　「中小企業支援政策の必要性と課題—既存文献の整理—」、『経済論集』(東洋大学経済研究会)、第37巻第1号、pp. 75-86、2011年.

第2章　「政策評価の概念および手法に関する一考察—中小企業政策の評価を念頭において—」、『経済論集』(東洋大学経済研究会)、第38巻第2号、pp. 69-81、2013年.

第3章　「マレーシアにおける中小企業育成政策の展開—1990年以降を中心に—」、『経済論集』(東洋大学経済研究会)、第39巻第1号、pp. 63-76、2013年.

第4章　「中小企業マスタープランにおける新フレームワークの導入—マレーシアの事例—」、『経済論集』(東洋大学経済研究会)、第40巻第1号、pp. 37-49、2014年.

第5章　「マレーシア中小企業の特徴に関する予備的分析」、『経済論集』(東洋大学経済研究会)、第42巻第1号、pp. 1-21、2016年.

第6章　「マレーシア中小企業の資金調達環境に関する考察—2000年以降を中心に—」、『経済論集』(東洋大学経済研究会)、第40巻第2号、pp. 37-54、2015年.

第7章　「マレーシア中央銀行による優先部門貸出指導の変遷」、『経済論集』(東洋大学経済研究会)、第48巻第2号、pp. 31-44、2023年.

第8章　「マレーシア銀行部門の中小企業向け貸出動向に関する考察」、『経済論集』(東洋大学経済研究会)、第47巻第2号、pp. 51-64、2022年.

第9章　「マレーシア開発金融機関の改革と貸出動向」、『経済論集』(東洋大学経済研究会)、第41巻第1号、pp. 1-15、2015年.

第10章　「マレーシア中小企業の公的金融支援アクセスに関する分析」、『経済論集』(東洋大学経済研究会)、第43巻第2号、pp. 115-126、2018年.

第11章　「政府の中小企業向け直接貸出の効果に関する実証分析—先行研究レビュー—」、『経済論集』(東洋大学経済研究会)、第42巻第2号、pp. 53-69、2017年.

第12章　"The Effect of SME Financing Programs on Job Opportunities in Malaysia: A Panel-Data Analysis,"『経済論集』(東洋大学経済研究会)、第46巻第2号、pp. 81-99、2021年.

第13章　「マレーシアにおけるCOVID-19の中小企業への影響と政府・中央銀行の対応」、『The JAIAS Journal』(日本総合文化研究会)、第22号、pp. 1-21、2022年.

参考文献

第1章

Asian Development Bank (ADB) [2009], *Enterprises in Asia: Fostering Dynamism in SMEs*, Manila: Asian Development Bank

Audretsch, David B. [2002], "The Dynamic Role of Small Firms: Evidence from the U.S.," *Small Business Economics*, Vol. 18, No. 1-3, pp. 13-40.

Beck, Thorsten, Asli Demirguc-Kunt, Luc Laeven, and Ross Levine [2008], "Finance, Firm Size and Growth," *Journal of Money, Credit and Banking*, Vol. 40, No. 7, pp. 1379-1405.

Castillo, Victoria, Alessandro Maffioli, Ana P. Monsalvo, Sofia Rojo, and Rodolfo Stucchi [2010], "Can SME Policies Improve Firm Performance? Evidence from an Impact Evaluation in Argentina," Working Paper OVE/WP-07/10, Inter-American Development Bank
(https://papers.ssrn.com/sol3/papers.cfm?abstract_id=1848984、2023年2月3日ダウンロード).

中小企業庁［1970],「1970年（昭和45年）版中小企業白書」,（https://warp.da.ndl.go.jp/info:ndljp/pid/11551249/www.chusho.meti.go.jp/pamflet/hakusyo/kako_hakusho.html、2023年2月3日アクセス).

—[1973],「1973年（昭和48年）版中小企業白書」(https://warp.da.ndl.go.jp/info:ndljp/pid/11551249/www.chusho.meti.go.jp/pamflet/hakusyo/kako_hakusho.html、2023年2月3日アクセス).

—[1976],「1976年（昭和51年）版中小企業白書」(https://warp.da.ndl.go.jp/info:ndljp/pid/11551249/www.chusho.meti.go.jp/pamflet/hakusyo/kako_hakusho.html、2023年2月3日アクセス).

—[1977],「1977年（昭和52年）版中小企業白書」(https://warp.da.ndl.go.jp/info:ndljp/pid/11551249/www.chusho.meti.go.jp/pamflet/hakusyo/kako_hakusho.html、2023年2月3日アクセス).

—[2008],「2008年版中小企業白書PDF版全文」
(https://warp.da.ndl.go.jp/info:ndljp/pid/11551249/www.chusho.meti.go.jp/pamflet/hakusyo/h20/20TyuushohPDF20080418/130110pdf.html、2023年2月3日ダウンロード).

—[2010],「平成22年度　中小企業施策利用ガイドブック」(https://warp.da.ndl.go.jp/info:ndljp/pid/1621916/www.chusho.meti.go.jp/pamflet/g_book/h22/pdf/22FY-GuideAll.pdf より2023年2月3日ダウンロード).

清成忠男［1997],『中小企業読本』【第3版】, 東洋経済新報社.

—[2009],『日本中小企業政策史』, 有斐閣.

三輪芳朗［1989],「日本の中小企業の『イメージ』,『実態』と『政策』」, 土屋守章・三輪芳朗（編),『日本の中小企業』, 東京大学出版会, pp. 39-59.

—[2001],「日本の経済政策と政策研究, とりわけ政策評価について—『産業政策』のケース—」,『経済研究』, Vol. 52, No. 3, pp. 193-204.

佐藤芳雄［1989],「歴史の中で変貌する中小企業—問題と研究の歴史—」, 土屋守章・三輪芳朗

（編）『日本の中小企業』，東京大学出版会，pp. 3-23.
Tambunnan, Tulus [2007], “Trade and Investment Liberalization Effects on SME Development: A Literature Review and Case Study of Indonesia,” ESCAP, *Towards Coherent Policy Frameworks: Understanding Trade and Investment Linkages*, pp. 111-160（https://www.unescap.org/resources/towards-coherent-policy-frameworks-understanding-trade-and-investment-linkages、2023年2月3日ダウンロード）.
土屋守章［1989］,「情報化と中小企業」，土屋守章・三輪芳朗（編），『日本の中小企業』，東京大学出版会，pp. 99-113.
渡辺幸男・小川正博・黒瀬直宏・向山雅夫［2001］,『21世紀中小企業論―多様性と可能性を探る―』，有斐閣アルマ.

第2章

青柳恵太郎［2007］,「インパクト評価を巡る国際的動向」，佐々木亮・湊直信・高木桂一・青柳恵太郎,『国際開発における評価の課題と展望』，財団法人国際開発高等教育機構国際開発研究センター，pp. 87-153.
石井芳明［2010］,「中小企業・ベンチャー企業の公的支援策の政策評価に関する考察」,『産業経営』（早稲田大学産業経営研究所），第46・47合併号，pp. 53-69.
源由理子［2009］,「評価の評価（メタ評価）―その概念整理―」，財団法人行政管理研究センター,「諸外国における政策評価のチェックシステムに関する調査研究報告書」，pp. 1-25（http://www.soumu.go.jp/main_sosiki/hyouka/seisaku_n/chousakenkyu/houkoku_2103_00.pdf、2023年2月9日ダウンロード）.
OECD [1998] “Best Practice Guidelines for Evaluation,” PUMA Policy Brief No.5, OECD Public Management Service（http://www.oecd.org/governance/budgeting/1902965.pdf, 2013年2月14日ダウンロード）.
―[2007] *OECD Framework for the Evaluation of SME and Entrepreneurship Policies and Programmes*, Paris: OECD.
Storey, David J. [1998] “Six Steps to Heaven: Evaluating the Impact of Public Policies to Support Small Businesses in Developed Economies,” CSME Working paper No. 59, Warwick Business School, University of Warwick（https://www.researchgate.net/publication/324965320_Six_Steps_to_Heaven_Evaluating_the_Impact_of_Public_Policies_to_Support_Small_Businesses_in_Developed_Economies/link/6369282054eb5f547cafc9da/download、2023年2月9日ダウンロード）.
―[2006] “Evaluating SME Policies and Programmes: Technical and Political Dimensions,” Mar Casson, Bernard Yeung, Anuradha Basu, and Nigel Wadeson (ed.), *The Oxford Handbook of Entrepreneurship*, New York: Oxford University Press, pp. 248-278.
ロッシ，ピーター H・マーク W リプセイ・ハワード E フリーマン（大島巌、平岡公一、森俊夫、元永拓郎監訳）［2005］,『プログラム評価の理論と方法―システマティックな対人サービス政策評価の実践ガイド』，日本評論社（Rossi, Peter H., Mark W. Lipsey and Howard E. Freeman [2004] *Evaluation: A Systematic Approach* (seventh edition), Thousand Oaks: Sage）.
龍慶昭・佐々木亮［2000］,『「政策評価」の理論と技法』，多賀出版.
政策評価研究会［1999］,『政策評価の現状と課題―新たな行政システムを目指して―』，木鐸社.

山谷清志［1997］,『政策評価の理論とその展開―政府のアカウンタビリティ―』, 晃洋書房.

第3章

穴沢眞［1995］,「在マレーシア日系企業による中小企業育成」,『商学討究』（小樽商科大学）, 第45巻第3号, pp. 251-273.
Bank Negara Malaysia [2005], *SME Annual Report 2005*, Kuala Lumpur: Bank Negara Malaysia.
—[2006], *SME Annual Report 2006*, Kuala Lumpur: Bank Negara Malaysia.
—[2007], *SME Annual Report 2007*, Kuala Lumpur: Bank Negara Malaysia.
Chiu, Jin Eng［1999］,「マレーシアの工業化と中小企業―中小企業問題の変遷と政策展開―」,『季刊経済研究』（大阪市立大学）, Vol. 22, No. 1, pp. 49-72.
Department of Statistics [2012], *Economic Census 2011: Profile of Small and medium Enterprise*, Putrajaya: Department of Statistics.
井出文紀［2004］,「サポーティングインダストリー育成政策とリンケージの創出―マレーシアを事例に―」,『立命館国際研究』（立命館大学）, 第17巻第1号, pp. 119-145.
中川利香［2010］,「マレーシアにおける経済構造の変化―金融部門改革との関係を中心に―」, 国宗浩三（編）,『国際資金移動と東アジア新興国の経済構造変化』, アジア経済研究所, pp. 251-276.
National SME Development Council (NSDC) [2010], *SME Annual Report 2009/2010*, Kuala Lumpur: National SME Development Council.
Small and Medium Industries Development Corporation (SMIDEC) [2002], *SMI Development Plan: 2001-2005: SMIDP*, Petaling Jaya: SMIDEC.
SME Corp. Malaysia [2014], *Annual Report 2013*, Kuala Lumpur: SME Corp. Malaysia (https://www.smecorp.gov.my/index.php/en/resources/2015-12-21-11-07-06/sme-corp-malaysia-annual-report、2023年3月30日ダウンロード).
—[2015], *SME Annual Report 2014/15*, Kuala Lumpur: SME Corp. Malaysia (https://www.smecorp.gov.my/index.php/en/resources/2015-12-21-11-07-06/sme-annual-report、2023年3月13日ダウンロード).
—[2021], *Annual Report 2020*, Kuala Lumpur: SME Corp. Malaysia (https://www.smecorp.gov.my/index.php/en/resources/2015-12-21-11-07-06/sme-corp-malaysia-annual-report、2023年3月30日ダウンロード).
The Economic Planning Unit, Prime Mister's Department [2006], *The Ninth Malaysia Plan 2006-2010*, Putrajaya: The Economic Planning Unit, Prime Minister's Department.
—[2010], *Tenth Malaysia Plan 2011-2015*, Putrajaya: The Economic Planning Unit, Prime Minister's Department.
The World Bank [2007], "10 Years After the Crisis," East Asia & Pacific Update, April 2007 (http://siteresources.worldbank.org/INTEAPHALFYEARLYUPDATE/Resources/550192-1175629375615/EAP-Update-April2007-fullreport.pdf、2013年8月29日ダウンロード).

第4章

穴沢眞［1995］,「在マレーシア日系企業による中小企業育成」,『商学討究』（小樽商科大学）, 第45巻第3号, pp. 251-273.
Chiu, Jing Eng［1999］,「マレーシアの工業化と中小企業―中小企業問題の変遷と政策展開―」,

『経済研究』(大阪市立大学), 第22巻第1号, pp. 49-72.
井出文紀 [2004],「サポーティングインダストリー育成政策とリンケージの創出—マレーシアを事例に—」,『立命館国際研究』(立命館大学), 第17巻第1号, pp. 119-145.
国際協力事業団 [2003],「マレーシアにおける中小企業振興策の現状と問題点」, 国際協力事業団.
SME Corp. Malaysia [2012], *SME Masterplan 2012-2020*, Kuala Lumpur: SME Corp. Malaysia.
—[2021], "SME Competitiveness Rating for Enhancement (SCORE)," (https://www.smecorp.gov.my/images/pdf/2021/SCORE_ENG.pdf、2023年5月4日ダウンロード).
The Economic Planning Unit, Prime Mister's Department [2010], *The Tenth Malaysia Plan 2011-2015*, Putrajaya: The Economic Planning Unit, Prime Minister's Department.
梅﨑創 [2006],「経済成長と所得分配—マレーシアの事例を中心に—」, 梅﨑創 (編),「発展途上国のマクロ経済分析序説」(調査研究報告書), pp. 38-55.

第5章

Department of Statistics, Malaysia [2011], *Economic Census 2011: Profile of Small and Medium Enterprise*, Putrajaya: Department of Statistics, Malaysia.
Institute for Development Studies (Sabah) [2007], *Sabah Development Corridor: Socio-Economic Blueprint 2008-2025*, Kota Kinabalu: Institute for Development Studies (Sabah) (http://www.sedia.com.my/SDC_Blueprint.html より2015年5月25日ダウンロード).
The Economic Planning Unit, Prime Mister's Department [2006], *The Ninth Malaysia Plan 2006-2010*, Putrajaya: The Economic Planning Unit, Prime Minister's Department.
—[2010], *The Tenth Malaysia Plan 2011-2015*, Putrajaya: The Economic Planning Unit, Prime Minister's Department.

〈ウェブサイト〉

East Coast Economic Region http://www.ecerdc.com.my/
Sarawak Corridor of Renewable Energy http://www.recoda.com.my/

第6章

Asian Development Bank [2014] *ASIA SME Finance Monitor 2013*, Manila: Asian Development Bank (http://www.adb.org/sites/default/files/pub/2014/asia-sme-finance-monitor-2013.pdf、2014年2月6日ダウンロード).
Bank Negara Malaysia [2002] *Annual Report 2001*, Kuala Lumpur: Bank Negara Malaysia.
—[2003] "Quarterly Bulletin," Fourth Quarter, Kuala Lumpur: Bank Negara Malaysia.
—[2004] "Quarterly Bulletin," Fourth Quarter, Kuala Lumpur: Bank Negara Malaysia.
—[2005] "Quarterly Bulletin," Fourth Quarter, Kuala Lumpur: Bank Negara Malaysia.
—[2006a] "Quarterly Bulletin," Fourth Quarter, Kuala Lumpur: Bank Negara Malaysia.
—[2006b] *SME Annual Report 2005*, Kuala Lumpur: Bank Negara Malaysia.
—[2007a] *Financial Stability and Payment Systems Report 2006*, Kuala Lumpur: Bank Negara Malaysia.
—[2007b] "Quarterly Bulletin," Fourth Quarter, Kuala Lumpur: Bank Negara Malaysia.
—[2008a] *Financial Stability and Payment Systems Report 2007*, Kuala Lumpur: Bank

Negara Malaysia.
—[2008b] "Monthly Statistical Bulletin," August, Kuala Lumpur: Bank Negara Malaysia.
—[2008c] "Quarterly Bulletin," Fourth Quarter, Kuala Lumpur: Bank Negara Malaysia.
—[2009a] *Financial Stability and Payment Systems Report 2008*, Kuala Lumpur: Bank Negara Malaysia.
—[2009b] "Quarterly Bulletin," Fourth Quarter, Kuala Lumpur: Bank Negara Malaysia.
—[2010a] *Financial Stability and Payment Systems Report 2009*, Kuala Lumpur: Bank Negara Malaysia.
—[2010b] "Quarterly Bulletin," Fourth Quarter, Kuala Lumpur: Bank Negara Malaysia.
—[2011a] *Financial Stability and Payment Systems Report 2010*, Kuala Lumpur: Bank Negara Malaysia.
—[2011b] "Quarterly Bulletin," Fourth Quarter, Kuala Lumpur: Bank Negara Malaysia.
—[2012a] *Financial Stability and Payment Systems Report 2011*, Kuala Lumpur: Bank Negara Malaysia.
—[2012b] "Quarterly Bulletin," Fourth Quarter, Kuala Lumpur: Bank Negara Malaysia.
—[2013a] *Financial Stability and Payment Systems Report 2012*, Kuala Lumpur: Bank Negara Malaysia.
—[2013b] "Quarterly Bulletin," Fourth Quarter, Kuala Lumpur: Bank Negara Malaysia.
—[2014a] "Enhancement of the Policy and Guidelines of the Small Debt Resolution Scheme (SDRS)," July 11, 2014
(http://www.bnm.gov.my/guidelines/50_others/Enhancement%20of%20Policy%20and%20Guidelines%20of%20the%20SDRS.pdf、2014年8月29日ダウンロード).
—[2014b] *Financial Stability and Payment Systems Report 2013*, Kuala Lumpur: Bank Negara Malaysia.
—[2014c] "Monthly Statistical Bulletin," May, Kuala Lumpur: Bank Negara Malaysia (http://www.bnm.gov.my/index.php?ch=en_publication_catalogue&pg=en_publication_msb&eId=box1&mth=5&yr=2014&lang=en、2014年8月30日ダウンロード).
—[n.d.] "List of Financial Institutions Providing SME Financing,"
(https://www.bnm.gov.my/documents/20124/55792/List+of+Financial+Institutions+Providing+SME+Financing-March+2016.pdf、2023年9月14日ダウンロード).
Credit Guarantee Corporation [2012] *Catalysing SME Growth*, Petaling Jaya: Credit Guarantee Corporation Malaysia Bhd.
Department of Statistics [2005] *Census of Establishments and Enterprises 2005*, Putrajaya: Department of Statistics.
—[2012] *Economic Census 2011: Profile of Small and Medium Enterprises*, Putralaya: Department of Statistics.
伊藤友見・篠宮正義 [2013]「マレーシア・タイにおける中小企業金融支援調査（後篇）」(日経研月報2013年7月)、一般財団法人日本経済研究所
(http://www.jeri.or.jp/membership/pdf/research/research_1307_01.pdf、2014年3月6日ダウンロード)。
Ministry of Finance [2013] "Monetary and Financial Developments," *Economic Report 2012/2013*, Putrajaya: Ministry of Finance
(http://www.treasury.gov.my/pdf/ekonomi/le/1213/chap5.pdf、2014年3月10日ダウン

ロード).
中川利香［2010］「マレーシアにおける経済構造の変化—金融部門改革との関係を中心に」、国宗浩三（編）『国際資金移動と東アジア新興国の経済構造変化』、アジア経済研究所、pp. 251-276.
National SME Development Council [2013] *SME Annual Report 2012/13*, Kuala Lumpur: National SME Development Council.
Securities Commission [2008] *Annual Report 2007*, Kuala Lumpur: Securities Commission.
—[2009] *Annual Report 2008*, Kuala Lumpur: Securities Commission.
—[2010] *Annual Report 2009*, Kuala Lumpur: Securities Commission.
—[2011] *Annual Report 2010*, Kuala Lumpur: Securities Commission.
—[2012] *Annual Report 2011*, Kuala Lumpur: Securities Commission.
—[2013] *Annual Report 2012*, Kuala Lumpur: Securities Commission.
—[2014] *Annual Report 2013*, Kuala Lumpur: Securities Commission.
SME Corp. Malaysia [2015], *SME Annual Report 2014/15*, Kuala Lumpur: SME Corp. Malaysia（https://www.smecorp.gov.my/index.php/en/resources/2015-12-21-11-07-06/sme-annual-report、2023年3月13日ダウンロード).

〈ウェブサイト〉
Agrobank, “Fund For Food (3F)”
http://www.agrobank.com.my/web-agro-banking-dana-konsesi-tabung-untuk-makanan、2014年3月9日アクセス.
Credit Bureau Malaysia Shd. Bhd., “Background”
http://www.smecb.com/1-2-1.jsp、2014年4月7日アクセス.
Credit Bureau Malaysia Shd. Bhd., “Overview”
http://www.smecb.com/3-1.jsp、2014年4月7日アクセス.
Credit Guarantee Corporation, “Bumiputera Entrepreneurs Project Fund-i”
http://www.cgc.com.my/bumiputera-entrepreneur-project-fund-i-tpub-i/?frame=1、2014年3月10日アクセス.
Credit Guarantee Corporation, “Overview”
http://www.cgc.com.my/overview/、2014年6月6日アクセス.
SME info, “New Entrepreneurs Fund 2”
http://www.smeinfo.com.my/index.php?option=com_content&view=article&id=594&Itemid=113&lang=en、2014年3月9日アクセス.
SME info, “Fund for Small and Medium Industries 2”
http://www.smeinfo.com.my/index.php?option=com_content&view=article&id=585&Itemid=106&lang=en、2014年3月9日アクセス.
SME info, “Comparative Table of Pembiayaan Mikro Product Features”
http://www.smeinfo.com.my/images/pdf/MicroFinancing/20140108-comparative%20table-eng.pdf、2014年4月5日アクセス.

第7章
Bank Negara Malaysia [1979], *Money and Banking in Malaysia 1959-1979*, Kuala Lumpur: Bank Negara Malaysia.
—[1981], *Annual Report 1980*, Kuala Lumpur: Bank Negara Malaysia.

—[1982], *Annual Report 1981*, Kuala Lumpur: Bank Negara Malaysia.
—[1983], *Annual Report 1982*, Kuala Lumpur: Bank Negara Malaysia.
—[1984a], *Annual Report 1983*, Kuala Lumpur: Bank Negara Malaysia.
—[1984b], *Money and Banking in Malaysia, Silver Anniversary Edition 1959–1984*, Kuala Lumpur: Bank Negara Malaysia.
—[1985], *Annual Report 1984*, Kuala Lumpur: Bank Negara Malaysia.
—[1986], *Annual Report 1985*, Kuala Lumpur: Bank Negara Malaysia.
—[1987], *Annual Report 1986*, Kuala Lumpur: Bank Negara Malaysia.
—[1988], *Annual Report 1987*, Kuala Lumpur: Bank Negara Malaysia.
—[1989], *Annual Report 1988*, Kuala Lumpur: Bank Negara Malaysia.
—[1990], *Annual Report 1989*, Kuala Lumpur: Bank Negara Malaysia.
—[1991], *Annual Report 1990*, Kuala Lumpur: Bank Negara Malaysia.
—[1992], *Annual Report 1991*, Kuala Lumpur: Bank Negara Malaysia.
—[1993], *Annual Report 1992*, Kuala Lumpur: Bank Negara Malaysia.
—[1994], *Annual Report 1993*, Kuala Lumpur: Bank Negara Malaysia.
—[1995], *Annual Report 1994*, Kuala Lumpur: Bank Negara Malaysia.
—[1996], *Annual Report 1995*, Kuala Lumpur: Bank Negara Malaysia.
—[1997], *Annual Report 1996*, Kuala Lumpur: Bank Negara Malaysia.
—[1998], *Annual Report 1997*, Kuala Lumpur: Bank Negara Malaysia.
—[1999], *Annual Report 1998*, Kuala Lumpur: Bank Negara Malaysia.
—[2000], *Annual Report 1999*, Kuala Lumpur: Bank Negara Malaysia.
—[2001], *Annual Report 2000*, Kuala Lumpur: Bank Negara Malaysia.
—[2002], *Annual Report 2001*, Kuala Lumpur: Bank Negara Malaysia.
—[2003], *Annual Report 2002*, Kuala Lumpur: Bank Negara Malaysia.
—[2004], *Annual Report 2003*, Kuala Lumpur: Bank Negara Malaysia.
—[2005], *Annual Report 2004*, Kuala Lumpur: Bank Negara Malaysia.
—[2006], *Annual Report 2005*, Kuala Lumpur: Bank Negara Malaysia.
—[2007], *Annual Report 2006*, Kuala Lumpur: Bank Negara Malaysia.
—[2014], "Lending/Financing to the Priority Sectors 2015-2016," issued on December 26, 2014 (https://islamicbankers.files.wordpress.com/2013/12/20141226-lending-and-financing-to-priority-sectors-2015-2016.pdf、2021年8月31日ダウンロード).
大野健一・櫻井宏二郎［1997],『東アジアの開発経済学』有斐閣アルマ.
The Economic Planning Unit, Prime Minister's Department [2021], *Malaysia Digital Economy Blueprint*, Putrajaya: Economic Planning Unit, Prime Minister's Department (https://www.epu.gov.my/sites/default/files/2021-02/malaysia-digital-economy-blueprint.pdf、2023年1月12日ダウンロード).

〈法令〉

Central Bank of Malaysia Act 1958 (Act 519), Revised-1994
https://www.bnm.gov.my/documents/20124/820862/Central+Bank+of+Malaysia+Act+1958+%28Revised-1994%29+%5BRepealed%2C+except+for+Part+III%5D.pdf/013d354c-af00-6911-a34e-f78eda41c708?t=1584637161547、2023年1月11日ダウンロード.
Central Bank of Malaysia Act 2009 (Act 701)

https://www.bnm.gov.my/documents/20124///277ebcd5-9c21-209b-3984-170ba28351d6、2023年1月11日ダウンロード.

第8章

Bank Negara Malaysia [2004], "Quarterly Bulletin," Fourth quarter, Kuala Lumpur: Bank Negara Malaysia (https://www.bnm.gov.my/quarterly-bulletin-2004、2021年6月3日アクセス).

—[2005], "Quarterly Bulletin," Fourth quarter, Kuala Lumpur: Bank Negara Malaysia (https://www.bnm.gov.my/quarterly-bulletin-2005、2021年6月3日アクセス).

—[2006], "Quarterly Bulletin," Fourth quarter, Kuala Lumpur: Bank Negara Malaysia. (https://www.bnm.gov.my/quarterly-bulletin-2006、2021年6月3日アクセス).

—[2007], "Quarterly Bulletin," Fourth quarter, Kuala Lumpur: Bank Negara Malaysia (https://www.bnm.gov.my/quarterly-bulletin-2007、2021年6月3日アクセス).

—[2008], "Quarterly Bulletin," Fourth quarter, Kuala Lumpur: Bank Negara Malaysia (https://www.bnm.gov.my/quarterly-bulletin-2008、2021年6月3日アクセス).

—[2009], "Quarterly Bulletin," Fourth quarter, Kuala Lumpur: Bank Negara Malaysia (https://www.bnm.gov.my/quarterly-bulletin-2009、2021年6月3日アクセス).

—[2010], "Quarterly Bulletin," Fourth quarter, Kuala Lumpur: Bank Negara Malaysia (https://www.bnm.gov.my/quarterly-bulletin-2010、2021年6月3日アクセス).

—[2011], "Quarterly Bulletin," Fourth quarter, Kuala Lumpur: Bank Negara Malaysia (https://www.bnm.gov.my/quarterly-bulletin-2011、2021年6月3日アクセス).

—[2012], "Quarterly Bulletin," Fourth quarter, Kuala Lumpur: Bank Negara Malaysia (https://www.bnm.gov.my/quarterly-bulletin-2012、2021年6月3日アクセス).

—[2013], "Quarterly Bulletin," Fourth quarter, Kuala Lumpur: Bank Negara Malaysia (https://www.bnm.gov.my/quarterly-bulletin-2013、2021年6月3日アクセス).

—[2014], "Quarterly Bulletin," Fourth quarter, Kuala Lumpur: Bank Negara Malaysia (https://www.bnm.gov.my/quarterly-bulletin-2014、2021年6月3日アクセス).

—[2015], "Quarterly Bulletin," Fourth quarter, Kuala Lumpur: Bank Negara Malaysia (https://www.bnm.gov.my/quarterly-bulletin-2015、2021年6月3日アクセス).

—[2016], "Quarterly Bulletin," Fourth quarter, Kuala Lumpur: Bank Negara Malaysia (https://www.bnm.gov.my/quarterly-bulletin-2016、2021年6月3日アクセス).

—[2017], "Quarterly Bulletin," Fourth quarter, Kuala Lumpur: Bank Negara Malaysia (https://www.bnm.gov.my/quarterly-bulletin-2017、2021年6月3日アクセス).

—[2018], "Quarterly Bulletin," Fourth quarter, Kuala Lumpur: Bank Negara Malaysia (https://www.bnm.gov.my/quarterly-bulletin-2018、2021年6月3日アクセス).

—[2019], "Quarterly Bulletin," Fourth quarter, Kuala Lumpur: Bank Negara Malaysia (https://www.bnm.gov.my/quarterly-bulletin-2019、2021年6月3日アクセス).

—[2020], "Quarterly Bulletin," Fourth quarter, Kuala Lumpur: Bank Negara Malaysia (https://www.bnm.gov.my/quarterly-bulletin-2020、2021年6月3日アクセス).

〈ウェブサイト〉

Bank Negara Malaysia, "List of Financial Institutions Providing SME Financing" https://www.bnm.gov.my/documents/20124/55792/List+of+Financial+Institutions+

Providing+SME+Financing-March+2016.pdf、2020 年 7 月 22 日アクセス.
Bank Negara Malaysia, "List of Licensed Financial Institutions"
https://www.bnm.gov.my/web/guest/islamic-banks、2021 年 7 月 22 日アクセス.
World Health Organization (WHO), "Timeline: WHO's COVID-19 response"
https://www.who.int/emergencies/diseases/novel-coronavirus-2019/interactive-timeline#!、2021 年 8 月 3 日アクセス.

商業銀行およびイスラーム銀行の財務諸表（各年)、いずれも 2021 年 7 月 31 日アクセス。
商業銀行
Affin Bank Bhd.
https://www.affinbank.com.my/Investor-Relations/Financial-Information.aspx
Alliance Bank Malaysia Bhd.
https://www.alliancebank.com.my/investor-relations/annual-reports.aspx
AmBank (M) Bhd.
https://www.ambankgroup.com/eng/InvestorRelations/FinancialResultsAndCorporatePresentations/Pages/default.aspx
Bangkok Bank Bhd.
https://www.bangkokbank.com.my/ir_financial.php
Bank of China (Malaysia) Bhd.
https://www.bankofchina.com.my/en-my/top/about-us/financial-reports/bank-of-china-malaysia-berhad-reports-and-financial-statement.2020.1.html
CIMB Bank Bhd.
https://www.cimb.com/en/investor-relations/financial-information/cimb-bank-berhad.html
Citibank Bhd.
https://www.citibank.com.my/english/citi-statement/financial-statement.htm
Hong Leong Bank Bhd.
https://www.hlb.com.my/en/personal-banking/about-us/investor-relations/annual-and-quarterly-financial-reports.html
HSBC Bank Malaysia Bhd.
https://www.hsbc.com/investors/results-and-announcements/all-reporting/subsidiaries?page=1&take=20
India International Bank (Malaysia) Bhd.
https://www.indiainternationalbank.com.my/reports-statements
Industrial and Commercial Bank of China (Malaysia) Bhd.
https://malaysia.icbc.com.cn/ICBC/%E6%B5%B7%E5%A4%96%E5%88%86%E8%A1%8C/%E9%A9%AC%E6%9D%A5%E8%A5%BF%E4%BA%9A%E7%BD%91%E7%AB%99/en/InformationDisclosure/FinancialResults/
MUFG Bank (Malaysia) Bhd.
https://www.bk.mufg.jp/malaysia/aboutus/financialreports/index.html
Malayan Banking Bhd.
https://www.maybank.com/en/investor-relations/reporting-events/reports/annual-reports.page

OCBC Bank (Malaysia) Bhd.
https://www.ocbc.com.my/group/investors/index.html
Public Bank Bhd.
https://www.publicbankgroup.com/Investor-Relations/Financial-Information/Annual-Report
RHB Bank Bhd.
https://www.rhbgroup.com/malaysia/investor-relations/financial-reports/annual-reports/rhb-bank-berhad
Standard Chartered Bank Malaysia Bhd.
https://www.sc.com/my/investor-relations/financial-results/
The Bank of Nova Scotia Bhd.
https://scotiabank.com.my/scotiabank/index.php?menu=main&nowhat=5
United Overseas Bank (Malaysia) Bhd.
https://www.uob.com.my/stakeholders/financial/financial.page

イスラーム銀行

Affin Islamic Bank Bhd.
https://www.affinislamic.com.my/Investor-Relations/Financial-Information.aspx
Al Rajhi Banking & Investment Corporation (Malaysia) Bhd.
https://www.alrajhibank.com.my/page/about-us/financial-reports-93
Alliance Islamic Bank Malaysia Bhd.
https://www.alliancebank.com.my/islamic/corporate/investor-relations/annual-reports.aspx
AmIslamic Bank Bhd.
https://www.ambankgroup.com/eng/InvestorRelations/FinancialResultsAndCorporatePresentations/Pages/default.aspx
Bank Islam Malaysia Bhd.
https://www.bankislam.com/corporate-info/resources/annual-reports/
Bank Muamalat Malaysia Bhd.
https://www.muamalat.com.my/corporate-overview/financials/?y=2021
CIMB Islamic Bank Bhd.
https://www.cimb.com/en/investor-relations/financial-information/cimb-islamic-bank-berhad.html
Hong Leong Islamic Bank Bhd.
https://www.hlisb.com.my/en/personal-i/about-us/investor-relations/annual-and-quarterly-financial-reports.html
HSBC Amanah Malaysia Bhd.
https://www.hsbcamanah.com.my/amanah-and-you/financial-results/
Kuwait Finance House (Malaysia) Bhd.
https://www.kfh.com.my/malaysia/personal/investor-relations/financial-result.html
Maybank Islamic Bhd.
https://www.maybank.com/en/investor-relations/reporting-events/reports/subsidiary-reports.page
MBSB Bank Bhd.

https://www.mbsbbank.com/en/corporate/about-us/financial-statements
OCBC Al-Amin Bank Bhd.
https://www.ocbc.com.my/group/investors/financial-results-ocbc-al-amin.html?
Public Islamic Bank Bhd.
https://www.publicislamicbank.com.my/About-Us/Financial-Information/Financial-Statements
RHB Islamic Bank Bhd.
https://www.rhbgroup.com/malaysia/investor-relations/financial-reports/annual-reports/rhb-islamic-bank-berhad
Standard Chartered Saadiq Bhd.
https://www.sc.com/my/investor-relations/financial-results/

第 9 章

Bank Negara Malaysia [2001], *The Financial Sector Master Plan*, Kuala Lumpur: Bank Negara Malaysia.
—[2002], *Annual Report 2001*, Kuala Lumpur: Bank Negara Malaysia.
—[2003], *Annual Report 2002*, Kuala Lumpur: Bank Negara Malaysia.
—[2004], *Annual Report 2003*, Kuala Lumpur: Bank Negara Malaysia.
—[2005], *Annual Report 2004*, Kuala Lumpur: Bank Negara Malaysia.
—[2006], *Annual Report 2005*, Kuala Lumpur: Bank Negara Malaysia.
—[2007], *Financial Stability and Payment Systems Report 2006*, Kuala Lumpur: Bank Negara Malaysia.
—[2008], "Monthly Statistical Bulletin," May, Kuala Lumpur: Bank Negara Malaysia.
—[2009], *Financial Stability and Payment Systems Report 2008*, Kuala Lumpur: Bank Negara Malaysia.
—[2010], *Financial Stability and Payment Systems Report 2009*, Kuala Lumpur: Bank Negara Malaysia.
—[2011a], *Financial Sector Blueprint 2011-2020*, Kuala Lumpur: Bank Negara Malaysia.
—[2011b], *Financial Stability and Payment Systems Report 2010*, Kuala Lumpur: Bank Negara Malaysia.
—[2013], *Financial Stability and Payment Systems Report 2012*, Kuala Lumpur: Bank Negara Malaysia.
—[2014], *Financial Stability and Payment Systems Report 2013*, Kuala Lumpur: Bank Negara Malaysia.
—[2015a], *Financial Stability and Payment Systems Report 2014*, Kuala Lumpur: Bank Negara Malaysia.
—[2015b], "Monthly Statistical Bulletin," January, Kuala Lumpur: Bank Negara Malaysia.
Bank Pertanian Malaysia Bhd. [2014], *Annual Report 2013*, Kuala Lumpur: Bank Pertanian Malaysia Bhd.（http://www.agrobank.com.my/home/corporate-info/annual-reports/、2015 年 6 月 30 日ダウンロード）.
奥田英信・三重野文晴［2004］,「東南アジアの金融発展―開発金融パラダイムの変化と多様性―」,『国際協力論集』（神戸大学）, 第 12 巻第 1 号, pp. 57-84.

〈ウェブサイト〉

Bank Kerjasama Rakyat Malaysia Bhd.	http://www.bankrakyat.com.my
Bank Pembangunan Malaysia Bhd.	http://www.bpmb.com.my/
Bank Pertanian Malaysia Bhd.	http://www.agrobank.com.my
Bank Simpanan Nasional Bhd.	http://www.mybsn.com.my/
Export-Import Bank of Malaysia Bhd.	http://www.exim.com.my/
Malaysian Industrial Development Finance Bhd.	http://www.midf.com.my
Sabah Development Bank Bhd.	http://www.sabahdevbank.com
Sabah Credit Corporation	http://www.sabahcredit.com.my
Small Medium Enterprise Development Bank Bhd.	http://www.smebank.com.my

第 10 章

Aerts, Kris and Dirk Czarnitzki [2004], "Using Innovation Survey Data to Evaluate R&D Policy: The Case of Belgium" , Discussion Paper n. 05-55. ZEW: Centre for European Economic Research, 2004.

Bank Negara Malaysia (BNM) [2006], *SME Annual Report 2006*, Kuala Lumpur: Bank Negara Malaysia.

Chudnovsky, Daniel, Andrés López, Martín Rossi, and Diego Ubfal [2006], "Evaluating a Program of Public Funding of Private Innovation Activities: An Econometric Study of FONTAR in Argentina," Working Paper OVE/WP-16/06, Inter-American Development Bank.

Dougherty, Christopher [2011], *Introduction to Econometrics*, 4th ed., New York: Oxford University Press.

Jarmin, Ronald S. [1998], "Manufacturing Extension and Productivity Dynamics," Center for Economic Studies Working Paper CES 98-8, U.S. Bureau of the Census, Washington D.C.

金子奈央 [2017],「マレーシア」, アジア経済研究所『アジア動向年報 2017』, アジア経済研究所, pp. 343-370.

The Economic Planning Unit, Prime Minister's Department [2010], *Tenth Malaysia Plan 2011-2015*, Putrajaya: The Economic Planning Unit, Prime Minister's Department.

松浦克己・コリン・マッケンジー [2001],『EViews による計量経済分析—実践的活用法と日本経済の実証分析—』, 東洋経済新報社.

—[2009],『ミクロ計量経済学』, 東洋経済新報社.

—[2012],『EViews による計量経済分析』【第 2 版】, 東洋経済新報社.

Mole, Kevin, Mark Hart, Stephen Roper, and David Saal [2008], "Differential Gains from Business Link Support and Advice: A Treatment Effects Approach," *Environment and Planning C: Government and Policy*, Vol 26, No. 2, pp. 315-334.

縄田和満 [2001],『Excel 統計解析ボックスによるデータ分析』, 朝倉書店.

根本忠宣・深沼光・渡部和孝 [2006],「創業期における政府系金融機関の役割」, RIETI Discussion Paper Series 06-J-004 (http://www.rieti.go.jp/jp/publications/dp/06j004.pdf より 2015 年 4 月 19 日ダウンロード).

Roper, Stephen and Nola Hewitt-Dundas [2001], "Grant Assistance and Small Firm Development in Northern Ireland and the Republic of Ireland," *Scottish Journal of*

Political Economy, Vol. 48, No. 1, pp. 99–117.
Wooldridge, Jeffrey M. [2010], *Econometrics Analysis of Cross Section and Panel Data*, 2nd ed., Cambridge: The MIT Press.
—[2013], *Introductory Econometrics: A Modern Approach*, 5th ed., Mason: South-Western Cengage Learning.

〈ウェブサイト〉

SME Corp. Malaysia, “Financing Programmes”
https://www.smecorp.gov.my/index.php/en/programmes/2015-12-21-09-39-08/access-to-financing、2017 年 3 月 21 日アクセス.

第 11 章

Behr, Patrick, Lars Norden, and Felix Noth [2013], “Financial Constraints of Private Firms and Bank Lending Behavior,” *Journal of Banking and Finance*, Vol. 37, No. 9, pp. 3472–3485.
Benavente, José Miguel, Gustavo Crespi, and Alessandro Maffioli [2007], “Public Support to Firm-Level Innovation: An Evaluation of the FONTEC Program,” Working Paper OVE/WP-05/07, Inter-American Development Bank
(http://www.economia.gob.cl/cnidweb/wp-content/uploads/sites/35/2015/10/Public-Support-to-Firm-Level-Innovation_2007.pdf、2015 年 8 月 15 日ダウンロード).
Castillo, Victoria, Alessandro Maffioli, Ana P. Monsalvo, Sofia Rojo, and Rodolfo Stucchi [2010], “Can SME Policies Improve Firm Performance? Evidence from and Impact Evaluation in Argentina,” Working Paper OVE/WP-07-10, Inter-American Development Bank.
Chudnovsky, Daniel, Andrés López, Martín Rossi, and Diego Ubfal [2006], “Evaluating a Program of Public Funding of Private Innovation Activities: An Econometric Study of FONTAR in Argentina,” Working Paper OVE/WP-16/06, Inter-American Development Bank.
De Negri, Joao Alberto, Alessandro Maffioli, Cesar M. Rodriguez, and Gonzalo Vázquez [2011], “The Impact of Public Credit Programs on Brazilian Firms,” Working Papers no. IDB-QP-293, December 2011, Inter-American Development Bank.
福田慎一・照山博司・神谷明広・計総［1995］,「製造業における政策金融の誘導効果—情報生産機能からのアプローチ—」, 経済企画庁経済研究所（編）,「経済分析」, 第 140 号, pp. 1–60.
Heckman, James J. [1979], “Sample Selection Bias as a Specification Error,” *Econometrica*, Vol. 47, No. 1, pp. 153–161.
堀内昭義・大滝雅之［1987］,「金融：政府介入と銀行貸出の重要性」, 浜田宏一・黒田昌裕・堀内昭義（編）,『日本経済のマクロ分析』, 東京大学出版会, pp. 123–148.
—・随清遠［1994］,「情報生産者としての開発銀行—その機能と限界—」, 貝塚啓明・植田和男（編）,『変革期の金融システム』, 東京大学出版会, pp. 143–171.
Ibarrarán, Pablo, Alessandro Maffioli, and Rodolfo Stucchi [2009], “SME Policy and Firms’ Productivity in Latin America,” IZA Discussion Paper No. 4486
(http://papers.ssrn.com/sol3/papers.cfm?abstract_id=1493862、2015 年 8 月 5 日 ダ ウ ン ロード).

石川英文［2012］，「政府系金融機関の補完機能についての一考察―東海・北陸地区における個別企業のパネルデータによる実証分析―」，『信金中金月報』，第 11 巻第 3 号，pp. 5-27（http://www.scbri.jp/PDFgeppou/2012/2012-3.pdf、2015 年 4 月 5 日ダウンロード）.
Jarmin, Ronald S. [1998], "Manufacturing Extension and Productivity Dynamics," Center for Economic Studies Working Paper CES 98-8, U.S. Bureau of the Census, Washington D.C.
―[1999], "Evaluating the Impact of Manufacturing Extension of Productivity Growth," *Journal of Policy Analysis and Management*, Vol. 18, No. 1, pp. 99-119.
Kaboski, Joseph P. and Robert M. Townsend [2012], "The Impact of Credit on Village Economies," *American Economic Journal: Applied Economics*, Vol. 4, No. 2, pp. 98-133.
北村行伸［2009］，『ミクロ計量経済学入門』，日本評論社.
曲明輝［2006］，「中小企業金融における公的金融の役割」，『経済論叢』（京都大学），第 177 巻第 5・6 号，pp. 411-429.
Lerner, Josh [1999], "The Government as Venture Capitalist: The Long-Run Impact of the SBIR Program," *The Journal of Business*, Vol. 72, No. 3, pp. 285-318.
Lopez-Acevedo, Gladys and Monica Tinajero-Bravo [2010], "Mexico: Impact Evaluation of SME Programs Using Panel Firm Data," World Bank Policy Research Working Paper 5186,（http://elibrary.worldbank.org/doi/pdf/10.1596/1813-9450-5186、2014 年 8 月 27 日ダウンロード）.
牧厚志［2008］，『応用計量経済学入門』，日本評論社.
松浦克己［1995］，「中小企業貸出市場における公的金融のシェアの要因分析―情報の非対称性を考慮した ECM 推計―」，『金融経済研究』（日本金融学会），第 8 号，pp. 8-22.
McKenzie, David [2009], "Impact Assessments in Finance and Private Sector Development: What Have We Learned and What Should We Learn?" *The World Bank Research Observer*, Vol. 25, No. 2, pp. 209-233.
Mole, Kevin, Mark Hart, Stephen Roper, and David Saal [2008], "Differential Gains from Business Link Support and Advice: A Treatment Effects Approach," *Environment and Planning C: Government and Policy*, Vol 26, No. 2, pp. 315-334.
根本忠宣・深沼光・渡部和孝［2006］，「創業期における政府系金融機関の役割」，RIETI Discussion Paper Series 06-J-004（http://www.rieti.go.jp/jp/publications/dp/06j004.pdf、2015 年 4 月 19 日ダウンロード）.
Roper, Stephen and Nola Hewitt-Dundas [2001], "Grant Assistance and Small Firm Development in Northern Ireland and the Republic of Ireland," *Scottish Journal of Political Economy*, Vol. 48, No. 1, pp. 99-117.
―and Mark Hart [2005], "Small Firm Growth and Public Policy in the UK: What Exactly are the Connections?" Aston Business School Research Papers, RP0504, March 2005 (https://www.researchgate.net/profile/Mark_Hart3/publication/229004649_Small_firm_growth_and_public_policy_in_the_UK_what_exactly_are_the_connections/links/02e7e52165a5049a5c000000.pdf、2016 年 2 月 16 日ダウンロード).
Rosenbaum, Paul and Donald B. Rubin [1983], "The Central Role of the Propensity Score in Observational Studies for Causal Effects," *Biometrika*, Vol. 70, No. 1, pp. 41-55.

Sarder, Jahangir Hossain, Dipak Ghosh, and Peter Rosa [1997], "The Importance of Support Services to Small Enterprise in Bangladesh," *Journal of Small Business Management*, Vol. 35, No. 2, pp. 26-36.

Storey, David J. [1998], "Six Steps to Heaven: Evaluating the Impact of Public Policies to Support Small Business in Developed Economies," CSME Working Papers No. 59, Warwick Business School, University of Warwick (http://www2.warwick.ac.uk/fac/soc/wbs/research/ei/research/working_papers/wp59-six_steps.pdf、2015年7月13日ダウンロード).

末石直也［2015］,「サンプルセレクションとセルフセレクション」,『日本労働研究雑誌』(労働政策研究・研修機構), No. 657, pp. 16-17 (http://www.jil.go.jp/institute/zassi/backnumber/2015/04/pdf/016-017.pdf、2016年2月14日ダウンロード).

Takahashi, Kazushi, Takayuki Higashikata, and Kazunari Tsukada [2010], "The Short-term Poverty Impact of Small-scale, Collateral-free Microcredit in Indonesia: A Matching Estimator Approach," *The Developing Economies*, Vol. 48, No. 1, pp. 128-155.

Tan, Hong and Gladys Lopez Acevedo [2005], "Evaluating Training Programs for Small and Medium Enterprises: Lessons from Mexico," World Bank Policy Research Working paper 3760, November 2005, The World Bank (http://www1.worldbank.org/prem/poverty/ie/dime_papers/610.pdf、2015年7月5日ダウンロード).

植杉威一郎・内田浩史・水杉裕太［2014］,「日本政策金融公庫との取引関係が企業パフォーマンスに与える効果の検証」, RIETI Discussion paper Series 14-J-045, 独立行政法人経済業研究所 (http://www.rieti.go.jp/jp/publications/dp/14j045.pdf、2015年4月23日ダウンロード).

Wallsten, Scott J. [2000], "The Effects of Government-Industry R&D Programs on Private R&D: The Case of the Small Business Innovation Research Program," *The RAND Journal of Economics*, Vol. 31, No. 1, pp. 82-100.

The World Bank [2012], "Impact Assessment Framework: SME Finance," The World Bank, October 12, 2014, (http://www.gpfi.org/sites/default/files/documents/SME%20Finance%20Impact%20Assessment%20Framework%20GPFI.pdf、2015年7月15日ダウンロード).

Wren, Colin and David J. Storey [2002], "Evaluating the Effect of Soft Business Support upon Small Firm Performance," *Oxford Economic Papers*, Vol. 54, pp. 224-363.

〈ウェブサイト〉

外務省,「評価と援助の有効性評価および結果重視マネジメントにおける基本用語集」 http://www.mofa.go.jp/mofaj/gaiko/oda/kaikaku/hyoka/dac_yogo.html、2016年2月14日アクセス.

第12章

Asian Development Bank [2009], "Enterprises in Asia: Fostering dynamism in SMEs," *Key Indicators for Asia and the Pacific 2009*. Manila: Asian Development Bank.

Behr, Patrick, Lars Norden, and Felix Noth [2013], "Financial constraints of private firms and bank lending behavior," *Journal of Banking and Finance*, Vol. 37, No. 9, pp. 3472-3485.

Benavente, José Miguel, Gustavo Crespi, and Alessandro Maffioli [2007], "Public support to firm-level innovation: An evaluation of the FONTEC program," Working paper OVE/WP-05/07, Inter-American Development Bank (http://www.economia.gob.cl/cnidweb/wp-content/uploads/sites/35/2015/10/Public-Support-to-Firm-Level-Innovation_2007.pdf、2015年8月15日ダウンロード).

De Negri, Joao Alberto, Alessandro Maffioli, Cesar M. Rodriguez, and Gonzalo Vázquez [2011], "The impact of public credit programs on Brazilian firms," Working papers No. IDB-QP-293, December 2011, Inter-American Development Bank.

Hausman, Jerry A. [1978], "Specification tests in econometrics," *Econometrica*, Vol. 46, No. 6, pp. 1251-1271.

Ibarrarán, Pablo, Alessandro Maffioli, and Rodolfo Stucchi [2009], "SME policy and firms' productivity in Latin America," IZA Discussion Paper No. 4486 (http://papers.ssrn.com/sol3/papers.cfm?abstract_id=1493862、2015年8月5日ダウンロード).

Lerner, Josh. [1999], "The government as venture capitalist: The long-run impact of the SBIR program," *The Journal of Business*, Vol. 72, No. 3, pp. 285-318.

McKenzie, David J. [2009], "Impact Assessments in Finance and Private Sector Development: What Have We Learned and What Should We Learn?" *The World Bank Research Observer*, Vol. 25, No. 2, pp. 209-233.

根本忠宣・深沼光・渡部和孝 [2006],「創業期における政府系金融機関の役割」, RIETI Discussion Paper Series 06-J-004 (http://www.rieti.go.jp/jp/publications/dp/06j004.pdf、2015年4月19日ダウンロード).

Roper, Stephen and Nola Hewitt-Dundas [2001], "Grant assistance and small firm development in Northern Ireland and the Republic of Ireland," *Scottish Journal of Political Economy*, Vol. 48, No. 1, pp. 99-117.

Storey, David J. [1998], "Six steps to heaven: Evaluating the impact of public policies to support small business in developed economies," CSME Working Papers No. 59. Warwick Business School, University of Warwick (http://www2.warwick.ac.uk/fac/soc/wbs/research/ei/research/working_papers/wp59-six_steps.pdf、2015年7月13日ダウンロード).

The World Bank [2012], Impact assessment framework: SME finance. October 2012 (http://www.gpfi.org/sites/default/files/documents/SME%20Finance%20Impact%20Assessment%20Framework%20GPFI.pdf、2015年7月15日ダウロード).

植杉威一郎・内田浩史・水杉裕太 [2014],「日本政策金融公庫との取引関係が企業パフォーマンスに与える効果の検証」, RIETI Discussion Paper Series 14-J-045. Research Institute of Economy Trade and Industry (http://www.rieti.go.jp/jp/publications/dp/14j045.pdf、2015年4月23日ダウンロード).

Wallsten, Scott J. [2000], "The effects of government-industry R&D programs on private R&D: The case of the small business innovation research program," *The RAND Journal of Economics*, Vol. 31, No. 1, pp. 82-100.

Wooldridge, Jeffrey M. [2013], *Introductory Econometrics: A Modern Approach*, 5th edition, Mason: South-Western.

〈ウェブサイト〉
Suruhanjaya Syarikat Malaysia　https://www.ssm.com.my/en

第13章

Bank Negara Malaysia [2021], *Annual Report 2020*, Kuala Lumpur: Bank Negara Malaysia（https://www.bnm.gov.my/documents/20124/6458991/ar2021_en_book.pdf、2021年7月23日ダウンロード）.

Department of Statistics, Malaysia [2021], *Small and Medium Enterprises 2020*, Putrajaya: Department of Statistics, Malaysia（https://newss.statistics.gov.my/newss-portalx/ep/epFreeDownloadContentSearch.seam?cid=1295054、2021年12月8日ダウンロード）.

Ministry of Finance Malaysia [2021], *2022 Fiscal Outlook and Federal Government Revenue Estimates*, Putrajaya: Ministry of Finance Malaysia（https://budget.mof.gov.my/pdf/2022/revenue/fiscal_outlook_2022.pdf、2022年1月4日ダウンロード）.

Secretary General of the Treasury, Ministry of Finance Malaysia [2021], *Budget Speech 2022*, Kuala Lumpur: Percetakan Nasional Malaysia Bhd.（https://budget.mof.gov.my/en/、2022年1月1日アクセス）.

SME Corp. Malaysia [2021], "SME Insights 2019/2020," Kuala Lumpur: SME Corporation Malaysia（https://www.smecorp.gov.my/images/pdf/2021/LTPKS/BI/Main%20Report/Full%20Report_SME%20Insights%202019.20.pdf、2022年2月2日ダウンロード）.

Tang, Ashley [2020], "Malaysia announces movement control order after spike in Covid-19 cases (updated)," *The Star*, March 16, 2020（https://www.thestar.com.my/news/nation/2020/03/16/malaysia-announces-restricted-movement-measure-after-spike-in-covid-19-cases、2021年7月23日アクセス）.

〈ウェブサイト〉

Bank Negara Malaysia, "Loan Repayment Assistance"
https://www.bnm.gov.my/RA、2021年7月24日アクセス.

Bank Negara Malaysia, "Measures to Address COVID-19 Impact"
https://www.bnm.gov.my/covid19、2021年7月24日アクセス.

Bank Negara Malaysia, "Measures to Assist Individuals, SMEs and Corporates Affected by COVID-19"
https://www.bnm.gov.my/-/measures-to-assist-individuals-smes-and-corporates-affected-by-covid-19、2021年8月3日アクセス.

Bank Negara Malaysia, "OPR Decision and Statement"
https://www.bnm.gov.my/web/guest/opr-decision-and-statement、2022年1月11日アクセス.

Bernama, "First case of Malaysian positive for coronavirus"（February 4, 2021）
https://www.bernama.com/en/general/news_covid-19.php?id=1811373、2021年7月23日アクセス.

Credit Counselling and Debt Management Agency（Agensi Kaunseling dan Pengurusan Kredit）, "About us"
https://www.akpk.org.my/about-us#about-intro、2021年7月24日アクセス.

Credit Counselling and Debt Management Agency（Agensi Kaunseling dan Pengurusan

Kredit), "Financing Repayment Assistance for SMEs through SDRs"
https://www.akpk.org.my/sdrs、2021年7月29日アクセス.
The Malaysian Administrative Modernaisation and Management Planning Unit, "Small Debt Resolution Scheme (for SME)"
https://www.malaysia.gov.my/portal/content/31018、2021年7月29日アクセス.
World Health Organization, "COVID-19: China," (January 5, 2020)
https://www.who.int/emergencies/disease-outbreak-news/item/2020-DON229、2021年7月23日アクセス.
World Health Organization, "Malaysia Situation"
https://covid19.who.int/region/wpro/country/my、2021年8月3日アクセス.
財務省,「基礎的財政収支とは何ですか。何が分かりますか。」
https://www.mof.go.jp/faq/budget/01ad.htm、2022年5月17日アクセス.

〈法令〉
Central Bank of Malaysia Act 2009 (Act 701)
https://www.bnm.gov.my/legislation、2022年1月22日アクセス.

索 引

【い】

【お】

【か】

【き】

【け】

【こ】

【さ】

【し】

【せ】

【そ】

【ち】

筆者プロフィール

中川 利香（なかがわ りか）

2004年名古屋大学大学院国際開発研究科博士後期課程より博士号取得（博士（学術））。独立行政法人日本貿易振興機構アジア経済研究所研究員、東洋大学経済学部および大学院経済学研究科教授を経て2023年4月より青山学院大学地球社会共生学部教授。専門は、金融論、開発経済学、アジア経済論。マレーシアを中心に東南アジアの経済発展における金融と企業の役割（特に中小企業）について研究。日本を本拠地に置くも、現地フィールドワークと日米両国の国際学会等での研究発表を精力的にこなす。

マレーシアの中小企業
―金融支援と政策評価の新展望―

2024年1月31日　初版第1刷発行

著　　者　中川利香
発 行 所　株式会社共同文化社
〒060-0033　札幌市中央区北3条東5丁目
Tel 011-251-8078　Fax 011-232-8228
E-mail info@kyodo-bunkasha.net
URL https://www.kyodo-bunkasha.net/
印刷·製本　株式会社アイワード

カバー写真提供：ピクスタ

ISBN 978-4-87739-398-4